컨벤션마케팅 전략방안 제시, 전시이벤트
내용 및 컨벤션 실무어휘 수록

메타버스기반
MICE산업의 이해

이호길 · 곽우현 공저

ⓑ (주)백산출판사

Preface

    21세기는 관광산업의 구조와 서비스의 질적 측면에서 근본적인 변화가 예상되는 가운데, 컨벤션산업은 지식기반 관광산업으로서 새롭게 각광받고 있다. 즉, 컨벤션산업은 기본적으로 컨벤션센터의 운영과 관련된 설비 및 서비스 관련산업, 전시관련 산업분야를 발전시키는 효과가 있어 경제적 파급효과가 매우 높은 산업이다. 이처럼 컨벤션산업은 관광·레저산업, 숙박·유흥·식음료, 교통·통신 등 관련산업까지를 포함하는 종합산업이자 지식과 정보의 생산 및 유통을 촉진시키는 지식기반산업(knowledge-based industry)의 핵심산업인 것이다. 따라서 컨벤션산업은 고부가가치를 창출하는 신종 관광산업으로 급부상하고 있으며, 향후 컨벤션시장이 더욱 확대될 것으로 전망됨에 따라 세계 각국은 컨벤션산업을 육성하기 위해 국가적인 차원에서 각종 지원방안을 강구하는 실정이다.

    컨벤션산업의 육성은 하드웨어인 컨벤션시설의 건립만으로 되는 것은 결코 아니며, 컨벤션산업의 성공적인 개최와 운영은 우수한 전문인력으로 운영된다. 따라서 MICE산업에 있어서 가장 중요한 핵심요소는 국제회의 전문인력의 확보라고 할 수 있다. 이에 국제회의산업 종사자들의 국제회의 운영능력 제고를 위한 체계적인 교육훈련프로그램이 마련되어야 하며, 민간 컨벤션산업 관련기관의 교육에 대한 지원제도도 지속적으로 추진되어야 한다.

    그 이유는 MICE산업은 특성상 민간주도의 산업이며 민·관 협력체계의 구축이 필수적이라는 점을 감안할 때, 정부와 민간의 가교역할을 할 수 있는 컨벤션 전담기관의 기능적 강화가 필수적이기 때문이다. 이처럼 컨벤션 전담기관은 국제회의의 유치·개최와 관련하여 정부의 지원을 대행하고, 국제회의 유치활동을 활발히 전개하는 한편, 국제회의 전문인력 양성 및 국제회의 종사자 교육훈련, 국제회의 관련 다양한 연계상품 개발 등의 역할과 기능을 수행하게 된다.

IT 융복합 기술의 발달로 인한 VR(가상현실), AR(증강현실) 기술의 등장으로, 이제 디지털 환경에서 물리적인 연회 경험을 재현하는 것이 가능해졌다. 메뉴 계획에서 장식 선택에 이르기까지 성공적인 가상 연회를 위한 고려사항은 전통적인 연회와 유사하다. 특히, 메타버스 기반의 항공실무 시나리오는 디지털 기술과 메타버스 아이디어를 활용해 현실세계의 제약을 이겨내는 방법을 제시하고 있다.

그러므로 본 교재에서는 MICE산업과 컨벤션에 대한 전반적인 개요를 먼저 학습한 후, 각 국가별 컨벤션산업의 개최현황을 분석한다. 그리고 우리나라 컨벤션산업의 현황을 숙지한 후, 컨벤션기획 운영실무를 체계적으로 학습할 수 있도록 내용을 구성하였다. 또한 국제회의에 필요한 다양한 고려사항과 기자재현황을 이해하고, 컨벤션 개최에 필요한 등록 및 연회서비스를 실무적으로 수행할 수 있도록 세분화하였다. 그리고 컨벤션마케팅에 대한 전략방안을 제시하고, 전시이벤트에 대한 내용과 컨벤션 실무어휘를 수록하였다.

또한 이 책은 메타버스에서의 이벤트 기획, 디자인, 운영에 대한 전반적인 지식을 제공하여 현실세계에서의 이벤트를 메타버스 공간으로 확장하는 방법을 알려준다. 특히, 이 교재는 실무중심으로 메타버스기반의 항공실무 시나리오를 연출하여 모든 사람들에게 실질적인 학습의 길잡이가 될 수 있도록 하였다.

끝으로 이 책의 출판을 위하여 많은 도움을 주신 모든 분들께 진심으로 감사드리며, 백산출판사 대표님 이하 편집부의 모든 분께 깊은 감사를 드린다.

2023년 12월
저자 씀

Contents

PART 1

컨벤션산업의 개요

 **제1절** # 컨벤션의 의미와 종류

1. 컨벤션의 정의

컨벤션(convention)은 21세기 관광산업의 핵심으로 국제회의와 전시, 이벤트 그리고 관광관련 산업과 연계되면서 다양한 고부가가치를 창출하고 있다. 세계관광환경의 변화도 국제화에서 지역적 세분화로 변모하면서 보다 편리하고 안락한 여행을 찾게 되고 해외여행이 보편화되고 있다. 컨벤션은 3Es(Entertainment, Excitement, Education)가 결합된 관광상품으로 관광산업에서 새로운 신지식산업으로 부각되고 있다.

컨벤션(convention)과 국제회의(international meeting)에 대한 정의가 거시적으로는 같은 의미로서 혼용하여 사용되고 있으나, 컨벤션은 원래 미국에서 집회의 의미로 사용되다가 점차 국제 간의 교류증진을 내포하면서 국제 간의 회의를 포함하게 되었다. 따라서 컨벤션의 정의는 학자들마다 견해를 달리하는 부문도 있지만, 이를 종합해서 정리하면 다음과 같다.

『관광용어사전』에서 정의하기를 컨벤션이란 "대부분 많은 사업가 또는 전문직업인들이 참가하는 회의를 일컬으며, 회의분야에서 가장 보편적이고 광범위하게 사용되는 용어로서 컨퍼런스(conference) 또는 콩그레스(congress)라는 단어와 동일한 의미로 사용되었는데, 이는 각종의 대내외적인 회의를 개최하고자 상호 공통적인 관심사항을 협의·사교·교류하는 모임의 총칭"을 의미한다.

국제협회연합(UIA : Union of International Associations)에서는 "국제기구가 주최 또는 후원하는 회의이거나 국제기구에 가입한 국내단체가 주최하는 국제적인 규모의 회의로서, 참가자 수 300명 이상, 회의참가자 중 외국인 40% 이상, 참가국 수 5개국 이상, 회의기간 3일 이상이라는 조건을 만족하는 회의"를 국제회의라고 규정하고 있다.

또한 세계국제회의 전문협회(ICCA : International Congress & Convention Association)에서는 "참가국 수 4개국 이상, 참가자 수 100명 이상의 회의"를 국제회의라고 정의하고 있다.

이러한 다양한 견해와 비교할 때, 아시아국제회의협회(AACVB : Asian Association of Convention & Visitor Bureaus)에서는 "2개 대륙 이상에서 참가하는 회의를 국제회의"라 칭하고, "동일대륙의 2개국 이상의 국가가 참가하는 회의를 지역회의(regional meeting)"라 규정하고 있다.

한편, 우리나라의 한국관광공사(KNTO)에서는 "국제기구본부에서 주최하거나 국내단체가 주관하는 회의 중 참가국 수 3개국 이상, 외국인 참가자 수 10명 이상, 회의기간 2일 이상인 회의"를 국제회의로 규정하고 있다. 그리고 국제회의 유치는 국제기구의 정기 및 부정기총회, 지역회의 등 크고 작은 국제회의뿐만 아니라 전시회와 박람회, 학술세미나, 각종 문화행사와 이벤트 연출, 그리고 스포츠행사 등 다양한 프로그램을 동반하고 있다.

이상의 정의에서 살펴본 것처럼, 컨벤션이란 "정부기관, 협회, 기업체, 각종 사회단체들이 특정한 취지를 달성하고자 이와 관련된 2개국 이상의 참가자들이 회의나 집회에서 직·간접적으로 지식과 정보를 상호 교환하고, 회의 목적을 효과적으로 수행하기 위한 행사의 총체"를 의미한다고 할 수 있다. 마지막으로, 컨벤션의 상위 개념인 MICE의 정의와 범위에 대하여 정리하면 컨벤션의 개념을 이해하는 데 도움이 될 것이다.

표 1-1 | MICE 정의 및 범위

종류	정의	범위
미팅 (Meeting)	아이디어 교환, 토론, 정보교환, 사회적 네트워크 형성을 위한 각종 회의	• 전체 참가자가 10명 이상이나, 외국인 참가자 수가 10명 이하인 정부, 공공, 협회, 학회, 기업회의 • 전체 참가자가 250명 미만인 정부, 공공, 협회, 학회, 기업회의 • 전문회의시설, 준회의시설, 중소규모회의시설에서 4시간 이상 개최되는 회의
인센티브 여행 (Incentive Tour)	조직원들의 성과에 대한 보상 및 동기 부여를 위한 순수 보상 여행 및 보상 관광 회의	• 외국에서 국내로 오는(Inbound) 외국인이 10명 이상 참가하며, 국내 숙박시설에서 1박 이상 체류하는 보상관광
컨벤션 (Convention)	아이디어 교환, 토론, 정보교환, 사회적 네트워크 형성을 위한 각종 회의	• 전체 참가자가 250명 이상이고, 외국인 참가자 10명 이상인 정부, 공공, 협회, 학회, 기업회의 • 전문회의시설, 준회의시설, 중소규모회의시설에서 4시간 이상 개최되는 회의
전시 (Exhibition)	제품, 기술, 서비스를 특정 장소인 전문전시장에서 일정 기간 동안 판매, 홍보, 마케팅 활동을 통해 유통업자, 무역업자, 소비자, 관련 종사자 및 전문가, 일반인 등을 대상으로 해당 기업들이 정보를 교환하고 거래가 이루어지는 형태의 행사	• 국내 전문전시장의 전시홀에서 개최된 전시회 중 2일 이상, 총 전시 면적 2,000㎡, 개최규모 10부스 이상인 전시회

자료 : 한국관광공사(2022), 관광통계 자료 재인용.

2. 컨벤션의 종류

1) 컨벤션의 회의 형태별 분류

(1) 컨벤션

컨벤션(convention)은 회의분야에서 가장 폭넓게 사용하는 용어로서 정기집회, 전시회, 각종 총회, 대·중·소규모의 회의 및 각종 위원회 등을 수반하는 광범위한 회의로서, 각종 정보 및 홍보의 전달(기업의 시장조사, 신상품 소개, 경영전략 수립, 지식공유와 새로운 지식창출 등)이 주요 관심사이다.

(2) 포럼

포럼(forum)은 설정된 하나의 주제에 대해 상반된 견해를 가진 동일분야의 전문가들이 사회자의 주도하에 청중 앞에서 벌이는 공개토론회이다. 이는 청중들이 자유롭게 질의할 수 있으며, 사회자가 최종적으로 의견을 종합하여 정리한다. 따라서 효율적인 행사진행을 위하여 회의 제공자는 테이블과 마이크를 사전에 점검하고, 포럼 형태에 알맞도록 배치해야 한다.

(3) 컨퍼런스

컨퍼런스(conference)는 컨벤션과 유사한 의미로 사용되어 왔으며, 이는 공식적인 상호 의견교환 및 공통 관심사항을 토의하고자 두 명 이상의 사람들이 모이는 좀 더 구체적인 특정주제를 다루는 회의를 말한다. 즉, 과학·기술·국방·학문 분야 등의 새로운 지식습득과 특정의 문제점을 연구하는 성격이 강하다고 할 수 있다.

(4) 콩그레스

콩그레스(congress)는 일반적으로 유럽에서 사용되는 국제회의를 말한다. 이는 대표자들에 의한 회합이나 집회, 그리고 회담의 형태가 강하며, 사교행사와 관광행사 등의 다양한 프로그램을 동반하는 회의로서 대규모 인원이 참가한다.

(5) 심포지엄

심포지엄(symposium)은 포럼과 유사하며, 주어진 안건에 대해 전문가들이 청중 앞에서 벌이는 공개 토론회이지만, 청중들에게 제한된 질의 기회가 주어지는 것이 특징이다.

(6) 렉처

렉처(lecture)는 한 명의 전문가가 강단에서 청중들에게 특정 주제를 강연하는 것으로 청중들에게 질의 및 응답시간을 부여하기도 하며 일명 강연회라고 불린다.

그림 1-1 | 렉처

(7) 세미나

세미나(seminar)는 교육 및 연구목적을 가진 소규모 회의이다. 대체적으로 30명 이하의 참가자 중 특정인 한 사람의 주도하에 정해진 주제에 대한 각자의 지식이나 경험을 발표하고 토론하는 것을 말한다.

그림 1-2 | 세미나

(8) 워크숍

워크숍(workshop)은 단독적인 회의보다는 대규모 본회의 총회의 일부로서, 대개 30명 내외가 참가하는 소규모 회의이다. 이는 간편하고 짧은 프로그램으로서 각 전문분야의 주제에 대한 아이디어 · 지식 · 기술 등을 서로 교환하여 새로운 지식을 창출하고 개발하는 것이 주요 목적이다.

그림 1-3 | 워크숍

(9) 클리닉

클리닉(clinic)은 소집단을 대상으로 한 교육활동이나 특별한 기술을 교육하거나 훈련시키는 것을 말한다. 예를 들면, 호텔정보시스템을 활용하여 CRS를 어떻게 다룰 것인가를 교육하거나 훈련시키는 것이다.

(10) 패널

패널(panel)은 2명 또는 그 이상의 강연자를 초청하여 전문분야의 지식과 관점을 청취하는 형태를 말하며, 사회자의 주도하에 청중 상호 간의 토론과 발표도 자유로운 것이 특징이다.

(11) 전시회

전시회(exhibition)는 본질적인 회의와 병행하여 개최되는 것이 일반적이며, 회의 기간은 연속적인 경우가 대부분이다. 또한 회의 중에는 칵테일 파티, 연회파티를 병행하면서 상품을 전시하는 소규모 형태의 회의가 주를 이루고 있다.

2) 컨벤션회의 주제별 분류

(1) 오프닝 세러모니

오프닝 세러모니(opening ceremony)는 컨벤션의 개최취지에 부응하고자 본회의를 시작하기 전에 공식적으로 초청된 인사들을 위하여 개최되는 개회사 형식의 일종이다. 이는 일정한 형식과 분위기를 창출하기 위하여 교향악·전통무용 등의 연주나 연예행사가 준비되기도 한다. 그리고 컨벤션 참가를 목적으로 등록한 정회원은 모두 초청되며, 그들의 수행원이나 정부기관 인사, 지역의 유지 등 본회의와 관련 없는 사람도 초청할 수 있다.

(2) 총회

총회(general assembly)는 모든 회원들이 참석할 수 있는 회의로서 대부분 정관에 따라 개최된다. 그리고 제출된 의제에 관하여 모든 회원들은 발표 및 표결 권한을 가지며, 이러한 사항 중에는 정관 수정이나 방침의 재결정, 또는 운영위원의 지명이나 해임 등의 사항도 포함한다.

(3) 폐회식

폐회식(closing session)은 회의를 종결하는 최종 회의로서 회의 성과나 결과 등의 채택될 사항을 예약 보고한다. 이때 폐회사가 있고, 회의 주최자에 대하여 감사의 표시를 전하는 것이 관례이다.

(4) 위원회(commission)

어떤 특정연구나 목적에 대한 의사결정을 위하여 본회의 참가자 중에서 지명된 사람들로 구성된다. 위원회(commission)는 본회의 진행기간 중 또는 다른 회의기간이나 장소에서 개최되기도 한다.

그리고 10~15명 정도의 동일한 직종을 가진 사람들로 구성되며, 단일논제를 다루는 것이 특징이다. 또한 회의 개최 수개월 전부터 준비되며, 초청장과 더불어 논제가 참석자에게 사전에 송부되거나 고지된다.

(5) 위원회(council)

본회의 기간 중에 구성되며, 어떤 문제에 관하여 어느 정도의 결정권을 가지지만 회의결정사항에 대해서는 본회의에서 준비되어야 한다. 보통 20명 내외의 본회의에서 선출된 사람들로 위원회(council)가 구성되며, 특별히 부여된 결정권을 가지고 토의할 수 있는 주제를 택한다.

(6) 위원회(committee)

위원회(committee)는 본회의 기간 중 또는 휴회 중에 소집되는 것이지만, 지정된 의제에 관해서는 어느 정도 의사결정권을 갖는다. 10~15명의 본회의 참가자들로 구성되는 것이 일반적이다.

(7) 집행위원회

집행위원회(executive committee)는 컨벤션회의를 주관하는 집행부서라고 할 수 있으며, 본회의에서 결정된다. 위원회 또는 본회의에서 선출된 10명 이내의 인원으로 구성되며, 결정사항이나 집행을 요하는 사항을 다루게 된다. 뿐만 아니라 의사결정권을 가지고 있지만, 상황에 따라 때로는 본회의에서 비준을 요하기도 한다.

(8) 실무운영회

실무운영회(working group)는 위원회에서 임명된 특정 전문가들로만 구성되며, 단시일 내에 상세하고 구체적인 연구를 하기 위하여 필요한 운영회이다. 보통 10명 이내의 특정 전문가들로 구성되며, 전문적이고도 기술적인 보고서를 작성한다.

(9) 소위원회

소위원회(buzz group)는 어떤 문제나 논제에 관하여 총체적으로 자문하도록 구성된 협의체로서 회의기간 동안 소위원회가 여러 번 개최되기도 하는데, 이때 본회의의 진행은 잠시 중단되어 여러 소위원회로 나누어 진행된다. 각 소위원회는 위원장을 선임하여 제기된 문제를 논의하는데, 각 위원장은 소위원회에서 도출된 의견에 관하여 본회의에서 보고한다.

3) 컨벤션의 회의 성격별 분류

(1) 기업회의

기업회의(corporate meeting)는 기업의 경영전략과 마케팅 수립, 판매 활성화 방안과 홍보전략 등에 관한 목적으로 개최되는 회의를 말한다. 기업회의는 협회주관의 회의와는 다른 부분으로서 제품의 판매나 마케팅을 위한 성격이 강하기 때문에 컨벤션 시장에 대한 성장잠재력이 많은 것으로 인식되고 있다.

(2) 협회회의

협회회의(association meeting)는 협회의 공동 관심사와 진목도모 등의 운영방향을 논의하기 위하여 개최되는 회의가 일반적인 것으로서, 협회의 규모나 성격에 따라 다양하게 나타난다. 그리고 협회는 대부분 일정한 조례나 관례가 있기 때문에 협회조직의 목적이나 회원 현황을 쉽게 파악할 수 있고, 회의 형태별 준비사항이 간단한 편이다.

(3) 비영리기관회의

비영리기관회의(non profit organization meeting)는 사회단체 또는 비영리기관을 대상으로 각종 종교단체 모임, 노동조합회의 등 공동의 관심사항을 논의하기 위해 개최되는 회의를 말한다.

(4) 정부주관회의

정부주관회의(government agency meeting)는 정부의 조직과 관련된 정당·경제·문화·외교 등의 국가정책과 공공의 쟁점사항을 논의하기 위한 회의이다. 이러한 정부주관회의는 다양한 방식으로 기금을 조성하기도 하는데, 예를 들어 상공회의소의 주관회의는 개인이나 조직에서 기부하는 형식의 회원제 조직으로 운영되기도 한다.

(5) 시민회의

시민회의(civil meeting)는 자발적인 참여를 중심으로 이루어지는 경우가 많은데, 환경 모임, 소비자연합회 모임 등 사회공동의 관심사항을 개선할 취지로 개최되는 경우가 많다.

(6) 종교회의

종교회의(religion meeting)는 회원의 구성 자체가 종교적인 직업을 가지고 있거나, 종교에 관심을 갖고 있는 경우가 대부분이다. 그러므로 종교회의는 개최지 선정이나 프로그램 구성 및 참석자 등의 선정에 있어서는 상대적으로 동질성이 강한 회의 형태로 구성된다.

 제2절 **컨벤션산업의 효용성과 문제점**

1. 컨벤션산업의 효용성

컨벤션산업은 각종 국제회의부터 소규모 회의에 이르기까지 영리 및 비영리를 동시에 추구하고자 개최되는 회의로서, 국제적 이해관계와 상호 교류를 지속적으로 추구하는 데 그 효용성이 있다. 컨벤션은 여러 사회현상의 지식을 공유하고 새로운 사회 패러다임에 능동적으로 대응하기 위하여 점차적으로 그 중요성이 증대되고 있다.

1) 경제적 효과

컨벤션산업은 국제회의를 주요 목적으로 이루어지는 것으로서, 특정 다수의 단체를 대상으로 하여 숙박시설, 회의시설 및 관련시설을 제공하고 그 대가로 경제적 이익획득을 추구한다. 즉, 컨벤션산업은 인적 교류의 확대와 상호이해 증진을 실현할 수 있는 기회를 창출할 수 있으며, 관광수요의 비수기를 극복할 수 있는 수단이 되고 있다.

즉, 국제회의 참가자가 지출하는 직접소비액이 일반관광객보다 높을 뿐 아니라 식음료 공급업체, 수송업체, 통번역업체, 인쇄업체, 전시업체와 같은 다른 관련업체에 미치는 간접적 지출이 재생산을 유발하면서 지역경제 활성화에 기여하므로 국제회의는 관광산업에서 가장 성장지향적인 고부가가치 산업으로 분류되기 때문이다.

국제회의는 국제 간의 상호이해를 증진시키고 국가 및 지역경제의 활성화를 위한 도시형 무공해 산업으로 부상하고 있다. 국제 간의 직접적인 정보교류에 의해 새로운 정보기능을 수행할 수 있도록 할 뿐만 아니라 지역 외부로부터 많은 유입 인구의 집중에 의해 지역을 발전시키려는 외부지향적 지역경제 활성화전략 또는 지역마케팅 전략으로 활용되고 있다.

이처럼 컨벤션산업이 미치는 경제적 효과는 포괄적으로 해석해야 한다. 이는 대형행사가 개최됨으로써 그 지역에 직접 및 간접적으로 파급되는 효과가 너무 광범위하게 나타나기 때문이다.

즉, 컨벤션의 성공적인 개최를 위하여 해당 국가는 사회 간접시설과 숙박시설 확충, 도로정비, 도시 미관의 개선, 관광매력물의 조성과 안내, 지역민의 사회참여 유발, 지역이미지 강화 등을 하게 되는데, 이는 고용유발 효과와 세수의 확충, 국제수지 개선 등 여러 측면에서 복합적인 인센티브 효과가 발생한다.

한국관광공사의 2022년 국내·국제회의 참가자의 지출규모에 대한 추정결과 외국인 참가자의 1인당 지출비용은 미화 2,370달러로 조사되었으며, 동 보고서에 따르면 내국인 참가자는 311달러의 금액을 지출하는 것으로 나타났다.

내국인과 외국인의 참가자 수에 대미원화 환율을 곱하면 2022년 국내·국제회의 총지출 규모는 약 4,146백만 원으로 추산할 수 있다.

표 1-2 | 국내·국제회의 참가자 총지출 규모 추정(2022)

구분	1인당 지출비용 (US$)	원화환산 (원)	참가자	참가자 비용 (백만 원)
내국인	311	402,725	4,492	1,809
외국인	2,370	3,067,709	762	2,337
합계	-	-	5,254	4,146

자료 : 한국관광공사(2022), 관광통계자료 재인용.

국내·국제회의 업체의 매출액은 2,754,045백만 원이고, 부문별로 국제회의시설업은 1,574,123백만 원, 국제회의기획업은 438,434백만 원으로 추정할 수 있다.

표 1-3 | 국내·국제회의 관련 사업체 총매출 규모 추정(2021)

구분	매출액(원)	종사자 수(명)	신규채용자 수(명)
국제회의시설업	1,574,123	9,974	4,268
국제회의기획업	438,433	7,662	1,321
합계	2,012,556	17,636	5,589

자료 : 한국관광공사(2021), 관광통계자료 재인용.

2) 사회·문화적 효과

국제회의에서는 많은 인적 교류와 정보교류 및 사회교류가 발생하므로 각국의 문화를 이해하는 데 기여하고 국제친선을 도모하는 데 도움이 된다. 또한 국제회의의 유치·기획·운영을 하게 됨으로써 개최지는 지역문화의 개선, 교통망 확충, 숙박시설, 공항시설 등 사회기반시설의 인프라를 구축하거나 개선이 이루어진다. 또한 국제회의를 개최함으로써 국제사회에서의 위상확립 등 개최지의 이미지와 인지도 향상에도 이바지한다.

국제회의 개최가 지역에 미치는 영향을 조사한 연구결과를 보면, 경제교류의 활성화, 지역주민 및 사업체 수익증가, 투자증가 등과 같은 경제적 측면의 긍정적인 요인보다는 지역이미지 개선, 다양한 볼거리 제공, 주민의 자긍심 등과 같은 사회적 측면의 긍정적 요소를 더 중요하게 생각하는 것으로 나타났다.

국제회의 개최는 지역주민의 의식수준 향상에 기여할 수 있다. 회의에 참가하는 다양한 나라의 참가자들과 교류의 장을 통하여 서로 다른 문화권을 이해하게 됨으로써 지역에 한정된 생활과 제한된 사고로부터 세계와 소통할 수 있다는 의식을 갖도록 히는 기회를 부여한다.

3) 정치적 효과

국제회의 개최는 국가 간의 인적 교류와 국제회의 참가자 상호 간의 정보교환으로 인하여 국가 간 협력을 증진하는 데 필수적이다. 대부분의 국제회의는 대규모 인원이 참가한다는 점과 참가자들은 각 나라와 그들의 활동영역에서 어느 정도의 사회적 지위를 가진 사람들이라는 점에서 국가와 국가 사이의 관계를 증진시키는 효과를 기대할 수 있다.

국제회의는 인종·문화적 차이를 넘어 상호 간의 결합을 촉진시킬 수 있다는 정치사회화의 기능을 가지고 있으며, 참가하는 국가 간의 인적·문화적 커뮤니케이션을 통해 친선·우호 협력관계에서 상호교류를 통해 국가이익을 실현할 수 있다. 또한, 국제회의는 개최국이 자국의 사회·문화적 특성을 홍보하는 계기가 되며, 참가자들 간의 증가된 상호접촉은 장벽을 허물게 하고, 불신을 감소시키며, 상호이해를 촉진시킨다. 아울러 국제회의는 수십 개국의 대표들이 참여하므로 국가홍보는 물론, 회원자격으로 미수교국 대표와의 교류기반 조성도 가능하게 함으로써 외교적 측면에도 기여한다. 컨벤션산업의 발달은 정치적으로 선진국 진입을 앞당기거나 국제적 지위의 향상, 문화 및 외교 교류의 확대, 국가홍보의 극대화 등 해당국가의 홍보효과를 극대화하는 데 많은 기여를 하고 있다.

4) 관광진흥의 효과

컨벤션행사의 개최로 말미암아 동반되는 회의 참가자 수는 회의의 규모와 비례하면서 일시적인 방문자의 수가 상당히 많은 것이 특징이다. 즉, 국제회의 참가자는 최소 100명에서 최대 1,000명 이상에 이르는 많은 인원을 동시에 유치할 수 있기 때문에 그 나라의 관광산업에도 많은 보탬이 되고 있다.

특히 관광정책의 일환으로 관광비수기를 극복하기 위한 마케팅 전략의 접근으로서도 매우 각광받고 있다. 컨벤션 프로그램 가운데 관광과 쇼핑 등의 구성요소들을 포함하여 국제회의를 개최하는 경우가 많다.

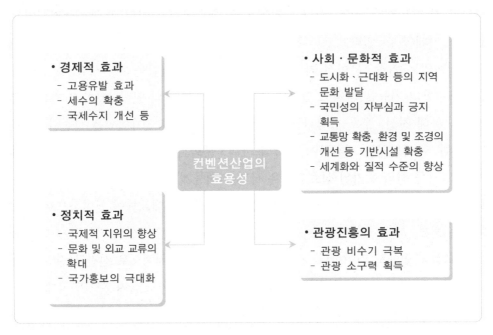

그림 1-4 │ 컨벤션산업의 효용성

2. 컨벤션산업의 특징

컨벤션산업은 관광산업과 밀접한 상호연관성하에 운영되며, 관광산업과는 상호 복합적인 협력관계를 통하여 성장·발전한다는 사실은 부인하기 어렵다. 컨벤션 산업의 특성상 구조적인 시설을 운영하고 서비스를 제공하며 커뮤니케이션이 원활하게 이루어지는가에 의해 서비스 만족도가 형성된다. 본 절에서 논의하는 컨벤션서비스란 '컨벤션 참가자가 회의에 참가하기 위하여 해당회의 및 컨벤션 관련정보를 입수하고 분석하는 과정에서 컨벤션 행사장에 도착하여 회의에 참석하고, 행사 후 본국으로 돌아가기까지 참가자의 편의를 위해 제공되는 인적·물적 자원'이다. 즉, 컨벤션서비스는 '컨벤션 참가자들의 만족도에 영향을 미치는 유·무형의 가치와 용역'으로 정의할 수 있다.

1) 무형성(Intangibility)

서비스는 제품에 비하여 실체가 없어 소비자 입장에서는 구매하기 전에는 만질 수도, 볼 수도, 냄새를 맡을 수도 없기 때문에 선택의 위험부담이 높으며, 비교분석 등의 테스트나 품질의 측정이 용이하지도 않다. 컨벤션은 일반 제조업과는 달리 사람의 접촉에 의한 서비스가 기본이 되는 산업이므로 서비스의 물리적 실체를 가시적으로 볼 수 없고, 만질 수 없다는 무형성의 특징을 가지고 있다. 고객이 컨벤션에 직접 참가하여 회의를 진행하기 전에는 서비스를 경험하기가 불가능하기 때문에 객관적 측면에서 서비스 품질을 측정하기가 어렵다.

이러한 무형성으로 인해 컨벤션산업의 상품은 진열하기 곤란하며, 상품에 대한 커뮤니케이션도 곤란하다. 따라서 무형성으로 인한 문제점을 해결하기 위해서는 실체적인 단서를 강조하여 서비스의 명확성을 증가시키고, 구전커뮤니케이션을 자극하여 강력한 이미지를 창출해야 한다. 예컨대, 컨벤션에 관한 홈페이지, 편안하고 고급스러운 회의장 로비, 바닥장식 등의 외관, 각종 안내 데스크, 식음료의 질, 호텔의 수준, 주차장시설, 컨벤션 전·후 관광상품 등에 관한 관리와 개선이 필요하다. 그리고 상표명을 사용하여 공급자가 제공하는 서비스에 대한 신뢰성을 높임과 동시에 가격경쟁력을 갖추어 구매 후 커뮤니케이션을 유도하여야 한다.

2) 비분리성(Inseparability)

서비스상품은 서비스의 제공자와 분리되어 존재할 수 없다. 즉, 서비스는 일반 제조업의 제품과는 달리 제품의 생산과 소비가 동시에 발생한다는 특징을 지니고 있다. 따라서 일반제품의 생산-판매-이용-평가와 같은 일련의 연속적 상품의 흐름을 파악하여 그 제품의 속성을 측정하기 어렵다는 문제점을 지니고 있다. 컨벤션 서비스는 생산과 소비가 동시에 일어난다는 점에서 생산과 소비의 비분리성의 특성을 가진다. 먼저 제품이 생산되고 난 후, 저장이나 판매가 이루어지는 일반 제조업과는 달리 컨벤션서비스의 경우에는 판매가 먼저 이루어진 후 생산·소비된다는 점에서 큰 차이를 보이고 있다. 이러한 경우 구매자들은 상품의 구매를 위해서는 자신이 가지고 있는 정보와 구전에 의존할 수밖에 없다. 그로 인해 컨벤션 이용 고객이 직접 참여하는 가운데 보여지고 이루어짐과 동시에 즉시 소비되므로 사전에 서비스의 품질을 통제하기가 어렵다. 즉, 서비스 제공과정의 대부분이 고객에게 노출되므로 현장에서 모든 것을 평가받게 된다는 부담이 있다.

따라서 컨벤션서비스의 비분리성에 따른 여러 가지 문제점을 해결하기 위해서는 고객과 접촉하는 서비스 직원을 신중히 선발하고 철저히 교육해야 한다. 또, 고객관리의 중요성을 잊지 말고 고객이 원활하게 서비스를 받을 수 있도록 서비스 시설의 다양한 입지를 제공해야 한다. 나아가 컨벤션이나 회의를 기획·운영하는 서비스의 생산과정에 고객들의 참여를 유도하여 서비스 품질의 생산성을 향상시키는 방안으로 적극 활용할 필요가 있다.

3) 이질성(Heterogeneity)

서비스는 변화의 가능성이 매우 높다. 즉, 서비스는 일반적으로 서비스의 제공자가 매우 제한적이며 대부분 사람에 의존하는 인적 서비스로 이루어진다. 따라서 서비스상품의 종류가 무엇인가? 그 서비스상품을 누가 제공하는가? 어느 시간에 제공하는가? 이와 같은 구체적인 속성과 환경에 의하여 서비스상품은 달라질 수 있다. 이것은 서비스를 제공받는 고객들의 질적인 평가가 다양하며 고객에 따른 만족과 불만족의 폭이 넓다는 것을 의미한다.

서비스품질을 표준화하기 어렵기 때문에 컨벤션이나 회의의 제공자는 어떻게 서비스를 일정한 수준 이상으로 유지하고 표준화시킬 수 있는가에 관한 문제의 중요성을 인식하게 된다. 또한, 서비스의 효용은 소비자의 주관적인 평가로 이루어지는 경우가 많으므로 서비스의 개성화와 고객 차별화를 필요로 한다.

4) 소멸성(Perishability)

서비스상품은 우리가 일반적으로 사용하는 제품과 달리 차후에 대비하여 저장할 수 없는 특성을 지니고 있다. 비행기의 좌석, 열차, 숙박업의 객실 등 수많은 서비스가 당해 시간에 판매되지 않는다면 상품으로서의 가치는 전혀 획득할 수 없는 것이다. 이러한 상품을 생산하거나 보유하고 있는 회사는 경쟁업체보다 공격적인 마케팅 활동을 통하여 상품을 판매하고자 한다. 그 결과 가격파괴로 인한 덤핑문제, 항공사나 호텔 및 숙박업소의 초과예약 등의 문제가 발생하고 있다. 경제학적 측면에서 수요가 안정적인 경우에 소멸성은 문제가 되지 않는다. 그러나 관광산업은 성수기와 비수기의 수요예측이 불가능한 경우가 많으므로 상품의 적절한 공급이 어렵다.

컨벤션서비스에 대한 실제적 수요의 크기가 서비스를 제공할 수 있는 컨벤션업체의 가용능력을 초과하면 고객들에게 최상의 서비스를 제공하기 어려워져 결국에는 고객들의 서비스 불만족을 초래하게 된다. 컨벤션서비스가 가지는 소멸성과 재고 보관의 어려움은 직원의 서비스 질에 의해 기업성과가 좌우된다고 할 수 있다. 따라서 컨벤션 기업은 직원의 직무교육으로 인해 발생되는 비용에 가중치를 두기보다 장기적으로 기업의 이윤을 추구하게 된다는 점을 인식하여야 한다.

3. 컨벤션산업의 문제점

세계적인 추세에 의하면, 새로운 범위의 전시컨벤션산업이 MICE(Meeting, Incentive, Convention and Exhibition) 산업으로 불리며 고부가가치 관광산업의 한 영역으로, 그리고 고도의 전문지식으로 세계시장을 겨냥하며 마케팅에 나서고 있다. 선행연구에 의하면, MICE산업 방문객은 비용 면에서도 업무적 성격을 가지고 여가 목적의 일반 관광객보다 높은 지출을 하는 것으로 나타났다. 그로 인해 아시아·태평양지역의 국가들은 외국인 투자와 다국적 기업을 유치하는 데 국가적 역량을 기울이고 있는 상황이다. 이러한 시대적 흐름에도 불구하고 우리나라의 컨벤션산업은 여전히 답보상태에 있다. 컨벤션시설 등 하드웨어 공급 위주의 산업육성으로 지속적인 성장을 추진해 나가기에는 많은 문제들이 산재해 있다.

국가 간, 도시차원의 마케팅을 통해 세계 12대 교역국의 위상에 맞는 국가 브랜드 마케팅이나 공공-민간 부문 협력에 의한 통합적 마케팅 능력이 부족한 실정이다. 나아가 국제회의 유치나 개최를 실질적으로 지원하는 정책적인 부문에서 여전히 한계점으로 남아 있다. 우리나라의 컨벤션산업은 여러 가지 측면에서 비약적인 발전에 초점을 맞추다 보니 복합적인 문제점이 속속 도출되고 있다.

첫째, 컨벤션산업에 대한 중앙정부의 지원이 문화체육관광부와 산업통상자원부로 이원화되어 있다. 즉, 컨벤션과 관련된 법률도 「국제회의산업 육성에 관한 법률」과 「전시산업 육성에 관한 법률」로 나뉘어 있어 컨벤션산업의 정책적 육성을 위한 체계적 지원과 추진이 곤란하고, 정책내용과 지원기준 등이 서로 상충될 소지를 안고 있는 실정이다.

둘째, 컨벤션산업의 하드웨어라 할 수 있는 국제회의 전문시설의 급작스런 공급과잉 현상을 들 수 있다. 즉, 국제회의 전문시설이 연차적으로 서울·부산·대구·제주 등에서 대규모적으로 개관되었지만, 진정한 의미에서 컨벤션산업을 위한 국제회의와 전시회 등의 지속적인 개최는 한계를 보였다. 따라서 이러한 문제를 능동적으로 극복하기 위하여 새로운 수요창출을 통해 세계시장 점유율을 높여 나가야 하는 과제를 안고 있다. 게다가 국제회의시설 문제와 관련하여 또 다른 문제점은 최근 지방자치단체들의 경쟁적인 대규모 컨벤션센터 건립추진 계획을 들 수 있다. 국제회의 전문시설[1]의 경우 낮은 수익성, 투자의 대규모 등을 감안할 때 금융 및 세제지원을 포함한 적극적인 민자·외자 유치제도가 마련되지 않을 경우 단기간 내에 인프라 구축이 쉽지 않을 전망이다. 또한 국제회의산업의 중장기적인 수급전망에 기초하지 않은 무분별한 시설건립 경쟁은 1980년대 중화학공업 투자과잉의 선례가 보여주듯이 장래시설의 유휴화 문제로 큰 후유증을 가져올 수 있을 뿐만 아니라, 취약한 지역경제에도 부담으로 작용할 수 있다는 점을 간과해서는

---

1) 국제회의시설의 종류
- 전문회의시설 : 2,000인 이상을 수용할 수 있는 대회의실과 30인 이상을 수용할 수 있는 중소회의실 10실 이상과 2,000m^2 이상의 옥내외 전시면적
- 준회의시설 : 국제회의 개최에 필요한 회의실로 활용할 수 있는 호텔연회장·공연장·체육관 등의 시설로 200인 이상의 인원을 수용할 수 있는 대회의실과 30인 이상을 수용할 수 있는 중소회의실 3실 이상
- 전시시설 : 전체 옥내외 전시면적이 2,000m^2 이상이고 30인 이상의 인원을 수용할 수 있는 중소회의실이 5실 이상
- 부대시설 : 국제회의의 개최 및 전시의 편의를 위하여 전문회의시설과 전시시설에 부속된 숙박시설·주차시설·식음료시설·휴식시설·쇼핑시설 등을 말함

안 된다.

셋째, 컨벤션산업을 효율적으로 관리할 수 있는 소프트웨어에 해당되는 전문인력의 부족과 운영계획이 미흡한 실정이다. 현재는 대학에서 관광학 전공과 관련된 학과로서 호텔경영 전공이나 국제회의 관련학 전공에서 개설·운영되고 있으나, 체계적인 국제회의 전문인력 양성 프로그램이 개발되지 못한 실정에 있다.

물론, 국내 몇몇 대학에서 컨벤션학과의 개설을 통해 운영하는 곳도 있지만, 이는 호텔경영과 연회기획 및 전시회의 일부분에 지나치는 경우가 대부분이다. 컨벤션은 다양한 회의기획과 회의운영법, 그리고 회의준비법, 조명시설과 음향 지원시스템 운영방안, 첨단장비의 조작법과 관리, 통역장비 지원과 관리 등 관련된 다양한 기능이 총체적으로 교육되어 실전에서 효율적으로 운영되어야 하지만 현실은 그렇지 못한 실정이다. 또한 현재까지는 국제회의산업이 하나의 산업분야로서 체계적인 조직구조를 갖추지 못하고 있기 때문에 이 분야에서 필요로 하는 인력수요를 정확히 예측하기는 어려우나 국제회의산업의 중요성이 부각되고 있고, 국제회의 전문시설의 건립 증가, 정부와 지방자치단체의 국제회의산업 육성의지 등을 감안할 때 컨벤션산업의 전문인력 배출과 관리방안이 마련되어야 할 것이며, 이는 궁극적으로 우리나라 컨벤션산업의 국제경쟁력을 제고시키기 위해서도 전문인력의 체계적인 양성문제는 매우 중요한 과제가 아닐 수 없다.

넷째, 컨벤션산업의 지속적인 성장을 위해서는 국제회의의 국내유치가 활발히 이루어져야 한다. 국제회의의 유치를 전제하지 않고서는 컨벤션산업을 말할 수 없으며, 다양한 성격의 국제회의가 국내에서 개최될 수 있도록 유치촉진 제도와 국내적인 여건이 마련되어야 한다. 홍콩이나 싱가포르, 태국 등 아시아 주요 국가들은 국제회의 유치 캠페인[2]을 꾸준히 전개하고 있으며, 민·관 합동의 컨벤션뷰로

---

2) 싱가포르는 'Global Meeting 2000' 캠페인을 전개하면서 1998~2000년까지 3년 동안 세계 주요 MICE (Meeting, Incentive, Convention, Exhibition) 입안자를 대상으로 한 홍보활동에 600만 싱가포르달러 (약 50억 원)를 투입하였다. 싱가포르에서는 2021년에 4만 9,000여 명의 대표단이 참석한 200개 이상의 행사가 열렸다. 싱가포르관광청은 싱가포르에 MICE 행사를 유치하기 위해 '인스파이어 글로벌 2.0' 프로그램을 도입하여 다이닝 및 명소에서 주제별 투어 및 팀 빌딩에 이르기까지 다양한

(bureau)를 설치·운영하고 있다.

마지막으로, 우리나라도 한국관광공사 내에 컨벤션 전담부서인 코리아MICE뷰로가 별도로 설치되어 국제회의 유치를 위한 홍보활동을 실시하고 있으나, 국제회의 유치단계에서의 지원책이 극히 미흡하고 국제회의 참가자들을 위한 다양한 연계상품과 이벤트, 특별 숙박요금의 적용 등 국제회의 유치와 관련된 인센티브 정책이 체계적으로 개발되지 못하고 있으며, 공공·민간기관에서의 국제회의 유치활동이 예산사정 등 여러 가지 요인으로 활발히 이루어지지 못하는 실정이다.

프로그램을 제공한다. 또, 자국 내 업계에 다양한 지원을 제공한다. 한 예로 비즈니스 이벤트 업계가 싱가포르의 우수한 이벤트를 혁신하고 유지시킬 수 있도록 장려하는 '비즈니스 이벤트 인 싱가포르' 제도가 마련돼 있다.

| 학습문제 |

1. 컨벤션과 국제회의의 의미는 근본적으로 어떠한 차이점이 있는가?

2. 컨벤션을 회의 형태별로 세부적으로 분류하시오.

3. 컨벤션의 회의 주제별 분류에서 오프닝 세러모니(opening ceremony)란 무엇인가?

4. 컨벤션의 회의 성격별 분류에서 기업회의와 시민회의의 차이점은 무엇인가?

5. 컨벤션산업의 긍정적인 효용성에는 어떠한 것이 있는가?

6. 컨벤션산업의 궁극적인 문제점은 무엇인가?

7. 컨벤션산업은 관광산업에 커다란 영향을 미치게 되는데, 그 이유는 무엇인가?

PART

2

컨벤션산업의
현황과 과제

제1절 컨벤션산업의 현황
제2절 컨벤션산업의 육성방안과 추진과제

제1절 컨벤션산업의 현황

1. 컨벤션산업의 중요성

21세기를 맞이하여 현대사회는 빠른 속도로 변하고 있으며, 관광객의 수요와 선호 속성도 과거와는 크게 다른 양상으로 변화되고 있다. 특히 인터넷의 급속한 보급으로 관광객들은 이제 다양한 관광정보를 스스로 분석하거나 관광에 대한 지식을 공유하여 소비자가 직접 선택할 수 있게 되었으며, 이에 따라 관광산업의 무게중심이 과거의 공급자 중심에서 수요자 중심으로 빠르게 변화되고 있다.

관광산업은 인터넷시대, 디지털혁명시대, 지식정보시대를 맞아 산업의 구조적 접근과 서비스적·질적 내용의 근본적 변화가 예상되는 가운데, 컨벤션산업은 지식기반 관광산업으로서 새로이 각광받을 것으로 평가되고 있다. 또한 세계가 점점 하나의 동질성과 생활권으로 개편되는 가운데 지역별·국가별 교류와 협력이 더욱 활발해질 것으로 보이며, 다양한 비정부기구(NGO)의 활동이 활발해짐에 따라 시민단체들의 국제적인 연대와 협력활동도 크게 늘어나게 되어 컨벤션산업의 수요가 꾸준히 증가할 것으로 예상된다.

또한 컨벤션산업은 국민소득의 증대뿐만 아니라 지역경제의 활성화, 쇼핑 및 내수경기의 확대, 개최지역의 이미지 고양에 기여한다. 이와 함께 컨벤션산업은 곧 서비스산업으로서 궁극적으로 실업자를 해소할 수 있는 고용기회의 증대와 외화 획득[3], 그리고 세수증대를 가져오는 고부가가치산업[4]일 뿐만 아니라, 개최지역을

---

[3] 한국관광공사가 2022년 외국인 컨벤션 참가자를 대상으로 조사한 결과 컨벤션 참가자 외국인 1인당 평균 소비액은 US$2,370로 나타났다.

[4] 미국 CLC(Convention Liaison Council)의 조사결과 1994년 미국 컨벤션산업의 경제적 효과는 직접

국제적으로 알리게 되고, 지역사회의 이미지 개선을 통해 지역발전에 결정적 역할을 담당한다.

컨벤션산업은 21세기의 국가 산업적 측면에서도 매우 중요한 분야이다. 컨벤션산업은 1차적으로는 컨벤션센터의 운영과 관련된 설비 및 서비스관련 산업, 전시관련 산업을 동반하고 있으며, 동시에 다양한 연관 산업효과를 가지고 있어 경제적 파급효과가 매우 높은 산업이다. 즉, 컨벤션산업은 관광·레저 산업, 숙박·유흥·식음료·교통·통신 등 관련 산업까지를 포함하는 종합산업이자 지식과 정보의 생산 및 유통을 촉진하는 지식기반산업(knowledge-based industry)의 핵심산업인 것이다.

이와 같이 컨벤션산업은 고부가가치를 창출하는 신종 관광산업으로 부상하고 있으며, 향후 컨벤션시장이 더욱 확대될 것으로 전망됨에 따라 세계 각국은 컨벤션산업을 육성하기 위해 국가적인 차원에서 각종 지원방안을 강구하고 있다.

국내적으로도 2000년 ASEM 개최를 필두로 2001년 세계관광기구(WTO) 총회, 2002년 월드컵축구 및 부산아시안게임, 2003년 대구유니버시아드대회 및 세계지방자치단체연합회(IULA) 총회, 2004년 PATA 제주총회 등 대형 국제회의와 국제행사가 연이어 개최되었으며, 2007년 ASTA 총회와 2011년 세계육상선수권대회, F1 코리아 그랑프리 등 대형 국제행사가 개최되는 등 활기를 띠고 있다. 우리나라의 국제회의 개최건수 세계순위는 UIA 기준 2016년 997건, 2017년 1,297건으로 2년 연속 세계 1위를 달성하였으며, 2018년과 2019년에는 2위를 기록하였다. 2020년에는 코로나19 확산의 영향을 크게 받아 세계 4위를 기록하였으며, 2021년에는 코로나19 영향을 일부 회복하여 세계 2위를 기록하였다. 2021년 기준으로 1위는 미국(512건), 2위는 한국(473건), 3위는 일본(408건)이다.

소비액 US$828억, 직접고용 증대효과는 157만 개의 일자리 창출, 직접 세수효과는 US$123억으로 분석되었다.

2. 컨벤션산업의 현황

지난 5년간 전 세계에서 개최된 국제회의의 추세를 살펴보면, 2006년 8천 건대를 돌파한 이후, 세계적으로 정치적 격변상황의 몇 해를 제외하고는 매년 꾸준한 증가세를 보이고 있다.

국제협회연합(UIA : Union of International Associations)의 2010년 세계국제회의 통계자료에 의하면 세계적으로 총 11,519건의 국제회의가 개최되어 전년(11,503건)에 비해 0.13% 성장을 기록하였는데, 그 가운데 아시아는 2,402건(전체비중 21.67%)으로 전년에 비해 17.06% 증가한 것으로 나타났다. 또한 한국은 2010년에 전년(세계 8위, 아시아 3위)보다 117건이 증가한 464건으로 세계 8위, 아시아 3위를 기록하였으며, 특히 서울은 201건으로(전년 151건) 도시별 개최순위로 세계 5위(전년 9위), 아시아 3위(전년 3위)를 기록할 정도로 비약적인 성장을 이루었다.

최근 우리나라는 「국제회의산업의 육성에 관한 법률」(2023.05.16)이 개정되었다. ASEM 정상회의의 성공적인 준비를 위해 코엑스컨벤션센터(COEX)가 2000년 5월 개관되었고, 대구전시컨벤션센터(EXCO)가 2001년 4월, 부산전시컨벤션센터(BEXCO)가 2001년 9월에 각각 대규모적으로 개관되었으며, 2003년 3월에는 제주국제컨벤션센터(ICC JEJU)가, 2005년에는 광주(김대중컨벤션센터), 경기도 고양(KINTEX) 및 경상남도 창원(CECO)이 완공되었고, 2008년에는 대전컨벤션센터(DCC) 및 인천 송도 컨벤시아가 완공되었다. 2015년에는 정부세종컨벤션센터, 2021년에는 울산전시컨벤션센터(UECO)가 개관되었다. 뿐만 아니라 인천국제공항 개항, 고속철도 개통 등 컨벤션산업 육성을 위한 제반여건이 충분히 마련됨에 따라 컨벤션산업에 대한 지방자치단체들의 관심이 크게 높아지고 있고, 컨벤션 전문인력 양성 필요성에 대한 논의도 활발히 전개되고 있다.

3. 컨벤션산업의 구성요소

컨벤션산업은 하나의 유기적인 조직체로서, 컨벤션의 주요 구성요소는 특정한 목적을 갖고 사람 · 물건 · 정보들이 모여 의사소통과 교류를 하는 만남을 만들고 공익적 기능을 수행하는 시스템상의 모든 산업이다. 주요 구성요소는 회의 주최 조직과 회의기획자(Meeting Planner), 개최시설(Host Facilities), 서비스제공자(Service Suppliers) 및 컨벤션뷰로(CVB) 등으로 분류할 수 있다.

1) 주최조직과 회의기획자(Meeting Planner)

컨벤션 주최자는 컨벤션 개최를 전제로 컨벤션을 통해 특정한 사안을 달성하려는 목적을 갖고 있는 조직 또는 단체로서 정부조직 · 국제기구 · 전문가단체 · 기업단체 등이 해당된다. 컨벤션 주최자의 특성은 지속성을 띠며 다수의 회원 또는 국가로 구성되어 있고, 개최지 선정에 있어서 중요한 역할을 수행한다.

컨벤션 회의기획자는 특정회의를 개최하기 위한 일시적인 조직 또는 단체로 구분된다. 컨벤션 개최자는 특정회의를 개최하기 위해 개최지를 중심으로 공공조직과 민간조직으로 구성된다.

(1) 컨벤션 주최자

컨벤션 주최의 특성별로 분류하면, 정부조직에서 주최하는 컨벤션, 협회 · 학회 컨벤션, 기업 컨벤션, 비영리조직에서 주최하는 컨벤션으로 분류할 수 있다.

■1 정부컨벤션의 특성

중앙정부와 지방자치단체의 주최로 열리는 각종 회의나 연수회뿐 아니라 두 국가 이상이 참여하는 각종 회의를 주제로 개최한다. 비교적 정기적인 컨벤션이 많다. 그리고 개최준비기간이 비교적 길며, 참가대상이 한정되어 있다. 또한, 컨벤션 관련기관의 협조체제구축이 용이하며, 의전이 매우 중요한 요소로 작용된다.

정부조직에서 국내 · 외 현안들에 대해서 회의를 개최하거나 지방자치단체와 협조하여 지역주민을 대상으로 공청회를 개최하기도 하며, 공무원들의 직무연수를 위하여 회의를 개최하기도 한다.

■2 협회 · 학회 컨벤션의 특성

회원들의 공통된 이해를 증진시키거나 회원 간의 상호작용을 고양시키기 위해

형성된 조직으로서 전문적인 활동을 전개하는 단체이다. 개최지의 경우 매회 변경이 이루어지며, 특히 관광매력도가 높은 곳이 개최지로 선정된다. 정부 및 기업 컨벤션과 달리 개최목적은 공통된 관심사를 가진 회원들의 의견교환이나 새로운 정보를 제공하는 데 있다. 또한, 협회·학회의 재원을 확보하는 수단으로 이루어진다. 회의등록 시 참가비, 후원금, 전시부스판매수익, 광고수익을 올릴 수 있다. 협회·학회 컨벤션의 종류로는 무역관련협회, 전문가협회(한국변호사협회, 한국의사협회 등), 교육관련협회(전국교수협회, 국제와인교육가협회 등), 과학기술협회로 크게 분류할 수 있다.

3 기업 컨벤션의 특성

기업회의는 매년 정해진 시기에 개최되는 주주총회를 제외하고는 기업 경영진의 필요와 목적에 의해 열리기 때문에 회의의 개최시기는 따로 정해져 있지 않다. 개최지 선택은 협회·학회 컨벤션과 같이 관광매력도가 높은 곳을 선호하면서 외부환경으로부터 완벽하게 독립된 장소를 선호한다. 기업회의는 강제력이 있고 회의 참가자들이 기업에 소속된 직원이라는 점에서 동일한 특성을 갖는다. 개최지·시설을 선정하는 과정은 협회·학회 컨벤션에 비해 매우 단순하며 최고경영자에 의해 결정되는 경우가 많다. 기업 컨벤션의 종류에는 상품판매촉진회의, 신상품개발 및 발표회, 세미나와 워크숍, 경영자회의, 주주총회, 인센티브회의 등이 있다.

- 상품판매촉진회의 : 상품판매촉진과 관련된 사람들이 참여해서 회사 상품에 대한 회의에 참석하는 형태로 이루어진다.
- 신상품개발 및 발표회 : 기업의 새로운 제품을 구매고객이나 중간 도·소매업자들에게 소개하고 전시하는 형태로 이루어진다.
- 세미나와 워크숍 : 사원들을 대상으로 직장 내 교육훈련으로 이루어지는 회의로서 신입사원의 오리엔테이션이나 기업환경 변화에 대처하는 방안에 대하여 기존사원들을 대상으로 실시되는 회의로 구분된다.
- 경영자회의 : 경영자들을 대상으로 업계현황, 전망, 위기상황에 대하여 논의하기 위한 회의로서 한적한 장소의 리조트호텔에서 이루어지는 경우가 많다.

- 주주총회 : 주주들을 대상으로 기업의 경영상태 및 임원선출에 대한 결과보고로 이루어지며, 새로운 사업현황에 대한 설명도 함께 이루어진다.
- 인센티브회의 : 회사에서 사원이나 경영진들의 사기진작 및 보상차원으로 회의가 이루어지므로 매우 좋은 서비스를 제공하는 유명한 리조트에서 이루어진다.

4 비영리조직

노동조합들의 회의, 종교단체 회의, 예술, 문화, 스포츠, 기타 사회조직들에 가입한 회원들에 의한 회의로 협회조직과 명확하게 구분되지 않는 경우도 있다. 비영리조직 컨벤션의 종류로는 사교친목모임(동호회, 팬클럽 등), 군인단체 및 재회친목모임(재향군인회, 동문회 등), 종교관련 단체모임(특정종교를 믿는 신자나 종교단체 회원들에 의해 열리는 회의), 대학생동호회 모임(동아리, 학과동문회 등) 등이 있다.

(2) 회의 기획자

국제회의 유형과 규모가 다양해짐에 따라 회의를 개최하는 과정에서 장소선정, 호텔과 계약, 법적인 문제 등 회의와 관련된 사항에 관한 전문적인 지식을 가지고 업무를 처리하는 전문적인 직종을 말한다.

컨벤션 기획가는 조직과 단체의 성격에 따라 기업회의 기획가(corporate meeting planner), 협회회의 기획가(association meeting planner), 정부기관회의 기획가(government meeting planner), 독립적인 회의 기획가(independent meeting planner), 여행사(travel agency), 국제회의 전문기획업체(PCO: Professional Convention Organizer) 등으로 분류할 수 있다.

1 기업회의 기획가

기업회의 기획가는 기업에 고용되어 해당기업의 회의와 컨벤션을 기획하는 사람으로 기업의 종업원, 경영진들과 관련된 회의의 모든 세부사항들을 기획하고 실시하는 임무를 맡는다. 기업회의 기획가들은 경영회의·교육회의·판매회의·인센티브관광·세미나 등 다양한 형태의 회의와 관련된다.

기업회의 기획가는 사전에 회의 참석인원에 대한 정보를 얻을 수 있으므로 회의 규모에 대한 정확성을 추정하는 것은 용이하나, 일정한 주기나 패턴 없이 개최되는 경우가 많기 때문에 회의 개최가 늦게 결정되는 경우가 있다.

2 협회회의 기획가

협회회의 개최여부와 일자, 장소선정 등은 협회 회장이나 이사진, 또는 컨벤션 기획가에 의해 정해진다. 협회회의 기획가의 주된 업무는 모든 협회회의를 기획하는 것으로 지역·국가 및 국제회의에 대한 책임이 있다. 규모가 큰 협회는 컨벤션을 촉진하기 위하여 협회회의 기획가와 협력하여 업무를 보는 마케팅부서를 운영한다.

3 정부기관회의 기획가

정부가 주최하는 회의를 담당하는 회의기획가이다. 기업회의 기획가의 업무와 비슷하며, 이들은 소규모 지방자치단체에서 중앙정부에 이르기까지 모든 정부기관에 소속되어 있다. 정부기관회의 기획가의 제약은 예산상의 문제로서 참석자들에게 주어지는 회의참가 비용이 많지 않으므로 재정적 어려움을 고려해서 회의를 기획해야 한다.

4 독립적인 회의 기획가

독립적인 회의 기획가는 회의와 컨벤션업무에 관하여 전문지식을 갖춘 사업자이다. 예산상의 문제와 조직구조의 효율성을 감안하여 정식 직원의 회의 기획가를 고용하지 않은 협회 혹은 기업이 독립회의 기획가와 계약하는 경우가 많다. 독립회의 기획가는 계약을 체결한 협회 혹은 기업에 의하여 처음부터 회의 종료 시까지 책임을 지면서 업무를 수행하는 경우가 있는 반면, 특정 단계에만 참여하여 지원하는 경우도 있다.

5 여행사

예전에는 컨벤션 개최지가 결정되면 여행사의 업무는 컨벤션 개최지로의 수송

수요 및 숙박정보에 대한 지원을 제공하는 데 핵심적으로 관여하였다. 최근 컨벤션 전문가들은 더욱 많은 참가자들을 유치하기 위하여 다양한 관광프로그램을 준비하는 경향이 늘고 있다. 컨벤션 참가자들의 겸목적적 관광행위나 여가욕구를 충족시키기 위한 프로그램을 활성하고 있다. 즉, 컨벤션 참가자들을 위한 컨벤션 전·후 여행(pre & post convention tour) 및 동반자 프로그램(spouse program) 등을 개발하여 성장하고 있다. 그로 인해 여행 도매업자들의 역할은 기존의 기업에서의 해외출장 등 여행 관련 업무뿐만 아니라 회의관련 패키지 상품을 개발하는 것으로 영역을 확장하고 있다.

　6 국제회의 전문기획업체(PCO: Professional Convention Organizer)

　국제회의 전문기획업체는 국제회의 전시회 개최와 관련된 다양한 업무를 행사 주최 측이 요구하는 부분만큼 위임받아 일부 또는 전체 업무를 대행해 주는 업체이다. PCO업체는 정부조직이나 기업에서 자체적으로 컨벤션을 담당하는 부서가 없거나 미비할 때 컨벤션 개최업무를 부분적 또는 전체적으로 위임받게 된다. 컨벤션은 준비과정이나 국제회의가 진행되는 동안 개최 성격에 따라 행사진행에 있어서 다양성을 가지기 때문에 국제회의를 준비하는 데 있어 전문성이 더욱 요구된다. 최근에는 국제회의의 개최 수가 증가하고 회의의 기획·준비·진행 등과 관련된 업무를 전문적인 지식을 가진 업체에 위탁·대행하는 경우가 있으며, 국제회의의 참석자들은 회의와 관련된 주제에의 참가와 더불어 겸목적관광을 함께하는 것으로 인식하고 있다. 따라서 이러한 형태의 국제회의를 담당하는 전문적인 기업의 필요성을 인식하여 국제회의 기획업을 관광산업에 포함하게 되었다.

2) 개최시설(Host Facilities)

　개최시설은 회의·컨벤션·박람회를 수용하는 데 사용되는 모든 시설을 의미하며, 우리나라의 컨벤션시설에 관한 사항은 「국제회의산업 육성에 관한 법률 시행령」 제3조에 규정하고 있다.

　① 법 제2조제3호에 따른 국제회의시설은 전문회의시설·준회의시설·전시시

설·지원시설 및 부대시설로 구분한다. 〈개정 2022.12.27.〉

② 전문회의시설은 다음 각 호의 요건을 모두 갖추어야 한다.

　　1. 2천 명 이상의 인원을 수용할 수 있는 대회의실이 있을 것

　　2. 30명 이상의 인원을 수용할 수 있는 중·소회의실이 10실 이상 있을 것

　　3. 옥내와 옥외의 전시면적을 합쳐서 2천 제곱미터 이상 확보하고 있을 것

③ 준회의시설은 국제회의 개최에 필요한 회의실로 활용할 수 있는 호텔연회장·공연장·체육관 등의 시설로서 다음 각 호의 요건을 모두 갖추어야 한다.

　　1. 200명 이상의 인원을 수용할 수 있는 대회의실이 있을 것

　　2. 30명 이상의 인원을 수용할 수 있는 중·소회의실이 3실 이상 있을 것

④ 전시시설은 다음 각 호의 요건을 모두 갖추어야 한다.

　　1. 옥내와 옥외의 전시면적을 합쳐서 2천 제곱미터 이상 확보하고 있을 것

　　2. 30명 이상의 인원을 수용할 수 있는 중·소회의실이 5실 이상 있을 것

⑤ 지원시설은 다음 각 호의 요건을 모두 갖추어야 한다. 〈신설 2022.12.27.〉

　　1. 다음 각 목에 따른 설비를 모두 갖출 것

　　　가. 컴퓨터, 카메라 및 마이크 등 원격영상회의에 필요한 설비

　　　나. 칸막이 또는 방음시설 등 이용자의 정보 노출방지에 필요한 설비

　　2. 제1호 각 목에 따른 설비의 설치 및 이용에 사용되는 면적을 합한 면적이 80제곱미터 이상일 것

⑥ 부대시설은 국제회의 개최와 전시의 편의를 위하여 제2항 및 제4항의 시설에 부속된 숙박시설·주차시설·음식점시설·휴식시설·판매시설 등으로 한다. 〈개정 2022.12.27.〉

컨벤션 개최 장소는 크게 두 가지로 구분할 수 있는데, 전통적 개최시설과 비전통적 개최시설로 구분할 수 있다. 개최시설의 종류는 〈표 2-1〉과 같다.

표 2-1 | 개최시설의 종류

구분	종류
전통적 개최시설	컨벤션센터 컨퍼런스센터 호텔 리조트
비전통적 개최시설	대학교 크루즈선 일반 숙박시설

(1) 컨벤션센터

컨벤션센터의 건설과 운영은 정부나 지방자치단체에 의해 이루어진다. 이러한 배경은 컨벤션센터의 건설비용이 많이 소요되고 국제회의나 전시회와 같은 국제행사에 대규모 참가자들을 유치할 수 있는 주도적인 노력이 필요하므로 정부차원에서 컨벤션센터를 운영·관리한다.

컨벤션센터는 대규모 국제회의 개최를 위한 목적으로 설계된 건축물로 동시통역이나 프레젠테이션 설비 및 대회의실·소회의실·연회장·전시실 등 원활한 회의진행을 위해 필요한 설비를 갖춘 종합시설이다. 대부분의 시설을 전시나 회의공간의 임대를 통하여 수익을 발생시킨다.

컨벤션센터는 호텔이나 다른 숙박시설에 매우 근접되어 있으므로 참가자들이 숙박시설로 접근하기 용이하다. 컨벤션센터의 유형은 〈표 2-2〉와 같이 건립장소와 지역의 개발계획에 따라 국제업무지역형, 텔레포트형, 테크노파크형, 리조트형으로 구분할 수 있다.

컨벤션센터의 경영상의 특성으로는 국가 또는 지방자치단체 또는 민·관 형태의 조직이 소유·경영하는 형태에서 최근에는 민간에게 위탁경영하는 사례가 많은 추세이다.

표 2-2 | 컨벤션센터의 유형

구분	입지조건	기간시설	유발시설
국제업무 지역형	• 국제업무지역은 세계화, 정보화시대에 대응하여 국제 간 인적·물적 교류증진을 목적으로 하는 업무중심지역으로, 24시간 업무가 가능한 지역 • 업무 이외에도 거주, 문화, 상업기능이 복합적으로 존재하여 지역 자체만으로도 자립이 가능한 지역으로 신도시 또는 부도심 형태로 개발됨	• 국제업무센터 • 국제금융단지 • 오피스파크 • 국제정보교류센터	• 컨벤션센터 • 물류유통단지 • 이벤트돔 • 복합영화관 • 월드쇼케이스 • 관광위락시설
텔레 포트형	• 위성통신용 지국시설 이외에 정보를 수집하고 가공·발산하는 정보창출 기능의 도모를 위한 정보산업관련기관이 집합해 있는 지역에 적합 • 대규모 토지확보가 용이하고 도심과 근접한 곳으로 첨단 정보산업을 지향하는 기업의 오피스 공간 수요가 있는 곳	• 텔레센터빌딩 • 통신위성지구국 • 광섬유통신망 • 인텔리전트 오피스파크	• 컨벤션센터 • 영상정보센터 • 디자인센터 • 패션센터 • 벤처기업단지 • 케이블TV방송국
테크노 파크형	• 첨단산업, 연구개발, 주거 및 관광위락기능이 갖추어진 고도의 기술 집적도시에 적합 • 기존 산업기능 위주의 공업단지를 정비하는 방식과 기존의 연구단지에 첨단산업기능을 보완하거나 신규계획에 의거 조성하는 방식으로 이루어진 테크노파크에 적합	• 과학연구센터 - 정부출연연구소 - 대학연구소 - 민간연구소 • 창업보육센터	• 컨벤션센터 • 제품전시단지 • 정보교류센터 • 연수교육센터 • 오피스파크
리조트형	• 매력 있는 관광자원과 시설을 가지고 있는 관광목적지로서 컨벤션 유치 및 개최와 관련된 총체적인 지원서비스 기능을 보유하고 있는 관광지향적인 도시나 관광휴양단지에 적합 • 기조성된 관광단지 내외에 컨벤션 전봉호텔을 건립하여 기존시설과 연계시키거나, 현재 계획 추진 중인 관광단지 내에 사업 초기부터 계획적으로 컨벤션센터와 관련된 일체시설을 단지화할 수 있는 지역에 적합	• 컨벤션센터 • 컨벤션전용호텔 • 카지노complex • 실내스포츠 complex	• 실내·외 주제 공연장 • 골프장 • 실내·외 워터파크 • 경마장 및 경륜장 • 자동차 경주장 • (실내)스키장

(2) 컨퍼런스센터(Conference Center)

컨퍼런스센터는 20명에서 50명 정도의 회의참가자들이 중·소규모의 회의를 개최하기에 적합한 곳으로서 참가자들을 위한 객실을 제공하기에 다른 숙박시설을 이용하지 않아도 되는 것이 장점이다. 그리고 센터 내에서 회의를 개최하는 참가자들에게 편안함과 안락함을 제공하고 정보나 아이디어를 교환할 수 있는 최적의 환경을 구축하도록 설계되었다.

컨퍼런스센터는 참가자들에게 다양한 식음료를 제공하는데, 식당에서는 뷔페 중식, 그리고 일품요리 혹은 뷔페 석식을 제공하며, 간단한 스낵과 음료수도 함께 제공한다.

한편, 컨퍼런스센터 내에 위치한 컨퍼런스룸과 예약시스템은 24시간 운영되며 첨단화된 시청각기자재시스템을 갖추어야 하고, 컨퍼런스 컨시어지(conference concierge)가 있으므로 팩스, 번역, 메일서비스, 각종 회의 관련자료에 대한 서비스를 제공받을 수 있다.

(3) 호텔

호텔은 시대적 흐름에 따라 회의산업의 발전에 있어 매우 중요한 역할을 담당하였다. 호텔은 본래의 기능 외에 컨벤션 기능을 상품화함으로써 수익구조의 다양성을 확보하게 되었다.

일반적으로 컨벤션센터는 숙박시설과 연계되어 있지 않기에 회의 참가자들은 공간적·시간적 거리로 인해 불편함을 겪지만, 호텔은 숙박시설, 회의장, 식음료서비스가 같은 장소에서 이루어지는 것이 장점이다. 그로 인해 호텔은 회의단체가 요구하는 다른 편의시설도 함께 제공하므로 대부분의 호텔은 컨벤션과 회의산업을 통해 객실판매율을 높이고 있다.

그러나 우리나라 일부 특급호텔을 제외한 대부분의 호텔이 2,000명 이상의 회의를 개최할 수 있는 대회의장을 보유하지 못하고 있으며, 이러한 컨벤션시설을 갖추고 있는 호텔들은 수도권에 집중되어 있는 실정이다. 그로 인해 수도권과 지방의 컨벤션 개최실적은 계속해서 수도권으로 편중되는 문제점을 안고 있다.

(4) 리조트

컨벤션에 참가한 후의 겸목적관광을 즐기려는 참가자들이 늘어나면서 회의 · 컨벤션 · 박람회 개최를 위하여 많은 회의단체는 리조트(resort)를 컨벤션 장소로 선택하는 경향이 생겨나고 있다. 따라서 컨벤션 참가자들은 회의참석 후 일상생활을 탈피하고자 주변 관광지를 방문하여 휴가를 즐길 수 있다. 이러한 강점에 의하여 리조트는 새로운 컨벤션 개최지로 주목받고 있다.

리조트가 컨벤션 개최의 원활한 진행을 위해 제반시설 및 편의시설을 제공하는 것뿐만 아니라 휴가시설도 제공함으로써 새로운 수익을 창출하게 되었다.

(5) 비전통적 컨벤션 개최시설

전통적으로 컨벤션을 개최하는 장소는 아니지만 컨벤션 개최의 실용성을 강조하는 경향에 의하여 경비절감과 접근성이 용이한 장점이 부각되는 곳으로 대학 및 연구소의 준회의시설, 문화센터 등이 있다. 다만, 크루즈(유람선산업)는 회의 및 컨퍼런스를 위해 선박을 사용하는 것이 비용 면에서 제한적이므로 회의단체가 이용하기에는 여전히 부족한 면이 있다.

3) 서비스 제공자(Service Suppliers)

컨벤션산업의 범주는 매우 다양하고 광범위하기 때문에 서비스 제공업체들도 매우 다양하다. 대체적으로 회의관련 서비스 제공자로는 DMC(Destination Management Company), 호텔컨벤션 서비스 매니저(hotel convention service manager), 통역 · 번역업, A/V장비임대업체 등이 있다.

(1) 지역컨벤션 대행업체(DMC : Destination Management Company)

1970년대 이후 회의산업의 발전과 개최지가 전 세계로 확대되면서 컨벤션 기획가가 잘 알지 못하는 도시에서 완벽하게 기획·준비·운영·관리하여 원활하게 수행하지 못하는 어려움이 있다. 이러한 경우 DMC는 컨벤션 개최지의 모든 여건에 대하여 정통하기 때문에 컨벤션 주최자나 컨벤션 기획가의 코디네이터로서 중요한 역할을 수행할 수 있다.

(2) 호텔컨벤션 서비스 매니저

컨벤션은 호텔의 주요 사업영역인 객실과 식음료의 매출을 발생시키는 주요한 비즈니스로서 특별한 컨벤션 전용시설이 없었던 1960년대 이전에는 호텔이 컨벤션의 주요 개최시설로서의 역할을 하였다.

호텔컨벤션 서비스 매니저란 호텔 내 컨벤션 서비스관리자를 말하며, 회의기획가가 연출하고자 하는 유형의 회의분위기를 창출할 수 있도록 회의장소를 선정하고 메뉴를 개발한다. 그리고 호텔 내의 모든 행사를 계획하고, 각 행사의 호텔 측 업무를 현장에서 관리·감독한다. 또한, 개최지에 대한 전반적인 지역정보를 제공한다. 개최지의 관광·교통·정책·사회문화적 특징 등에 대한 전반적인 정보를 컨벤션 주최자 및 컨벤션 전문가에게 제공해 준다.

(3) 통역·번역업

국제회의에 참가하는 참가자들의 의사소통을 원활하게 할 수 있는 체계를 구축하는 것이 성공적인 개최를 위한 중요한 관건이다. 컨벤션기획사는 우수한 통역·번역요원을 확보함으로써 국제회의의 수준을 높이는 계기를 만들어야 한다. 통역방식은 순차통역과 동시통역으로 구분되는데, 순차통역은 발언자의 발언이 끝날 때마다 통역자가 통역하는 방식으로 회의의 개폐회식 때의 인사, 리셉션이나 파티에서의 발언, 인터뷰 등의 일반적 발언을 위한 통역에 적합하다. 동시통역은 발언자의 발언을 해당 국어로 즉석에서 동시에 통역하는 방식으로 일대일 통역과 부스 통역방식이 있다. 일대일 통역은 발언자의 발언 내용을 작은 목소리로 참가자에게 통역하는 방식이다. 부스 통역방식은 부스에서 참석자들에게 이어폰을 통해 통역해 주는 방식으로 현재 컨벤션에서 가장 많이 적용되고 있다.

(4) A/V장비 임대업체

컨벤션 개최를 위해서는 음향영상설비(Audio-Visual Facilities)가 필수적이다. 동시통역기, 빔 프로젝트, 실물투사기, LCD, VCR, 멀티큐브 및 각종 음향기기 등은 최근에 건립되는 최첨단 컨벤션센터에 대부분 설치되어 있다. 그러나 준회의시설이나 국제회의 전용시설이 아닌 장소에서 컨벤션이 개최되는 경우에는 자체설비 및 장비만으로는 부족하기에 A/V장비 임대업체와 계약을 맺어 임대하고 사용한 후 반환한다.

(5) 기타 컨벤션관련 서비스업

컨벤션과 관련된 기타 서비스업들로는 장식 및 간판업, 전시부스 시공업, 인쇄업, 회의장 소도구 및 기념품 제조업, 기록사진·슬라이드·영화·VTR전문업 등이 있다. 이외에도 행사도우미들의 의상을 제공하는 업체, 단체 이동을 위한 운수업체, 회의진행을 위한 각종 무선기기를 위한 통신업체, 청소업체와 외국인 참가자들의 환전을 위한 은행, 컨벤션 참가자들의 관광을 위한 렌터카업체 등이 있다.

4) 컨벤션뷰로(CVB)

1970년대부터 도시 마케팅활동의 필요성이 더욱 증가하게 되었고, 대량관광의 시대로 진입하면서 관광산업이 미치는 경제적 효과의 중요성을 인식하면서 컨벤션의 고유기능에 관광홍보 역할을 첨가하게 되었다. 그 결과 'Convention Bureau'에서 'Convention and Visitors Bureau'로 명칭이 개편되기 시작하였다.

CVB는 컨벤션을 유치·운영함으로써 컨벤션 도시를 판매하는 것이 주요 임무라 할 수 있다. CVB는 비영리 목적으로 운영되고, 회의유치나 도시에 대한 서비스 제공과 마케팅을 담당한다. 즉, 회의 기획가들과 같은 컨벤션 개최지를 구매하는 구매자들에게 판매와 마케팅활동을 하고, 이들 구매자들의 업무를 원활히 할 수 있도록 조정하고 촉진하는 역할을 담당한다.

 **제2절** 컨벤션산업의 육성방안과 추진과제

1. 컨벤션산업의 육성방안

21세기는 대외적으로 세계화와 탈국경화, 그리고 내적으로는 지방분권 및 지방자치가 정착됨으로써 국가경쟁력이라는 개념적 접근보다는 지역 및 도시를 중심으로 세분화되고 있다. 미국에서는 2002년부터 주정부와 메트로지역을 대상으로 하는 도시경쟁력 평가가 이루어지고 있다. 이러한 평가의 주된 항목은 도시의 높은 소득과 지속적인 성장을 유지시키는 조건 및 정책으로 규정하고 있으며, 지역의 환경이나 여건뿐만 아니라 지방정부의 정책을 포함한 도시경쟁력을 중요하게 판단하고 있다.

대도시 경쟁력은 생산요소가 풍부하고 시장이 크며 핵심산업 및 관련 서비스산업이 강하고, 또한 공공서비스와 기반시설이 충분하게 이루어진 환경을 말한다. 또한, 도시 주민이 거주하는 생활의 질이 우수하며 세계적으로 경쟁력을 유지할 수 있도록 제반 여건이 집적되어 있을 때 가능하다.

컨벤션에서 사용되는 목적지(destination)는 일반적인 관광분야에서 사용되는 관광목적지(tourism destination)와는 차별화되는 개념으로 관광지로서의 매력물뿐만 아니라 컨벤션을 개최할 수 있는 컨벤션센터 및 숙박시설, 다양한 부대시설, 전문적인 서비스를 제공할 수 있는 인적 자원이 갖추어진 국가 혹은 도시라고 할 수 있다.

컨벤션산업의 체계적 육성을 위해서는 국제회의 전문시설의 확충과 전문인력의 양성, 그리고 컨벤션 운영능력의 향상과 정부의 체계적인 지원정책이나 제도 등이 지속적으로 연계 · 추진되어야 한다.

관광산업의 한 분야로서 컨벤션산업이 궁극적으로는 민간 주도적으로 발전되어야 하는 것이 당연하지만, 컨벤션산업의 기초가 되는 하드웨어의 구축에는 막대한 재원이 소요될 뿐만 아니라, 낮은 수익성 등으로 민간자본의 참여가 쉽지 않을 전망이다. 그리하여 하드웨어 구축에 있어서의 외국인 투자를 포함한 민간부문의 적극적인 투자유치를 촉진하기 위한 인센티브 도입과 함께 정부와 지방자치단체의 적극적인 역할이 전략적으로 필요한 것도 사실이다.

따라서 우리나라의 컨벤션산업은 이제 초기 걸음마 단계를 벗어나 본격적인 성장으로 접어드는 단계로 볼 수 있으나 전문인력의 부족, 관련업계의 영세성 등의 여러 가지 요인을 극복하기 위해서는 컨벤션산업에 대한 전략적인 지원책 마련이 필요하다고 본다. 특히, 민간분야의 전문성과 경쟁력을 향상시키기 위해서는 민 · 관 협력체계 구축과 컨벤션산업의 중요성에 대한 사회 패러다임의 인식과 정보의 공유가 이루어져야 하겠다.

또한 우리나라는 2001년 8월 컨벤션 관련 공공기관, 컨벤션 전문시설, 항공사, 컨벤션 관련업체 및 학계를 중심으로 민 · 관 협의체인 '한국컨벤션협의회'를 발족시켰는데, 이 협의회를 중심으로 우리나라 컨벤션산업 발전을 위한 각종 사업수행, 인력양성 및 기반조성에 공동 협력하게 될 것으로 예상된다.

그런데 컨벤션산업 육성과 관련하여 지방자치단체의 경쟁적인 대규모 컨벤션센터 건립은 바람직하지 않으며, 중장기적인 수급전망과 지역특성을 감안하여 컨벤션 전문도시를 전략적으로 육성해 나가야 한다고 본다. 대규모 국제회의 전문시설은 국제회의 개최능력이 있고, 인근지역에 경쟁력 있는 관광자원을 갖춘 도시를 중심으로 한정하는 것이 바람직하며, 컨벤션 도시마다 국제회의의 성격도 특화시켜 나가는 것이 바람직하다.

MICE Alliance

1. Korea MICE Alliance란?
 - 명 칭 : 한국MICE산업발전협의회(Korea MICE Alliance)

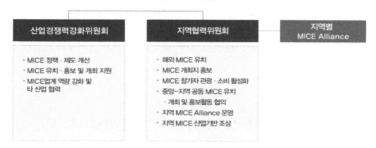

 - 목 적 : MICE 유관기관 및 업계 간 협의체로 유기적인 협력활동을 전개, 한국 MICE
       산업 육성을 주도

2. Korea MICE Alliance 역사
 - 2001년 8월, '한국컨벤션협의회'로 설립된 이래 10여 년간 '컨벤션산업 관련 대정부 정책
   건의 및 컨벤션산업 육성을 위한 공동협력사업' 전개
 - 2009년 12월, 'Korea MICE Alliance'로 재출범

3. Korea MICE Alliance 조직

4. Korea MICE Alliance 주요 활동은?
- 지역 MICE 유치 및 개최 지원
- 해외 공동 마케팅 및 공동 유치 활동
- 글로벌 MICE 캠페인 전개
- 항공, 숙박, 쇼핑 등 지역별 할인 협약

자료 : 한국관광공사(2023), 자료 재작성.

2. 컨벤션산업의 추진과제

컨벤션산업의 육성은 하드웨어인 컨벤션시설의 건립만으로 되는 것은 결코 아니다. 컨벤션산업은 전문인력으로 운영되며 관리된다. 즉, 국제회의의 성공적인 개최와 관리상태는 전문인력의 자질에 따라 그 파급효과가 상이하게 나타날 수 있다. 컨벤션산업에 있어서 가장 중요한 요소는 국제회의 전문인력의 확보라고 할 수 있다. 따라서 컨벤션산업의 추진과제로서 문제점으로 대두된 것을 상기하면서 다음과 같이 요약할 수 있다.

첫째, 현재 우리나라는 전문인력의 양성과 유지를 위해서 국가자격증의 하나인 '컨벤션기획사' 제도를 도입하여 운영하고 있다. 한편 국제회의산업 종사자들의 국제회의 운영능력 제고를 위한 체계적인 교육훈련 프로그램이 계속적으로 마련되어야 하며, 민간 컨벤션산업 관련기관의 종사자 교육에 대한 지원제도도 도입되어야 한다. 전문인력 양성을 위해서는 국내 대학이나 관광공사 등에 전문교육 프로그램을 신설하는 방안을 재검토할 수 있으며, 해외 국제회의 전문기관과 공동교육 프로그램을 개발하는 방안도 검토해 볼 필요가 있다.

둘째, 국제회의 전문시설이 건립되는 지방도시별로 국제회의 유치증대와 수용태세 개선업무를 주도해 나갈 전담조직으로 컨벤션뷰로와 연계한 별도의 사무국 설치가 요망된다고 할 수 있다. 즉, 지역단위 컨벤션 사무국은 지방자치단체의 국제회의 업무 담당부서와 지방상공회의소, 지역소재 국제회의 기획업, 국제회의 시설업체, 관광숙박업체, 여행사 등 컨벤션 관련업계와 학계의 전문가들이 참여하여 컨벤션을 중심으로 지역경제의 활성화 전략에 적극 활용될 수 있을 것이다. 이와 같이 민·관 합동 컨벤션뷰로의 설비·추진과 함께 민간 국제회의 전문 운영업체를 육성해 나가야 할 것이다.

셋째, 지역특성을 감안한 적정 규모의 컨벤션 전문시설의 건립이 필요하다. 현재 서울·부산·제주·수원·인천·대전 등 여러 지방자치단체에서 컨벤션센터의 건립이 추진되었거나 향후 추진계획을 갖고 있는데, 일부 지역에서는 지역특성이나 자체 재정능력의 범위를 벗어난 대규모 시설의 건립을 계획하고 있을 뿐만 아니라 중앙정부에 재정지원을 요청하고 있는 실정이다.

따라서 컨벤션산업의 전략적 육성을 위해서는 경쟁력 있는 지역을 선별하여 컨벤션 전문시설을 건립하는 것이 타당하며, 이를 위해서는 무계획적인 시설 건립에 대한 자제가 필요하다. 컨벤션시설의 건립방식에서도 공공자본과 민간자본이 함께 참여하는 방식으로 다양한 형태의 재원조달 방식이 모색되어야 할 것이다. 그리고 경쟁력 있는 컨벤션센터 건립에 대해서는 정부의 국고지원이 이루어져야 하며, 관광진흥개발기금의 장기저리융자제도도 도입되어야 한다.

넷째, 체계적인 국제회의 유치 및 홍보활동이 지속적으로 전개되어야 한다. 컨벤션산업은 국제회의가 지속적으로 유치되어야만 활성화될 수 있으므로 무엇보다도 중요한 것이 국제회의를 유치할 수 있는 체계적인 활동이다. 국제회의의 효과적인 유치를 위해서는 국제회의 기획업체와 지방자치단체, 컨벤션뷰로 등이 국제회의 관련 국제기구에 가입하고 컨벤션 전문 국제기구와의 협력활동을 강화해야 할 것이다.

또한 컨벤션산업의 시장상황과 지식정보를 수집하고, 중장기 국제회의 유치전략을 수립하는 한편 경쟁력 있는 국제회의 국내개최 상품을 개발하여 효율적인 캠페인 활동을 전개하는 것이 필요하다고 본다.

국제회의 전문시설을 갖춘 도시에서의 국제회의는 포지셔닝과 경쟁 이점을 알리는 방법 중의 하나로 브랜드 이미지를 강조할 수 있다. 국제회의 개최에 대하여 사업의 정의와 방향, 참가자의 가치, 경쟁시장, 종업원, 지역공동체, 포지셔닝, 재무적 목표, 전반적 영업에 대한 가정들이 마케팅 전략 속에 포함되어야 한다. 그로 인해 국제회의를 개최하는 지방자치단체나 기업들은 이러한 전략을 바탕으로 마케팅 커뮤니케이션을 수행하게 되는데, 국제회의의 특성으로써 소비자에 대한 세분화(target market)된 판매촉진으로 소비자와 구매기업들에게 광고를 함으로써 광고효과의 극대화를 추구할 수 있다.

다섯째, 국제회의 전문시설이 건립되는 도시의 수용태세를 체계적으로 개선해 나가야 한다. 국제회의 참가자들이 불편을 느끼지 않도록 안내체계, 교통·숙박시설·음식·쇼핑·관광 등의 국제화가 이루어져야 한다. 이를 위해서는 일정한 여건을 갖춘 지역을 '국제회의 도시'로 지정하고, 해당지역을 중점적으로 지원하는 방안이 강구되어야 한다.

| 학습문제 |

1. 컨벤션산업이 현대사회에서 중요한 이유는 무엇인가?

2. 우리나라 컨벤션산업의 육성방안과 추진과제는 무엇인가?

3. 컨벤션산업의 구성요소는 무엇인가?

4. 전문회의시설의 기본요건을 설명하시오.

5. 컨벤션센터의 유형은 어떻게 분류되는가?

PART 3

우리나라
컨벤션산업의 현황

 제1절 우리나라 국제회의 개최현황

1. 연도별 국제회의 개최현황

2021년 한국의 UIA 한국 개최 국제회의 개최 건수는 473건으로 전년 대비 84.8% 증가한 것으로 나타났다. 이는 전년 대비 217건 증가한 수치로, 코로나19로 인한 피해가 일부 회복된 것으로 해석된다.

표 3-1 | 연도별 국제회의 개최현황(2011~2021)

[단위: 건, %]

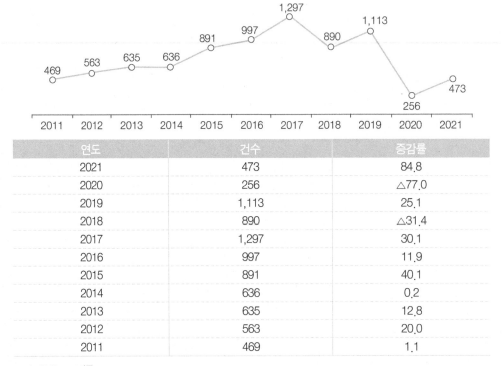

연도	건수	증감률
2021	473	84.8
2020	256	△77.0
2019	1,113	25.1
2018	890	△31.4
2017	1,297	30.1
2016	997	11.9
2015	891	40.1
2014	636	0.2
2013	635	12.8
2012	563	20.0
2011	469	1.1

※ A+B Type 기준

2. 도시 및 지역별 현황

2021년 우리나라 국제회의 국내 16개 시/도별 현황을 살펴보면, 서울이 265건으로 1위를 차지하였고, 다음으로 인천(52건, 2위), 부산(44건, 3위), 대구(29건, 4위) 등의 순이다. 2021년 국내에서 개최된 국제회의의 약 50%가량은 서울에 집중된 경향이 있다.

표 3-2 | 우리나라 도시 및 지역별 현황(2021)

(단위: 건)

순위	도시	A+B Type	A+C Type	A Type
1	서울	265	265	263
2	인천	52	52	52
3	부산	44	48	42
4	대구	29	29	29
5	제주	26	26	26
6	경기	10	10	10
7	대전	9	9	9
7	광주	9	9	9
7	경북	9	9	9
10	강원	5	5	5
11	충북	3	3	3
11	전북	3	3	3
11	세종	3	3	3
14	충남	2	2	2
14	경남	2	2	2
16	전남	1	1	1
16	무응답	1	1	1
전체		473	477	469

※ A+B Type 기준

3. 연도별 국제회의 참가자 현황

연도별 참가자 현황을 살펴보면, 참가자 수는 개최 건수와 마찬가지로 서울이 29천 명으로 가장 높고, 이어 제주(1만 1천 명), 부산(5천 명), 대구(4천 명) 등의 순으로 나타났다. 특히, 서울, 부산, 대구에서 증가를 보이는 것으로 나타났다. 구체적으로 분석해 보면 외국인 참가자 수에서는 대부분의 국제회의가 전년도에 비해 소폭 상승한 것으로 나타났다.

표 3-3 | 연도별 참가자 현황(2019~2021)

(상위 11, 단위: 천 명, %)

순위	도시	2021		2020		2019	
		참가자 수	증감률	참가자 수	증감률	참가자 수	증감률
1	서울	29	△3.8	31	△38.8	50	△15.3
2	제주	11	141.9	4	△68.1	14	36.6
3	부산	5	△27.7	7	△59.7	16	17.3
4	대구	4	△58.7	10	12.1	8	128.8
5	광주	3	1,425.0	0	△90.8	2	37.2
6	대전	2	△56.9	5	△25.5	6	△12.0
7	인천	1	1,043.4	0	△95.9	3	△14.1
8	경북	1	10.9	1	△71.3	4	146.4
9	경기	1	△46.6	1	△55.9	2	108.5
10	강원	0	204.3	0	△91.9	2	△27.7
10	충남	0	-	-	△100.0	0	167.4
-	무응답	0	-	-	-	-	-

※ 참가자 수는 소수점 첫째 자리, 증감률은 소수점 둘째 자리에서 반올림함
※ 참가자 수가 동일한 경우 표기는 동일하나 소수점에서 차이가 있음

4. 우리나라 ICCA 기준 각 지역별 국제회의 개최현황

국내 도시별 분석 결과, 서울(64건)이 가장 높고, 다음으로 제주(30건), 대구/대전(각각 11건), 부산(9건) 등의 순으로 나타났으며, 부산을 제외한 모든 지역에서 전년 대비 증가세를 보이는 것으로 나타났다.

표 3-4 | 연도별 개최현황(개최건수)

(상위 10, 단위: 건, %)

순위	도시	2021		2020		2019	
		건수	증감률	건수	증감률	건수	증감률
1	서울	64	8.5	59	△48.2	114	△6.6
2	제주	30	130.8	13	△45.8	24	△40.0
3	대구	11	37.5	8	△38.5	13	18.2
3	대전	11	57.1	7	△69.6	23	27.8
5	부산	9	△43.8	16	△48.4	31	△11.4
6	경북	6	100.0	3	△62.5	8	△33.3
7	광주	5	400.0	1	△83.3	6	20.0
8	인천	4	300.0	1	△90.9	11	△8.3
9	강원	2	100.0	1	△66.7	3	△57.1
9	경기	2	-	2	△71.4	7	40.0
9	충남	2	-	-	△100.0	2	100.0
-	무응답	2	-	-	-	-	-

※ 증감률은 소수점 둘째 자리에서 반올림함

 **제 2 절** ## 국제회의 관련기구 및 발전요인

1. 회의주제별 국제회의 개최현황

한국이 가입한 세계의 주요 국제회의 관련 국제기구를 살펴보면 다음과 같다. 한국관광공사는 국제회의 기구에 가입하여 국제회의산업을 발전시키고자 노력하고 있다. 국내의 국제회의 전문기획업체가 국제회의기구에 가입하여 활동할 수 있도록 정부차원에서 재정적인 지원이 강구되어야 한다.

1) 국제회의컨벤션협회(ICCA)

① 명칭 : International Congress and Convention Association
② 성격 : 국제회의산업의 발상지인 유럽중심의 범세계적인 종합국제기구
③ 설립연도 : 1963년
④ 본부소재지 : 네덜란드 암스테르담
⑤ 설립목적 : 모든 형태의 국제적인 모임 즉, Conference, Congress, Convention 및 전시·박람회를 합법적인 수단과 방법으로 발전시키는 데 기여함
⑥ 주요 활동
   ㉠ 국제회의관련 정보수집, 평가, 작성 및 배포
   ㉡ 국제적인 모임, 전시회 본래의 취지에 대한 이해촉진
   ㉢ 관련업계 회원들의 전문교육계획 및 실시
   ㉣ 회원 간 전문서비스 호환의 편리도모
⑦ 회원국 : 76개 국가
⑧ Web Site : http://www.iccaworld.com

2) 국제협회연합(UIA)

① 명칭 : Union of International Association

② 성격 : 유럽 중심의 가장 오랜 역사와 전통의 범세계적 각종 국제기구·협회·단체의 연맹으로 국제회의에 관한 정보수집기능을 집대성한 각종 정보자료를 수록한 연감 등 책자발행을 주요 사업으로 하는 학술연구협력단체의 성격

③ 설립연도 : 1907년

④ 본부소재지 : 벨기에 브뤼셀

⑤ 설립목적

  ㉠ 전 세계적 비영리기구, 특히 비정부 자생협회 활동의 활성화 도모

  ㉡ 각종 국제기구에 대한 조사·연구활동

  ㉢ 국제협회의 법적 지위 확립을 위한 진흥활동

⑥ 주요 활동

  ㉠ 20,000개 이상의 국제적 정부·비정부기구의 각종 자료수집·분석 및 출판

  ㉡ 국제협회의 법적 신분보장을 위한 진흥활동

⑦ 회원국 : 35개 국가

⑧ Web Site : http://www.uia.org

3) 국제도시마케팅협회(DMAI)

① 명칭 : Destination Marketing Association International

② 성격 : 미국의 주요 도시 컨벤션뷰로의 협회로 시작되어 미국을 중심으로 하는 국제적 국제회의 협력기구

③ 설립연도 : 1914년

④ 본부소재지 : 미국 워싱턴 DC

⑤ 설립목적

  ㉠ 교육지원과 네트워킹 기회를 회원들에게 제공하고 CVB산업의 정보 제공

ⓒ 국제회의산업에 관련된 조직적인 정보교환수단

ⓒ 정부와 업계 간의 중개역할

⑥ 회원국 : 세계 1,500여 개 도시의 관광 및 컨벤션 기관이 회원 가입

⑦ Web Site : www.destinationsinternational.org

4) 한국관광공사(KTO)의 국제회의 업무

(1) 국제회의 유치지원

① 국제회의 유치절차 안내 및 자문

② 유치제안서 작성 및 환영서신 제공

③ 보조금 지원

④ 한국홍보 간행물 제공 및 비디오 대여

⑤ 조립식 전시대 대여

⑥ 공사 해외지사망을 통한 유치지원

(2) 국제회의 개최확정 주관단체 지원

① 당해연도 개최지원

ⓐ 국제회의 개최관련 정보제공 및 자문

ⓒ 멀티 슬라이드 상영 및 관광안내서비스 운영지원

ⓒ 한국에 관한 홍보물 제공 및 비디오 대여

② 참가자 유치증대를 위한 사전홍보

③ 해외홍보

④ 국제회의 유치 및 개최에 관한 교육프로그램 운영

⑤ 자료수집 및 정보제공

ⓐ 국제행사 개최계획 및 실적조사, 국제회의 유치의향조사

ⓒ 한국 국제회의 산업현황, 컨벤션시설에 관한 자료 등 각종 간행물 발간

ⓒ 웹사이트를 통한 국제회의 정보제공

| 학습문제 |

1. 세계 국제회의 개최현황을 참고하여 우리나라 MICE산업의 발전방향에 대해 논의하시오.

2. 국내에서 개최된 국제회의의 지역별 참가자 현황을 분석하여 그 특징을 설명하시오.

3. 다양한 국제회의 관련 기구의 종류 및 주요 활동을 설명하시오.

4. 코로나19 이후 국제회의의 흐름 및 발전방안을 제시하시오.

PART

컨벤션기획
운영실무

제 1 절 컨벤션뷰로(CVB)

미국에서 발달하기 시작한 컨벤션뷰로(CVB : Convention & Visitors Bureau)는 지역 내의 다양한 회의관련 시설과 서비스 제공 산업들을 대외적으로 대표하는 공적기구로서, 컨벤션 개최를 희망하는 지역과 컨벤션 주최자의 중간에서 서로에 대한 정보제공과 기획, 관리에 관한 전문적인 지식을 제공하여 컨벤션이 성공적으로 개최될 수 있도록 중요한 역할을 담당하고 있다.

최초로 컨벤션뷰로(Convention Bureau)가 설립된 곳은 1896년 미국의 디트로이트市이다. 디트로이트의 기업정신이 강한 몇몇의 비즈니스맨과 市공무원이 컨벤션을 유치하기 위해 도시를 판매하는 이동판매원을 고용하면서 컨벤션 전담조직을 최초로 설립하게 되었다. 이후 컨벤션산업이 가진 경제적·정치적 파급효과를 인식하는 도시가 많아지면서 컨벤션 유치를 전담하는 전문적인 세일즈맨이 등장하게 되었고, 그동안 단편적·개별적으로 진행되어 온 컨벤션 및 관광목적지 마케팅 활동이 더욱 전문화·대형화되기 시작한다.

초기 컨벤션뷰로는 주로 컨벤션을 판매하고 서비스를 제공하는 데 그쳤으나, 시간이 지나면서 대부분의 컨벤션뷰로가 관광에 관심을 갖고 이를 촉진하기 시작하였고, 이러한 목적을 달성하기 위해서 컨벤션뷰로(CVB)가 Convention Bureau라는 이름에 Visitors라는 단어를 부가하기에 이른다.

1. 컨벤션뷰로(CVB)의 정의

국제적인 CVB협회라고 할 수 있는 IACVB(International Association of Convention and Visitors Bureau)는 CVB를 자신들이 대표하는 도시나 지역을 방문하는 여러 부

류들의 관광객(순수관광객이든 사업방문이든 혹은 두 가지 목적을 가진 관광객)을 유인하여 서비스를 제공하는 비영리적 통괄조직이라 하였다. 다시 말하면, 한 지역의 CVB는 그 지역의 컨벤션 관련자인 정부기관, 민간사업자, 개인 등 모두의 이익을 위하여 모두의 노력을 종합하는 기관이라 할 수 있다. 예를 들어, 컨벤션의 유치를 지원할 수 있는 단체 및 정부기관과 직접 컨벤션을 운영하는 사업자, 컨벤션 개최를 가능하게 하는 기술지원 담당자, 참가자들이 일상적 삶을 영위할 수 있도록 하는 서비스업, 참가자들의 즐거움을 위한 산업과 관광목적지 등의 활동이 조화되도록 조정하는 역할을 한다.

따라서 CVB는 지역을 대표하여 광범위한 홍보 및 마케팅을 통해 컨벤션 및 관광객 유치를 주목적으로 하며, 방문객과 해당도시 내의 컨벤션산업관련 업체를 연결시켜 주는 중재자의 역할을 하면서 공동협력을 유도하는 세일즈 마케팅 전담조직이라 정의할 수 있다.

최근에는 개최지의 마케팅을 포함한 회의와 컨벤션을 포괄하는 활동, 잠재개최시설 부분에 대한 정보의 제공, 관심 있는 회의기획가와 협회간부의 Fam Tour의 기획, 단체와 지역사회 내의 많은 공급자 간의 섭외역 등 관련된 모든 활동을 조정하는 기구라 칭하고 있으며, 컨벤션이 지역에 가져오는 직·간접적 효과와 이익에 대한 인식이 확대되면서 컨벤션을 개최하는 많은 도시에서 컨벤션 전담기구를 설립·운영하고 있다.

2. CVB의 기능과 업무

CVB는 컨벤션을 유치·운영함으로써 그 컨벤션도시를 판매하는 것이 주요 임무라고 할 수 있다. 따라서 CVB는 각종 컨벤션을 지역사회에 유치하기 위하여 컨벤션 주최자 및 참석자에게 해당지역을 알리고 판매해야 하며, 지역사회 내에서 다양한 관련단체, 지방자치단체와 컨벤션센터, 호텔, 식당, 기타 유통, 관광시설들과의 이익을 조화시키고 역할을 조정하는 기능을 갖는다. 즉, 컨벤션 주최 측과 참가자 및 지역사회 관련단체 간의 중재자로서의 역할을 하면서 지역경제에 이바지한다.

다시 말해, 컨벤션을 주최하고 기획하는 주최자 측면에서 볼 때 개최지 선택의 폭을 넓혀주고 개최 예정지에 대한 정확하고 신속한 정보를 제공해 줌으로써 성공적인 컨벤션이 이루어지도록 기여한다. 또한 컨벤션 개최를 원하는 공급자 측면에서는 각 지역의 컨벤션 성격이나 특성, 기간 등에 관한 정보를 제공해 줌으로써 컨벤션 개최를 위한 유익한 정보와 기획이 가능하도록 하고 있다. 따라서 컨벤션 뷰로는 자신이 대표하는 지역에 분포하고 있는 다양한 회의공급자와 산업의 현황을 파악하여 이를 필요로 하는 회의 개최자나 기획자에게 정보를 제공하는 역할을 한다.

자료 : 신왕근(2003), 지역 컨벤션뷰로 운영 및 활성화 방안, 한국컨벤션학회 FORUM, vol. 3.

그림 4-1 | 컨벤션뷰로의 기능

가장 중요한 CVB의 설립 목적은 컨벤션과 관광의 경제적 편익을 그 지역에서 얻을 수 있도록 하기 위해 자신이 대표하는 지역에 더욱 많은 컨벤션과 관광객을 유치하는 것이다. 따라서 적극적이고 종합적인 홍보와 판촉활동을 전개하는 것이 CVB의 기능이자 업무이다.

CVB의 업무는 지역홍보, 지원, 서비스 제공 등의 3가지 기능으로 요약할 수 있는데, 구체적으로 기술하면 다음과 같다.

1) 지역홍보

　지역의 CVB는 컨벤션이나 유사한 대형 행사를 유치하도록 관련단체나 조직을 장려하고 종합적인 활동이 가능할 수 있도록 하기 위해 설립된다. 동시에 외부에서 컨벤션을 개최할 수 있는 입장에 있는 조직이나 단체에 접근하고 설득하여 그 지역에 컨벤션이나 전시회를 개최하도록 유인하는 활동을 한다. 컨벤션 개최지의 결정과 개최시설의 선정은 컨벤션을 개최하는 개인·단체조직의 의사결정이므로 이들의 의사결정에 영향을 주기 위한 노력이 필요한데, 이런 노력을 지역 내 관련 기업 등이 단독으로 수행하는 데는 한계가 있으므로 CVB가 전체의 의견을 모아 통합적인 활동을 하거나 활동을 지원할 수 있다.

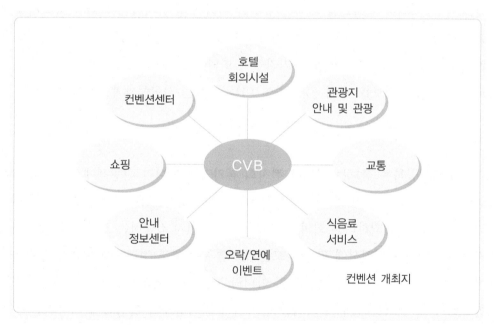

자료 : Gartrell(1994), Destination marketing for convention and visitor bureau, 2nd ed., Dubuque, IA : Kendall/Hunt Publishing.

그림 4-2 | 컨벤션뷰로와 연계된 개최지 팀(Destination Team)

CVB의 활동은 지역의 전체적인 이미지를 개선할 수 있다. 회의개최자나 참가자 혹은 관광객에게 인식된 이미지는 그들이 컨벤션의 개최지를 선정하는 데 도움을 줄 수 있으며, 나아가 참가할 회의를 선택하거나 순수한 관광목적지를 선정할 때도 긍정적인 영향을 미치게 된다. 따라서 CVB는 지역의 이미지를 개선하고 좋은 이미지를 확산시킬 수 있도록 적극적인 역할을 수행해야 한다.

2) 컨벤션 운영지원

컨벤션 개최자가 컨벤션 개최지를 정한 다음 CVB는 개최자나 기획자가 컨벤션을 개최·운영하는 데 필요한 시설이나 서비스를 지원하는 임무를 갖는다. 즉, 컨벤션 개최가 확정된 단체에게 준비부터 마무리까지 전반적인 지원을 해야 한다. 예를 들면, 회의나 전시회를 개최하기 위한 개최시설, 참석자들을 위한 숙박시설, 회의나 전시회 중간에 혹은 전후에 참가자들이 즐길 수 있는 레크리에이션 시설과 관광을 위한 다양한 자원 현황, 참가자들이 회의에 참석하기 위해 이용할 수 있는 교통수단 등의 정보를 수집·정리하여 이를 원하는 사람들에게 제공해야 한다.

3) 방문객에 대한 서비스

CVB가 제공하는 정보는 회의나 전시회 참가자뿐 아니라 관광객에게도 중요한 정보가 될 수 있다. 일반적으로 지역 CVB는 그 지역을 관광하려는 관광객이나 회의 및 전시회를 개최하려는 회의기획자들이 가장 먼저 접근하는 장소이다. 따라서 지역의 관광이나 컨벤션에 필요한 모든 정보를 수집하고 정리하여 필요한 사람들에게 전달하는 고리역할을 수행할 뿐 아니라 모든 방문객에게 필요한 정보를 제공함으로써 그 지역을 방문할 기회를 증가시켜 지역경제의 활성화에 이바지할 수 있다.

표 4-1 | CVB의 주요 업무

사업 부문		업무 부문
유치활동 부문	조사 · 연구	• 컨벤션관련 데이터베이스 구축 • 국제회의 유치의향 조사 • 국제기구 가입(국내단체) 현황조사 • 국제회의 참가자 소비액조사 • 국제회의 개최의 경제적 효과분석
	홍보 · 선전	• 컨벤션부문 국제회의 참가 • 컨벤션부문 전시박람회 참가 • 유관인사 방한초청지원 • 광고게재 • 홍보간행물 제작 · 배포
	유치활동	• 국내단체 및 업계의 관심 제고 • 유치지원 강화 • 해외지사를 통한 유치활동 강화
수용태세 부문	조사 · 연구	• 컨벤션시설 건립 타당성 조사 • 국제회의 개최 실적 및 계획조사 • 인센티브 상품개발 답사
	행사지원 확대	• 국제회의 개최지원 • 인센티브 그룹행사 지원 • 국외전문교육 참가 • 컨벤션 전문인력 양성지원
	판매도시의 컨벤션산업 활성화 도모	• 컨벤션도시의 유치촉진 설명회 개최
	국제회의 유치지원과 협회의 활성화 도모	• 국제회의 산업전 개최지원 및 세미나 개최

3. 컨벤션뷰로의 유형

1) 관 주도형

정부기관의 소속으로서 재원은 정부에서 전액 지원된다. 운영자금의 확보, 인력 운용, 조직관리가 용이하다는 장점이 있지만, 관료주의의 전형적 문제점인 시장 환경 변화에 대한 대응능력, 창의적이면서 책임 있는 경영마인드, 직원들 개인의 능력에 따른 차별적 근무조건이 이루어지지 않음으로써 업무의 생산성이 낮다는 단점이 있다. 홍콩, 싱가포르, 필리핀 등에서 주로 채택하고 있다.

2) 민·관 협력형

흔히 재단법인의 형태로 존재하며 중앙, 지방정부 그리고 지역기업 등이 참여하는 제3섹터 방식의 컨벤션뷰로가 있으며, 주로 일본의 지방 컨벤션뷰로가 많이 채택하고 있고, 우리나라에서는 대구 컨벤션뷰로가 민·관 합동 운영방식을 채택하고 있다. 이는 중앙 또는 지방정부로부터 운영자금을 받을 수 있을 뿐만 아니라 민·관의 협력을 끌어낼 수 있는 장점이 있는 반면, 민과 관 그리고 민과 민에서의 갈등이 나타날 수 있고, 순환직으로 파견되는 직원으로 인하여 업무의 전문성, 책임감이 결여될 수 있다는 문제점이 있다.

3) 민 주도형

순수하게 민 주도로 운영되는 컨벤션뷰로는 거의 없다고 보아야 하는데, 지방정부 또는 상공회의소의 하부기관 및 위탁기관 또는 지방정부가 투자하는 재단법인의 형태로 운영되고 있으며, 그 사업수행을 민간 전문가들이 독자적으로 수행하는 형태이다. 운영자금은 지방정부의 지원금, 관련업체의 기여금, 회원사의 회비 또는 목적세 등으로 충족된다.

4. 국내 컨벤션뷰로의 운영

한국관광공사는 1979년부터 국제회의부(현, 코리아 MICE뷰로)를 설치하여 국제회의 유치 활동 및 국제회의 개최지원, 해외 마케팅 활동, 국제회의 관련 정보 제공, 전문인력 양성, MICE업계 네트워킹 구축 활동 등을 전개함으로써 MICE산업 중앙전담기구로서의 역할을 담당하고 있다. 현재 국내에는 서울컨벤션뷰로, 부산관광공사 컨벤션뷰로, 대구컨벤션뷰로, 인천관광공사 인천MICE뷰로, 제주컨벤션뷰로, 고양컨벤션뷰로, 수원컨벤션뷰로, 경주화백컨벤션뷰로, 전북마이스뷰로가 있다. CVB의 주요 업무는 다음과 같다.

1 유치가능 국제회의 발굴

- 국제회의 유치의향 조사
- 국제기구 자료에 의한 유치 가능 국제회의 조사
- 유치 가능성이 높은 국내단체에 대한 세일즈 콜 및 유치 권유활동
- 유관인사 방한 초청지원

2 국제회의 유치에 대한 원스톱서비스 제공

- 국제회의 유치절차 안내 및 자문
- 유치전문PCO 활용 유치 서비스 제공
- 보조금 지원(국제기구 간부 사전답사, 기념품 등)
- 한국홍보 간행물 및 영상물 제공
- 한국홍보데스크 운영 지원
- 공사 해외 지사망을 통한 유치활동지원

3 국내 개최가 확정된 국제회의 주관단체에 대한 지원

- 당해연도 개최 지원
  - 국제회의 개최관련 정보제공 및 자문
  - 보조금 지원(관광프로그램 운영, 문화예술 공연 등)
  - 한국홍보 간행물 제공 및 영상물 제공
  - 한국홍보 영상물 상영 및 관광안내데스크 운영 지원
- 참가자 유치증대를 위한 사전홍보
  - 공사 해외 지사망을 통한 홍보
  - 보조금 지원(기념품 등)
  - 한국홍보 간행물 제공 및 영상물 제공

4 MICE 마케팅 활동

- MICE 전문전시회 참가 및 한국 홍보관 운영
- MICE전문지 광고 게재 및 기사화
- 해외 MICE 로드쇼(유치 설명회) 실시 및 세일즈콜 실시

- 홍보간행물 제작, 배포 : 홍보영상물, 컨벤션 시설 안내 책자(영문)

5 K-컨벤션 육성·지원
- 국내에서 정기적으로 개최되며 국내 기관 또는 국내 소재 국제기구가 주최하는 글로벌화 가능한 국내 기반 국제회의 공모 선정
- 육성단계별(유망/우수/글로벌) 개최 및 해외홍보 보조금 지원
- 전문 컨설팅, 행사별 현장 모니터링, K-컨벤션 국내외 홍보 지원

6 국제이벤트 지원제도 운영
- 국제이벤트 유치/해외홍보/개최 지원
- 국제이벤트 유치 및 해외홍보 선정 행사 대상 해외활동지원
- 국제이벤트 개최지원 선정 행사 대상 모니터링 실시

7 전시회 해외참가자 대상 관광상품 제공
- 전시회 해외참가자 대상 관광프로그램 개발 및 운영
- 전시회 내 관광컨시어지 데스크 운영
- 전시회 해외참가자 실태조사 및 관광프로그램 만족도 조사

8 MICE산업 육성기반 조성
- MICE 육성 중장기 전략 수립 및 정책대안 발굴
- 한국MICE산업발전협의회(Korea MICE Alliance) 운영
- 한국 대표 이색 회의시설(코리아 유니크베뉴) 선정 및 육성 지원

5. 해외 CVB 운영사례

미국, 유럽, 일본과 같은 선진국이면서 지방자치제가 정착된 국가의 경우는 지역별 컨벤션뷰로가 독자적으로 운영되고, 홍보마케팅도 독자적으로 추진하는 경우가 많다. 싱가포르, 홍콩과 같은 도시국가의 경우 그 특성을 살려 관광협회나 관광행정조직 내의 독립 전담부서가 홍보마케팅을 수행하고 있으며, 동남아시아

국가는 아직까지 국가차원에서 독립부서를 두어 컨벤션 홍보마케팅을 진행하고 있다.

해외에서의 CVB 운영사례를 살펴보면 다음과 같다.

표 4-2 | 해외 CVB 현황

구분		전담기구	내용
미국		전국 400여 도시에 컨벤션뷰로 결성	• 초창기에는 상공회의소 산하기구로 지역산업(무역 · 관광 등)을 발전시키기 위한 정책기구 및 운영조직이었음 • 현재는 독립기구 형태로 운영되는 곳 60%, 상공회의소 산하기구 15%, 공공기관 형태 25%로 운영됨
유럽	프랑스	Paris Convention Bureau Nice Convention Bureau 등	• NTO 내 CVB 설치 → 해외홍보 활동 • NTO와 지방관광국 합동설치 • 지역별 CVB가 독자적으로 운영
	독일	Berlin Convention Bureau 등	
	영국	London Convention Bureau 등	
일본		Japan Convention Bureau 및 지역별 CVB	• 1990년대 초 컨벤션법이 제정되면서 정부 및 지자체 주도로 컨벤션센터 및 CVB 설립
동남아	싱가포르	Singapore Convention Bureau	• Singapore Tourism Promotion Board 내 독립 컨벤션 전담부서 운영
	홍콩	Hong Kong Convention & Inventive Travel Bureau	• Hong Kong Tourist Association 내 독립단위로 운영
	기타	• 무역 · 관광 등 산업을 발전시키기 위해 정부가 중심이 되어 투자하고 있음	

1) 미국의 CVB

(1) 라스베이거스 컨벤션뷰로(LVCVA) 추진과정

1955년 클락 카운티의 전시, 레크리에이션 전담기구로 출발한 LVCVA는 비수기 클락 카운티 지역의 호텔 · 모텔 산업을 지원하기 위한 목적으로 방문객들을 끌어들이며, LVCVA의 시설들을 효과적으로 관리 · 유지하기 위한 목적으로 설립되었다. LVCVA는 관광산업, 컨벤션, 중요한 이벤트들을 라스베이거스, 클락 카운티에 유치하는 촉진활동을 하고 있다.

LVCVA는 남부 네바다의 경제성장에 기여한다는 차원에서 공공의 이익을 위한 주요 서비스를 제공하고 있으며, 남부 네바다에 110,000여 개의 호텔 및 모텔의 객실 판매를 대표하여 적극적인 마케팅을 펼치고 있다.

LVCVA의 조직구조는 회원제로 운영하는 일반 CVB조직과는 달리 준정부기관으로 운영되고 있으며, 주 법률에 의하여 설립되고 클락 카운티의 객실에 부과되는 세금으로 재원을 충당한다.

LVCVA는 자치 이사회의 통제를 받는데, 18명의 이사로 구성된 이사회는 12명의 이사가 당연직(7명 : 지자체장, 5명 : 상공회의소 대표)으로 남부 네바다의 방문객을 증가시키기 위한 조직 임무 및 방향설정, 정책수립을 수행한다.

LVCVA의 부서는 마케팅, 운영, 시설관리로 나누어지는데, 마케팅부서는 마케팅서비스, 컨벤션 인센티브 판매, 스페셜 이벤트, 광고, PR 등의 업무를 수행하고, 운영부서는 재정, 자재관리, 정보기술관련 업무를 담당한다. 시설관리부서는 고객서비스, 시설관리, 안전, 지역서비스를 담당하고 있으며 인력관리부서를 별도로 운영하고 있다.

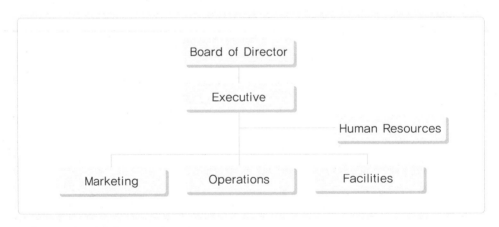

그림 4-3 | 라스베이거스 CVB의 조직도

2) 일본의 CVB

현재 아시아에서는 싱가포르와 일본이 가장 많은 컨벤션을 유치하고 있으며, 가장 활발한 활동을 하고 있다.

(1) 컨벤션뷰로의 추진과정

일본은 1960년대부터 국제관광진흥회 내에 컨벤션뷰로를 설치하여 지자체 및 컨벤션 관련업계와 함께 컨벤션진흥전략을 추진해 왔다. 1987년에는 "국제회의 도시계획"이라는 국제회의산업 육성정책을 채택하고, 컨벤션도시를 지정하여 금융, 행정상의 각종 지원책을 마련하는 등 국가적 차원의 컨벤션 수용체제를 구축하였다.

현재는 1994년 6월에 제정된 "국제회의 등의 유치촉진 및 개최 활성화 등을 위한 국제관광진흥에 관련한 법률"을 근거로 하여 같은 해 7월 일본 관광진흥을 담당하는 정부 공공조직인 일본국제관광진흥회(JNTO : Japan National Tourism Organization) 내에 JCB(Japan Convention Bureau)가 컨벤션 전담기구로 설립되었다.

JCCB(Japan Congress & Convention Bureau)는 1995년 6월 운수성을 비롯한 국제관광진흥회, 컨벤션시티의 컨벤션뷰로, 컨벤션 개최장소, 컨벤션 전문업체, 항공사 등 일본 내 컨벤션 관련기관, 단체, 업계 등의 참여로 구성된 민간차원의 기구로서 국내·외 컨벤션 유치촉진사업, JNTO와 IME(International Meeting Expo : 일본 내 유일한 전문전시회)에 의한 공동주최, IME를 통한 컨벤션 유치촉진활동, 컨벤션 데이터베이스 구축을 위한 자료수집, 교육 및 훈련, 홍보전시사업, 컨벤션산업에 관한 각종 연구 등의 업무를 수행하고 있다.

(2) 컨벤션뷰로 주요 서비스

국제관광진흥에 관한 법률 제4조에 따라 현재 전국 49개 市, 지역이 국제회의 관광도시로 지정되어 있고, 각 지역의 컨벤션뷰로는 국제회의를 유치하기 위하여 국제회의 개최지 후보로 선정되면 시장·도지사의 초청장 발송, 공동유치활동, 관련시설 정보 및 자료제공, 회의장 수배 및 숙박예약, 리셉션을 위한 특수시설 제공, 회의 관련업자 소개, 자원봉사 및 스태프(staff) 확보지원, 컨벤션기획지원, 관광시설 우대 할인권제도, 환영간판 설치, 개최준비자금 대부제도, 개최보조금 지급제도 등의 다양한 활동을 진행한다.

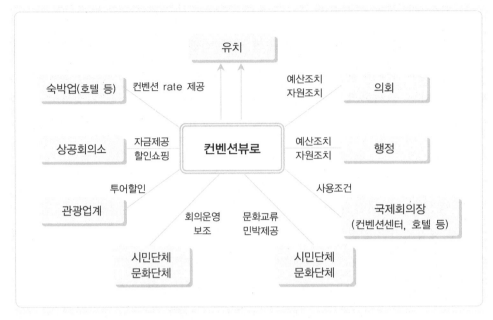

자료 : 한국관광연구원(1996). 수원시 컨벤션센터 건립에 따른 개발타당성 조사. p. 35.

그림 4-4 | 일본 자치단체의 컨벤션 관련 역할분담체계

3) 싱가포르의 CVB

싱가포르는 1964년 설립된 싱가포르 관광청(STB : Singapore Tourism Board) 내에 있는 관광마케팅국(Tourism Marketing)의 하나로 1974년 SECB(Singapore Exhibition & Convention Bureau)라는 비영리조직을 설립하고, 보다 많은 참가업체나 참가자들을 유치하기 위해 각 부서나 조직, 업체 등과 연계시켜 싱가포르를 홍보하면서 MICE산업의 육성을 위해 노력하고 있다. 또한 싱가포르의 컨벤션 시설과 서비스에 관한 정보를 제공하고, 컨벤션산업을 육성하기 위해 컨벤션 관련 부서와 협조하며, 컨벤션 주최자를 위하여 개최 장소에 대한 사전조사와 함께 홍보를 통해 참가자와 업체의 참여를 유도하고 있다.

SECB는 싱가포르 정부 출연금 및 관광진흥기금으로 재원을 조달하고 있으며, 싱가포르 정부는 컨벤션산업의 육성책으로 관광유관시설의 건립 시 세금감면 혜택과 함께 해외 컨벤션 참가자와 참가업체에게 재화용역세를 감면해 주고 있다.

 제2절　컨벤션 기획과 PCO의 의미

1. 컨벤션 기획의 의미

컨벤션 기획이란 "어떤 컨벤션을 유치하여 개최할 목적이 설정된 후에 유치된 컨벤션의 취지와 목적에 적합하도록 개최준비와 컨벤션의 운영방향 및 구체적인 계획과 절차를 수립하여 효율적인 행사가 진행되도록 수립하는 일련의 활동"을 의미한다.

일반적으로 컨벤션 기획은 컨벤션 주최 측으로부터 행사성격과 목적에 적합한 기본구성을 위임받아 컨벤션 기획을 수립하기 때문에 행사 주최 측의 취지와 의지를 충분히 반영하여 기획서를 일목요연하게 작성해야 한다.

따라서 컨벤션기획에는 시장상황의 설명, 컨벤션 개최의 배경, 주최자가 컨벤션을 통해서 해결해야 할 과제와 목적, 컨벤션의 형태 등 개최하려고 하는 컨벤션과 관련된 모든 내용이 명확히 제시되어야 하고, 그것을 제안한 이유나 배경에 대한 설명이 분명해야 한다. 특히 개최목적은 컨벤션을 준비하고 운영하는 모든 관계자 행동의 기준이 되어야 하기 때문에 중요하다고 할 수 있다.

또한 컨벤션 기획가는 컨벤션 행사의 목적을 달성하기 위해서 컨벤션에 대한 사전조사, 기획과정, 유치 및 개최운영, 사후평가에 이르기까지 모든 업무사항이나 의사결정을 유리하게 할 수 있도록 기획하는 전문가를 의미한다.

근래에 오면서 국제회의의 시장은 점차 확대되고, 더욱 세련되며 전문화되고 있다. 그 결과 오늘날 국제회의의 원활한 준비와 연출단계는 매우 중요한 의미를 지니게 되었다.

　오늘날 전문회의 기획가는 회의를 위한 제반시설의 점검, 교통, 숙박, 식음료, 쇼핑 등 모든 편의시설의 준비에도 책임을 진다. 즉, 전문회의 기획가는 회의를 위한 가장 좋은 내용 구성과 장소를 선정하고, 적정예산과 편성으로 참가인원 수를 예측해야 하며, 회의 및 상품의 진열장소, 수송계획, 부대시설 등에 대해서도 협의를 통해 결정해야 한다.

　따라서 국제회의를 기획하는 과정에서 확인하고 준비해야 할 사항들의 흐름을 예측하고 파악해야 하기 때문에 기획구성의 단계를 체계적으로 수립해야 한다.

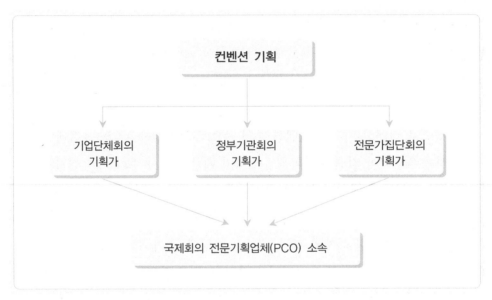

그림 4-5 ｜ 컨벤션 기획의 흐름

2. 컨벤션의 기획과정

　컨벤션의 기획과정은 행사 주최 측으로부터 컨벤션 행사와 관련된 사항을 위임받아 수립되어 작성되기 때문에 주최 측의 행사의도와 취지를 충분히 반영하면서 이해하기 쉽도록 작성되어야 한다.

　컨벤션 기획의 구성과정을 살펴보면 다음과 같다.

1) 컨벤션 행사유치 및 기획단계

컨벤션 행사유치를 위한 방침의 결정 → 행사유치 운영위원회 결성 → 행사유치 신청서 제작 → 행사유치 신청 → 본격적인 행사유치 활동 → 행사유치 최종결정

회의 기획단계 구성

- 행사사무국 구성 및 스태프(staff) 배치
- 회의개최 계획서 작성
- 행사 세부 추진계획서 작성
- 행사 소요 예산편성
- 회의 주요 프로그램과 이벤트 결정
- 예상참가자 데이터베이스 관리
- 회의장소 및 숙박업체 선정
- 초청인사 섭외 및 의제 구성

---

2) 컨벤션 행사 준비단계

행사준비 조직위원회 결성 → PCO의 선정 → 행사대비 추정예산안 작성 → 행사의 기본 프로그램 구상 → 각 분과별 업무분장(site selection) 수립 → 등록방법과 정책수립(사전등록할 것인지 현장등록할 것인지를 사전에 결정) → 행사 세부계획 수립(등록, 숙박, 학술 프로그램, 사교행사, 인쇄 및 출판, 관광, 수송, 인력운용, 홍보, 전시, 예산 등)

회의준비 단계

- 행사 포스터 및 1차 안내서 제작·발송
- 각 분과별 업무 매뉴얼 작성
- 회의일정 및 행사 세부운영 프로그램 구성
- 초청인사 및 의제 확정
- 회의 2차 안내서 제작·발송(각종 양식 포함)
- 후원기관 및 서비스업체 선정
- 각종 사교행사 장소 선정 및 여흥 프로그램 기획
- 사전 등록자 데이터베이스 관리
- 중요사항 접수 및 분류
- 예비 프로그램 작성
- 회의장 배치도와 유형별 확정
- 각 분과별 세부업무 추진

준비완료 단계

- 최종 행사 프로그램 확정 및 제작
- 사전등록 및 숙박예약 마감
- 등록확인서 발송
- 회의장 제반시설과 기자재 점검
- 각종 사교행사장 점검
- 회의 소요물품 제작 및 점검
- 행사 진행요원 확보와 운영방안 결정
- 사전 등록자 데이터베이스 관리
- 유관기관 입무협조 요청 및 확징
- 각종 인쇄물 및 제작물 제작 완료
- 언론 및 매스컴 홍보

3) 행사의 실행단계

현장운영 결정과 사후평가 및 보고→재무결산→평가→결과보고서 작성

행사현장의 실행단계 및 사후평가 단계

- 최종 행사의 리허설 실행
- 사무국 이전
- 기자회견
- 회의진행 및 운영
- 재무결산

---

3. 컨벤션기획서의 사례

1) 경주 G20 재무장관·중앙은행총재회의 PRESS센터 운영

(1) 행사개요

행사명	경주 G20 재무장관·중앙은행총재 회의 PRESS센터 운영
일시	2010년 10월 21일(목)~23일(토)
장소	경주 ㅇㅇ호텔
규모	기자단 613명(내국인 430명, 외국인 183명) 10월 1일(금) 기준
주관	G20준비위원회
운영	• 10월 21일(목) 09:00~21:00 • 10월 22일(금) 08:00~24:00 • 10월 23일(토) 00:00~24:00

(2) 전체 행사장 조성계획

1 행사장 레이아웃

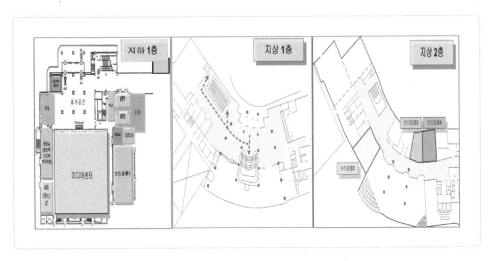

2 행사장 조성계획

위치	장소	항목	좌석	설치기간	철거기간	비고
지하 1F	그랜드볼룸	미디어센터	312석	2010년 10월 18일 21시~ 2010년 10월 20일까지	2010년 10월 24일 00시부터 24시까지	-다이아몬드 홀- 2010년 10월 24일 오전 06시 전까지 철거 완료 요청
		행정실(G20 조직위/ 기재부/한국은행)	29석			
		KBS/연합뉴스/KT	20석			
	다이아몬드홀	브리핑룸 1	98석			
		단장실	6석			
		대변인실	3석			
		VIP룸 1, 2	각 5석	2010년 10월 19일~ 2010년 10월 20일		
	토파즈홀	오·만찬	200석			
	쏘이어	격북훗보관 & 리프레쉬먼트	-			
	금강홀	경찰CP	-			
지상 1F	호텔 연회사무실	PCO 사무국	12석			
	로비	등록 & 안내데스크	8석			
지상 2F	샤파이어홀	브리핑룸 2	72석			
	메이플룸	브리핑룸 3	22석			
	마호가니룸	브리핑룸 4	40석			
	비즈니스센터	위원장실/인터뷰룸	각 8석			

(3) 세부 운영계획

1 미디어센터

지하 1층 배치

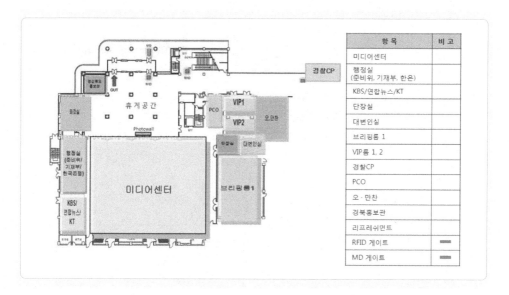

항목	비고
미디어센터	
행정실 (준비위, 기재부, 한은)	
KBS/연합뉴스/KT	
단장실	
대변인실	
브리핑룸 1	
VIP룸 1, 2	
경찰CP	
PCO	
오·만찬	
경북홍보관	
리프레쉬먼트	
RFID 게이트	▬
MD 게이트	▬

주 미디어센터/행정실/오피셜 폴 : 지하 1층 배치

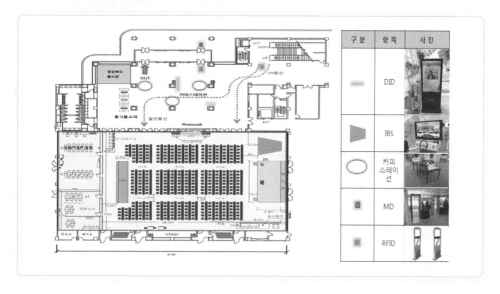

구분	항목	사진
	DID	
	IBS	
	커피스테이션	
	MD	
	RFID	

2 부대시설

브리핑룸 1/단장실/대변인실/VIP룸(다이아몬드홀)

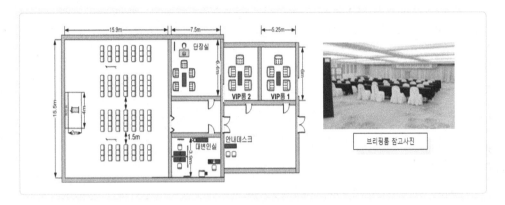

브리핑룸 참고사진

PCO사무국

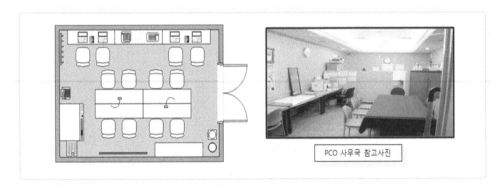

PCO 사무국 참고사진

등록데스크

항목	구분	비고
등록데스크		
인포메이션		
MD 게이트		
동선		
컨시어지 데스크		

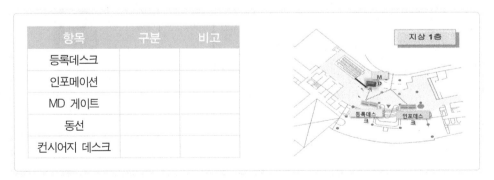

브리핑룸 2, 3, 4/위원장실/인터뷰룸

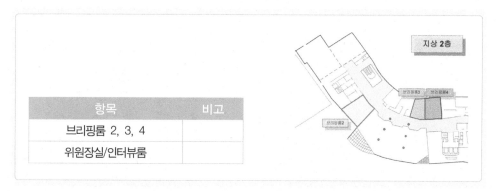

항목	비고
브리핑룸 2, 3, 4	
위원장실/인터뷰룸	

브리핑룸 2

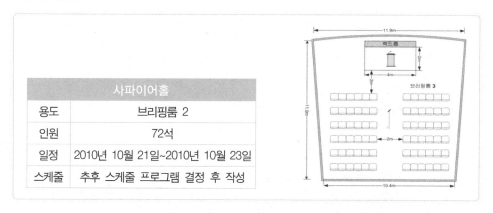

사파이어홀	
용도	브리핑룸 2
인원	72석
일정	2010년 10월 21일~2010년 10월 23일
스케줄	추후 스케줄 프로그램 결정 후 작성

브리핑룸 3

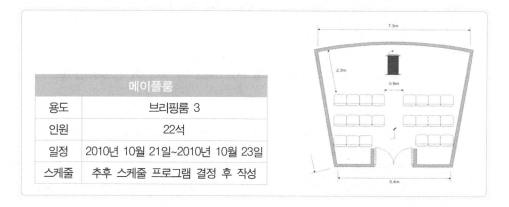

메이플룸	
용도	브리핑룸 3
인원	22석
일정	2010년 10월 21일~2010년 10월 23일
스케줄	추후 스케줄 프로그램 결정 후 작성

브리핑룸 4

마호가니룸	
용도	브리핑룸 4
수용인원	40석
사용기간	2010년 10월 21일~2010년 10월 23일
스케줄	추후 스케줄 프로그램 결정 후 작성

3 등록

구분	내용
장소	경주 현대호텔 지상 1층
일시	2010년 10월 21일(목)~23일(토)
등록현황	총 613명, 국내 : 430명 / 국외 : 183명(10월 1일(금) 기준)

운영방안	• 사전에 등록된 리스트를 토대로 ID카드 출력하여 준비
	• 사전 등록의 경우, 등록 리스트는 Last Name을 기준으로 알파벳 순으로 정리
	• 등록 운영기간 동안 정기적으로 등록 인원 파악하여 보고
	• 현장 등록은 G20 담당자가 참가자 확인 후 ID카드 발급
	  (확인이 안 될 시에는 ID카드 발급 불가)
	• 차량 비표는 리스트에서 비표 번호와 정보를 정확히 확인 후 배부
	  (차량비표에 차량번호 기입)
	• 등록데스크
	  - 2010년 10월 21일 : 국내 4개, 국외 4개 운영
	  - 2010년 10월 22일~2010년 10월 23일 : 국내 4개, 국내 2개, 인포메이션 데스크 2개
	    로 변경 후 운영

인력	• 운영 총괄 1명 • 2010년 10월 21일 : 운영요원 8명(등록데스크 8명, 인포메이션 데스크 0명) • 2010년 10월 22일~2010년 10월 23일 : 운영요원 8명 (등록데스크 6명, 인포메이션 데스크 2명) • 등록인원에 따라 탄력적으로 운영

레이아웃 시안

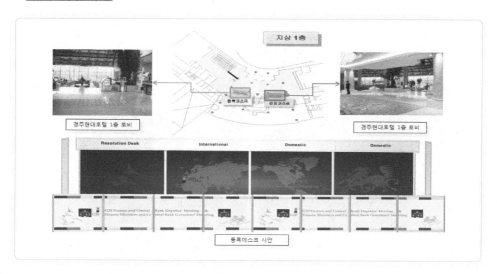

4 수송계획

운행구간 및 일정

구분	일정	시간	행사 내용 및 장소	운행	소요시간
운영 계획	10.21(목)	07:00~20:00	추후 취재 스케줄에 따라 운행스케줄 결정	25인승 버스 1대	약 10분
		07:00~20:00		YF 쏘나타 1대	
	10.22(금)	07:00~20:00	추후 취재 스케줄에 따라 운행스케줄 결정	25인승 버스 5대	
		07:00~20:00		YF 쏘나타 2대	
	10.23(토)	07:00~20:00	추후 취재 스케줄에 따라 운행스케줄 결정	25인승 버스 3대	
		07:00~20:00		YF 쏘나타 2대	
	10.24(일)	07:00~20:00	추후 취재 스케줄에 따라 운행스케줄 결정	25인승 버스 1대	
		07:00~20:00		YF 쏘나타 1대	
운영 방침	• 수송 담당 콘택트 포인트를 지정하여, 주최 측과 커뮤니케이션 일원화 • 셔틀버스 정류장 지정 : 경주현대호텔 로비 앞 • 차량 기사의 안전 및 서비스 교육과 비상사태 발생에 대비한 교육 실시 - 차내 구급상자 비치 및 인근병원 위치 파악 • 참가자 상황에 따라 차량 수량 탄력적 조절				
인력	• 전담 PCO인력 : 1명 전담				
소요 물자	• 차량 앞 유리 장식 : 차량비표 부착, 식별이 쉽도록 부착				
비고	• 모든 차량에 고유넘버 부착하여 업무자 간 효과적인 진행으로 효율을 극대화 • 전체 참가자 리스트 확정 후 수송 스케줄 확정				

이동경로

5 공식행사 및 연회

일자별 행사개요

구분	10월 21일(목) 만찬	10월 22일(금) 오찬	10월 22일(금)
장소	지하 1층 토파즈홀 (현대호텔)	지하 1층 토파즈홀 (현대호텔)	테라스 가든 (현대호텔)
내용	기자단 만찬	기자단 오찬	경북도지사 주최 기자단 환영만찬
시간	19:00~21:00	11:00~13:00	19:00~21:00
인원	300명	300명	500명
메뉴	뷔페	뷔페	정찬
세팅	sitting buffet	sitting buffet	Banquet type
사진			
비고	• 토파즈홀 좌석 인원 초과 시 1층 로비 뷔페레스토랑 이용 • 안내표지판 설치 및 운영요원으로 이동 동선 안내		• 우천 시 다목적 홀 이용 - 경주 현대호텔 지하 2층

기자단 오·만찬 운영계획

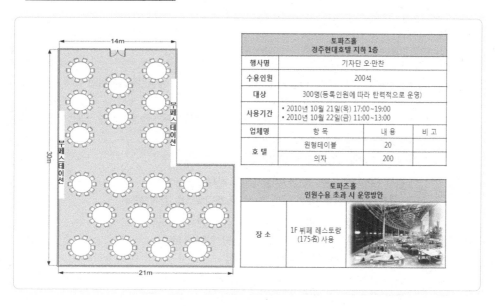

토파즈홀 경주현대호텔 지하 1층			
행사명	기자단 오·만찬		
수용인원	200석		
대상	300명(등록인원에 따라 탄력적으로 운영)		
사용기간	• 2010년 10월 21일(목) 17:00~19:00 • 2010년 10월 22일(금) 11:00~13:00		
업체명	항목	내용	비고
호텔	원형테이블	20	
	의자	200	

토파즈홀 인원수용 초과 시 운영방안		
장소	1F 뷔페 레스토랑 (175名) 사용	

6 Refreshment

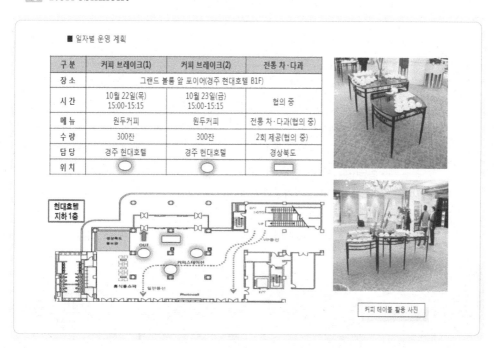

■ 일자별 운영 계획

구분	커피 브레이크(1)	커피 브레이크(2)	전통 차·다과
장소	그랜드 볼룸 앞 포이어(경주 현대호텔 B1F)		
시간	10월 22일(목) 15:00-15:15	10월 23일(금) 15:00-15:15	협의 중
메뉴	원두커피	원두커피	전통 차·다과(협의 중)
수량	300잔	300잔	2회 제공(협의 중)
담당	경주 현대호텔	경주 현대호텔	경상북도
위치	◯	◯	▭

커피 테이블 활용 사진

7 관광

<u>Press Tour</u>

구분	내 용
소개	• 경상북도/경주시에서 진행하여 경주 G20 재무장관 · 중앙은행총재회의 취재 등록 기자를 대상으로 투어 프로그램 운영 • 10월 22일, 23일 양일 경주시 유네스코 지정 세계문화유산을 방문하는 프레스투어를 진행
투어 일정	• 2010년 10월 22일(금) - 양동마을 투어 • 2010년 10월 23일(토) - 불국사
신청 기간	• 경주 G20재무장관 · 중앙은행총재회의 취재 등록기간 - 프레스투어 참석 여부 표시, 참석 시 희망코스를 함께 선택
참석 인원	• 10월 22일(금) - 양동마을 투어 참석 신청 인원 : 48명 • 10월 23일(토) - 불국사 투어 참석 신청 인원 : 14명 • 10월 22일, 23일 양일 신청자 : 185명
운영	• 버스 탑승(승 · 하차) 시 투어 참가자 인원 확인 • 투어 참가자들 중 외국인 참가자를 위한 영어 가이드 동행 • 프로그램 변경 시, 공지방법 - 행사 전 변경 시, 홈페이지와 e-mail을 통한 공지 - 행사 당일 변경 시, 게시판과 안내방송을 통한 공지

<u>일자별 코스</u>

○ 2010년 10월 22일(금): 양동마을 투어

시간	내용	비고
10:00~10:40	• 등록인원 확인 • 프레스센터 → 양동마을 이동	• 프레스센터 정문 • 버스이동
10:40~12:20	• 양동마을 전체관람(1시간 소요) : 정충비각-향단-관가정-수운정 떡메 체험 시식(30분 소요)	• 영어가이드 지원
12:20~13:00	• 양동마을 → 프레스센터 이동	• 버스이동

○ 2010년 10월 23일(토): 불국사 투어

시간	내용	비고
10:00~10:30	• 등록인원 확인 • 프레스센터 → 불국사 이동	• 프레스센터 정문 • 버스이동
10:30~11:50	• 불국사 관람 　: 천왕문 - 구품연지 - 연화교, 칠보교, 청문교, 백운교 - 　　다보탑, 석가탑 - 대웅전, 극락전, 무설전 - 　　비로전, 관음전	• 영어가이드 지원
11:50~12:15	• 불국사 → 프레스센터 이동	• 버스이동

8 인력계획

개요

구분	내용
운영 기간	2010년 10월 21일(목)~23일(토)
소요 인원	미디어센터운영 인력 : 총 49명(운영요원 33명, PCO 5명, 테크니션 12명)
운영방침	• 현장운영인력은 국제회의관련 전문교육기관 수료자 또는 다수의 현장운영 경험과 적극성을 가진 인력을 선발·배치 • 'G20 재무장관·중앙은행총재회의'의 의의 및 취지를 충분히 이해하고 종사할 수 있도록 일반 소양 및 현장 적응교육을 실시 : 인력 커뮤니티 운영 및 1차, 2차에 나누어 교육 실시 • 각 부문 간 업무를 대체할 수 있도록 사전에 충분한 현장교육을 실시하고, 회의 부분 인력을 행사(연회)부문에 배치하는 등 운영인력을 부문 간 유동적으로 운영 • 각 파트별 팀장제를 도입하여 인력 관리 및 통제 　(출·퇴근시간 관리 및 인력 불만사항 전달)
모집 및 선발방법	• 현장운영능력이 검증된 이오컨벡스 자체보유 인력 DB를 통한 모집 • 행사장이 경주에 위치하여, 숙박이 용이한 00대학교 학생들 선발

세부인력 배치계획

구분	날짜	장소	시간	운영요원	PCO요원	비고
경주 G20 미디어 센터	10.21 (목)	등록데스크	07:00~18:00	6	2	(영어가능자 6명 필요)
		미디어센터	07:00~21:00	4	1	(영어 가능자 2명 필요)
		RFID게이트		4		
		휴게공간		1	1	
		다이아몬드홀	07:00~21:00	2		(영어 가능자 1명 필요)
		2층 복도		1		(영어 가능자 1명 필요)
		PCO사무국		1	1	
	10.22 (금)	등록데스크	07:00~22:00	6	2	(영어 가능자 6명 필요)
		미디어센터	07:00~15:00	4		(영어 가능자 2명 필요)
			15:00~23:00	4	1	(영어 가능자 2명 필요)
			23:00~07:00	2		(영어 가능자 2명 필요)
		RFID게이트	07:00~15:00	4		
			15:00~23:00	4		
			23:00~07:00	4		
		휴게공간		1	1	
		다이아몬드홀	07:00~21:00	2		(영어 가능자 1명 필요)
		2층 복도		1		(영어 가능자 1명 필요)
		PCO사무국		1	1	
	10.23 (토)	등록데스크	07:00~18:00	4	2	(영어 가능자 4명 필요)
		미디어센터	07:00~15:00	4	1	(영어 가능자 2명 필요)
			15:00~23:00	4		(영어 가능자 2명 필요)
		RFID게이트	07:00~15:00	4		
			15:00~23:00	4		
		휴게공간		1	1	
		다이아몬드홀	07:00~21:00	2		(영어 가능자 1명 필요)
		2층 복도		1		(영어 가능자 1명 필요)
		PCO사무국		1	1	

세부인력계획 배치도

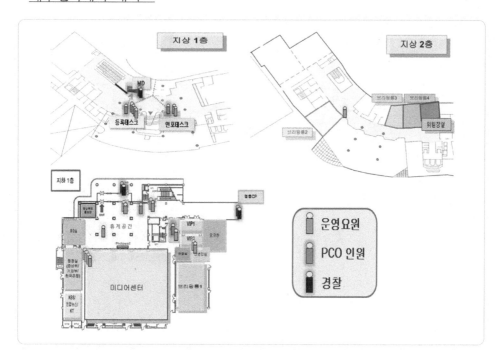

9 보안계획

구분	내용		
일시	2010년 10월 21일(목)~23일(토)		
시간	10월 21일(목)	10월 22일(금)	10월 23일(토)
	09:00~21:00	08:00~24:00	00:00~24:00
대상	프레스 기자단 및 대표단을 위한 행사장 보안		
운영 방법	• RFID를 통한 참가자 출입 관리 • MD 게이트에서 위험물 1차 점검 후 RFID 게이트에서 2차 신원 확인 　- RFID 게이트 2개 운영(지하 1층) 　- MD 게이트 2개 운영(지하 1층 1개, 지상 1층 1개) • 보안 및 통제를 위한 유관기관의 업무 협조 및 진행 　- 유관기관 실무자 회의 • 출입 차량 비표 발부를 통한 보안 관리		

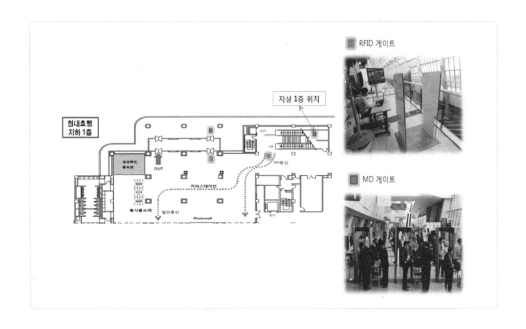

10 제작물

레이아웃

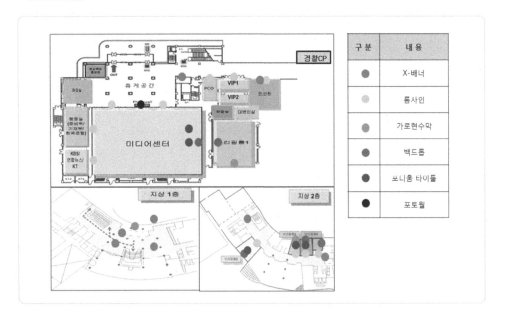

제작물 리스트 1

구분	위치	목적	항목	수량	사이즈(cm)	비고
경주 현대호텔 외부	호텔입구	입구 현판	가로현수막	1		
	버스 승강장	승강장 표지판	X-배너	1		물통 배너
경주 현대호텔 지하 1층	Grand Ballroom	미디어센터	백드롭	1	1200×500	
			룸사인	2		폼패드 또는 호텔 사인판 활용
			포디움 타이틀	2		대 1, 소 1
		Official Pool	룸사인	1		
		행정실	룸사인	1		
	Diamond Hall	브리핑룸 1	백드롭	1	400×240	
			포디움 타이틀(소)	1		
		다이아몬드 홀 앞	룸사인	1		
	Topaz Hall	오·만찬	룸사인	1		
			가로현수막	1		
			X-배너	1	60×180	인원 초과 시 안내
	연회 사무실	PCO 사무국	룸사인	1		
	지하 1층 복도	안내표지판	X-배너	1	60×180	
		포토	포토월	1	500×240×50	
경주 현대호텔 지상 1층	Lobby	안내표지판	X-배너	2	60×180	
		뷔페	X-배너	1	60×180	토파즈홀 인원 초과 시 안내
		컨시어지 데스크	X-배너	1	60×180	

제작물 리스트 2

구분	위치	목적	항목	수량	사이즈(cm)	비고
경주 현대호텔 지상 2층	Sapphire Hall	브리핑룸 2	백드롭	1	400×240	
			룸사인	1		
			포디움 타이틀(소)	1		
	Maple Room	브리핑룸 3	가로현수막	1		
			룸사인	1		
			포디움 타이틀(소)	1		
	Mahogany Room	브리핑룸 4	백드롭	1	400×240	
			룸사인	1		
			포디움 타이틀(소)	1		
	Opal Room	예비용	가로현수막	1		
	비즈니스 센터	위원장실	룸사인	1		
		인터뷰룸	백드롭	1		
	지상 2층 복도	안내표지판	X-배너	2	60×180	
기타		셔틀버스	차량 비표		21×29.7	A4 사이즈
		승용차			10.5×14.8	A4 1/2 사이즈

※ 상기 내용은 변동될 수 있습니다.

2) 경기벤처박람회

(1) 행사개요

행사명	경기벤처박람회 2004(GIVES 2004) Gyeonggi International Venture Show 2004
주제	새로운 도약(Riding the New Wave)
기간	2004년 10월 18일(월)~10월 21일(목) 4일간
행사장소	경기중소기업종합지원센터 로비 및 에어돔(보조 주차장 內)
전시규모	110부스(3×3m)(에어돔 100부스, 센터로비 10부스)
주최/주관	경기도/경기중소기업종합지원센터
행사내용	• IT, BT, NT, 해외전시관 운영 • 개막식, 벤처 창업 · 취업전, 수출상담회, 유통업체와 벤처기업의 만남의 장, 주한상무관 초청 벤처인의 만남 등 부대행사 운영

(2) 개최목적 및 기대효과

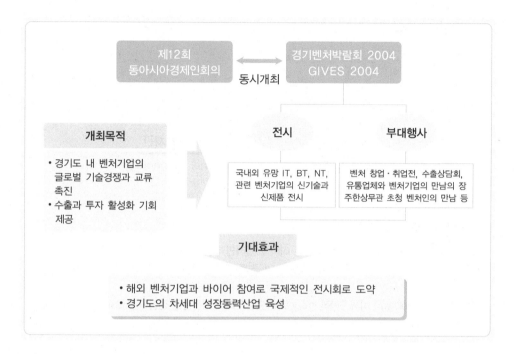

(3) 개막식 및 부대행사

행사명	일정	장소	추진방향
개막식 행사	10.18(월)	국제회의장 1층 본관동 전면	테이프커팅, 개회식, 전시장 투어 등
벤처취업전	10.18(월)	국제회의장 1층 로비	인력팀 : 대학생 취업 프로그램 연계
벤처창업전		전시관(에어돔) 국제회의장 1층	경기중소기업종합지원센터 지식산업팀 : 대학생창업프로그램 연계
주한상무관 초청 벤처인의 만남	10.19(화)	전시관(에어돔) 국제회의장 1층	경기벤처협회 주최
벤처판로개척 상담회		로비	경기중소기업종합지원센터 경영팀판로지원 프로그램 연계
수출상담회	10.20(수)	전시관(에어돔) 로비	해외초청바이어 연계
벤처인의 밤	10.21(목)	국제회의장 3층	동아시아 경제인회의 연계

(4) 전시연출

1 기본 콘셉트

빛의 3원색으로 관별 Color 적용

- IT(Information Technology) : 이성적이며 이지적 컬러인 Blue Color로 매칭
- BT(Bio Technology) : 생명공학이라는 학문적 연구발전에 따른 변화와 발전의 상징인 Orange Color 로 매칭
- NT(Nano Technology) : 미세공학적 Image로서 안정적이고 평온함을 상징하는 Green Color로 매칭

2 Visual Identity Plan

Design Concept	고딕체의 한글을 이용한 타이포그라피와 영문의 조화 영문약칭 "GIVES"를 이용 레터화된 엠블렘
Main Logo Type	**경기벤처박람회 2004** Gyeonggi Internationl Venture Show 2004 GIVES 경기벤처박람회 2004 Gyeonggi Internationl Venture Show 2004 GIVES 2004 경기벤처박람회 2004 Gyeonggi Internationl Venture Show 2004
Color Scheme	Main Color / Sub Color / IT BT NT

3 공간구성

- 에어돔 설치
  - 구조계산 : 국내 최대 전문업체인 아주렌탈 Air Dome 설치
  - 경기중소기업종합지원센터 보조주차장 넓이 고려 : 크기 51×40m 설치 3×3m, 100부스 설치 규모
  - 공기막 : 2중막(내막, 외막) 구조, 투광막(빛 투과율 85%), 방염재질 사용
  - 우드플로어 바닥 시공
  - 회전 출입문 설치

4 전시부스 디자인

- 전체 박람회 통일감을 주면서 각 전시관 특성을 고려함
- 기존의 전시장 기본 부스와 차별된 변형적 부스 설치
- 각 전시관은 Color로 전시부스 및 천장배너에 구분을 주어 관별 특성을 최대로 반영함
- 중앙타워와 상담공간을 별도 구성하여 획일적인 구조물에서 오는 단조로움을 극복

전시관 구분	부스규모	전시시스템	컬러구분	위치
IT벤처관-전자, 정보통신	40	옥타놈 시스템	Blue	에어돔
IT벤처관-애니메이션	10		Blue	센터로비
BT벤처관-바이오, 환경기술	20		Orange	에어돔
NT벤처관-나노융합기술	10		Green	에어돔
해외벤처관-IT, BT 등	30		국내 업체관에 분산배치	에어돔
합계	약 110부스			

5 전시부스 배치도

<u>에어돔 내 전시부스 배치도</u>

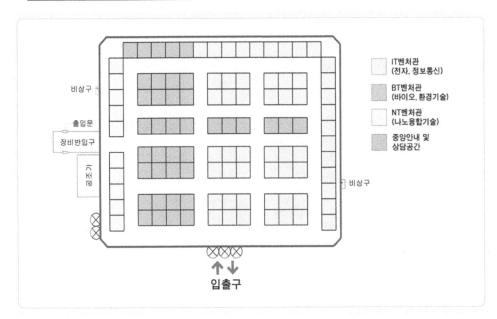

<u>센터로비 전시부스 배치도</u>

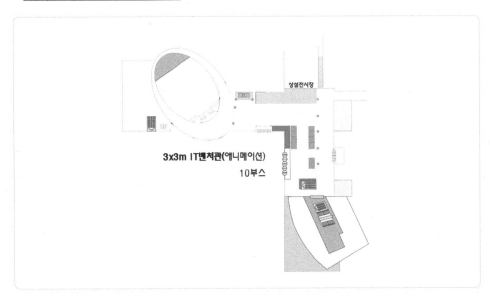

6 기본부스 디자인

- 각 전시관별 특징을 최대한 살릴 수 있도록 설계하였으며, 통일된 이미지 구현
- 기존 타 전시회의 획일적인 기본부스 형태를 탈피한 변형부스 디자인

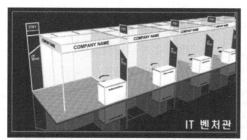

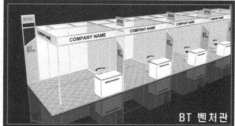

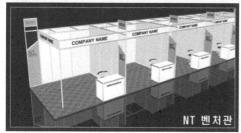

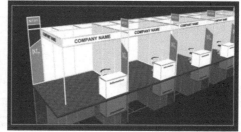

7 기타 장치물 디자인

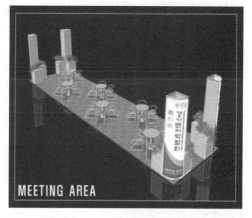

8 전시사인 디자인

품명	규격	비고
정문아치	1.2×1.2×5.7m(H), 15m(W)	화공, 목제구조물
입구현판	18×1m	목공 실사출력 현판
로비난간배너	2.5×10m, 4장	4층 난간부터 2층 난간을 이용(세로형), 나염제작
에어돔 대형배너	10×4m	에어돔 외막 출입구 위 나염제작
에어돔 내부천장배너	1.5×4m, 12장	건물외벽 거취형, 나염제작
실내외 유도사인	0.6×1.5m 0.6×1.8m 0.6×1.8m	기존 주차안내 사인시설 이용 실내유도사인 실외유도사인
가로등배너	0.7×2m, 30저(2장 1조)	실사출력
애드벌룬	8×12m	센터 內 광장 주변 설치(5~6일)
육교현수막	25×1.2m	수원시 사용허가 신청 후 지정장소 설치
현수막	7×1m	수원시 현수막 거치대 이용

▲ 입구현관 : 18×1m, 목공현판/1층 주출입구

▲ 정문아치 : 1.2×1.2×5.7m(H), 15m(W), 목공 실사출력/센터중앙입구

▲ 개막식 플래카드 : 7×1m 실사출력/1층 국제회의장 대회의실

108

▲ 로비 난간 배너, 2.5×10m, 나염인쇄

▲ 에어돔 내부배너, 1.5×4m, 실사출력 에어돔 內

▲ 실내외유도사인, 0.6×1.8m, 실사출력

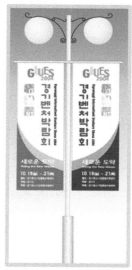

▲ 가로등 배너

▲ 애드벌룬
8×12m 나염인쇄

▲ 육교 현수막, 1.5×25m, 실사출력

(5) 개막식 및 부대행사

1 개막식 Que-Sheet

구분	프로그램	시간	내용	비고
사전준비	최종리허설	~9:30	• 리허설과 최종점검	• 모든 시스템 및 인원점검
	All Stand by 및 VIP 영접	9:30~10:00	• 행사요원 정위치 • VIP 영접 및 안내(의전) • 방명록 작성, 꽃사지 전달 • 간단한 다과	• 정위치 대기, 주차안내 • 흰 장갑, 꽃사지 준비 • 차, 다과 준비
본행사	전시관 테이프 커팅	10:00~10:15	• VIP 테이프 커팅	• 개회식장 조성 • 도우미 의전 • 음향시설 준비 • 남성중창단 공연 준비 • 축하음악
	이동 및 자리 정리	10:15~10:30	• 이동동선 안내 • 자리배치 안내	• 도우미 정위치
	개회식	10:30~11:00	• 국민의례 • 개회사(주최 측 인사) • 경과보고(사회자) • 축사(VIP 대표) • 폐회	• 도우미 의전 • 특수효과 • 음향시설 준비
	전시장 투어	11:00~11:30	• 전시장투어	• 주최 측 인사 안내

2 테이프 커팅 Que-Sheet

항목	시간	내용	음향	비고
축하음악	6	• 남성중창단의 축하음악 • VIP 입장	Live Mic	남성중창단 구성 (남성 4부)
개회고지	2	• 사회자	Mic	
Tape Cutting	1	• 사회자 안내멘트 • Tape Cutting	Mic	
축하공연	6	• 중창단 축하공연	Live Mic	VIP 전시장 순회 일반참관객 입장

3 부대행사 연출

- 행사별 담당 단체 및 부서와 사전협의를 통해 일관성 있고 통일감 있는 진행과 연출
- 부대행사 홍보물은 기본 Visual Identity에 충실한 디자인 적용

행사명	일정	장소	추진방향
벤처취업전	10.18(월)	국제회의장 1층 로비	경기중소기업종합지원센터 인력팀 대학생 취업프로그램 연계
벤처취업전		전시관(에어돔) 국제회의장 1층	경기중소기업종합지원센터 지식산업팀 대학생창업프로그램 연계
주한상무관 초청 벤처인의 만남	10.19(화)	전시관(에어돔) 국제회의장 1층	경기벤처협회 주최
벤처판로개척상담회		로비	경기중소기업종합지원센터 경영팀 판로지원 프로그램 연계
수출상담회	10.20(수)	전시관(에어돔) 로비	해외초청바이어 연계
벤처인의 밤	10.21(목)	국제회의장 3층	동아시아경제인회의 연계

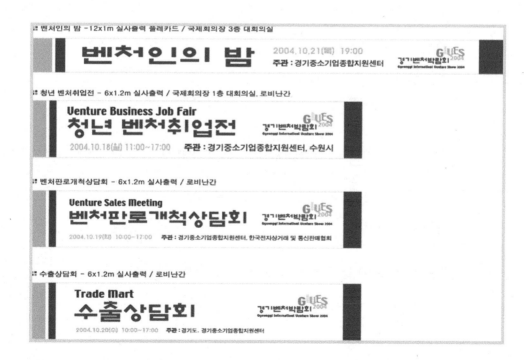

(6) 운영계획

1 운영개요

운영방향	효율적인 참관객 동선관리	쾌적한 환경조성	효율적인 운영체계	안전관리

⬇

운영 Key-Word	• Exhibitor : 참가목적 달성 • 참관객 : 편리한 동선

⬇

목표	• 참관객 : 최상의 서비스 체험의 장 • 주최자 : 최상의 서비스 구현의 장 • 참가업체 : 최상의 참여목적 달성의 장

2 운영체계도

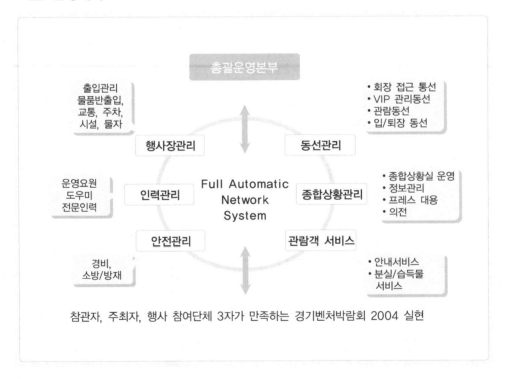

참관자, 주최자, 행사 참여단체 3자가 만족하는 경기벤처박람회 2004 실현

3 부문별 운영계획

관람객 서비스

안내서비스	• 회장 내 시설의 위치 안내 • 회장 내 시설내용 및 개요 설명 • 행사개요, 부대행사 안내 • 교통안내 • 기타 각종 문의사항에 대한 대응과 처리를 위한 관계부서 안내
방송실운영 서비스	• 분위기 연출을 위한 BGM • 회장 연출, 관찰정보, 안내방송

안내부스 – 에어돔內 / 센터로비 설치

현황판 – 에어돔內 / 센터로비 설치

인력관리

스태프	• 디스플레이 설치물, 홍보물, 인쇄물 디자인 제작 • 장비반입/반출 • 행사장 디스플레이 설치 • 시스템 현장 설치 및 운영(영상/조명/음향) • 홍보물 관리
운영요원	• 전체 행사를 준비한 인원으로 하되 필요시 교육된 운영요원을 배치 • 물자관리 담당(반입/설치/반출) • 행사장 정리 • 시설물관리 • 각종 돌발상황 대처 • 스태프 및 행사관련 인원 편의제공
도우미	• 전문 도우미 선발 및 사전 교육 • 안내데스크 및 의전행사 및 VIP영접 등 전문행사에 배치 • 행사진행 보조 • 참관인사 안내/설명 • 기념품 배포
주차요원	• 행사장 내 교통혼잡이 예상되므로 원활한 소통을 유도하는 주차요원을 별도 배치

안전관리

경비	• 회장의 자유스러운 분위기를 유지하면서 친절한 자세로 회장 내외의 질서 유지와 범죄예방을 위한 조치를 신속, 정확히 수행 • 경비담당구역 지정
소방/방재	• 방화관리 등 화재발생요인에 대한 사전 점검 및 예방활동

행사장관리

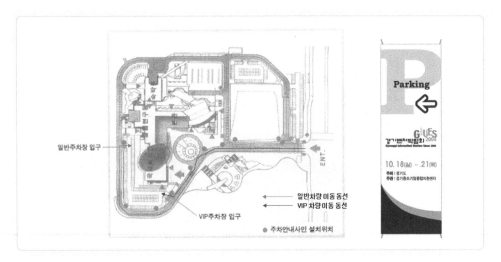

출입관리	• 출입구 유도 • 입장 부적격자 감시, 발견 및 처리 • 출입구 입·퇴장 구별 Sign 변경 • 단체입장 인원 수 확인 • 일시퇴장 및 재입장 시 대응처리
교통	• 회장으로 접근하는 도로가 혼잡할 것이므로 대중교통을 이용하도록 협조 • 택시, 버스회차 공간 확보 • 관련 기관 협소
물품반출입	• 물품 차량들의 회장 내 진입불가 에어돔 외부에서 인편으로 반입 유도 • 차량 반출입 시간 차별화 • 개장 시간 전후 이동 권유
폐기물	• 일반폐기물, 특정폐기물, 재활용폐기물 등으로 분류수거 처리 • 참가자 발생폐기물 : 참가자는 자기시설에서 발생한 폐기물을 지정된 시간에 회장 내 가까운 집하장(컨테이너)으로 운반하여야 하며 집하장에 운반된 폐기물은 전문업체가 처리

주차운영	• 보조주차장을 전시공간으로 사용하므로 예상되는 주차부족문제를 대중교통 이용으로 사전 유도함으로써 혼잡예방 • 참관객의 원활한 진입을 유도하기 위한 주차유도 사인 설치 • 주차관리요원의 구획별 투입으로 혼잡 방지 • 주차장으로부터 행사장까지의 편리한 동선 마련

동선관리 : 관람객의 쾌적한 환경을 위한 동선유도

행사장 접근	• 행사장 인접 접근로에 메인게이트 출입안내 사인 설치 • 사인물 전체 적소 배치 • 안내요원 배치
입·퇴장 동선	• 입·퇴장 출입구 구분 • 안내 사인물 배치 • 안내요원 배치
VIP관리동선	• VIP회장 이동 시 관리장의 행사장 도착 사전 연락

종합상황관리

종합상황실 및 프레스 관리	• 행사장 총괄 지휘 본부 • 구역별 운영 상황파악 기록, 관리문제 발생 시 신속 대처 • 관련기관 유기적인 협조체제 구축 • 능동적 기사작성(Press Kits) 제공으로 기사화 유도 • 취재 요청 시 신속한 대응 및 정확한 자료 제공 • 대내외 총괄 창구
의전	• VIP룸 운영 • 의전 도우미 배치

4 Post별 인력배치 계획

구분		위치	인원수	업무
도우미		입구	3~6명	개회진행, VIP안내, 입구안내
운영요원	입장객 유도요원	전시장 입구	2명	입장안내/동선안내
		에어돔 전시장 내	1명	행사장 내 운영요원
		로비 전시장	1명	행사장 내 운영요원
	주차장	주차장	2명	기존시설 주차요원 지원

5 추진조직별 업무개요

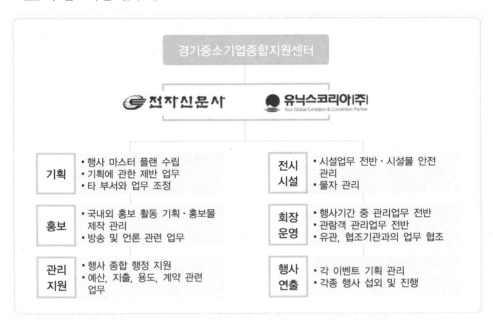

(7) 홍보계획

1 홍보전략 개요

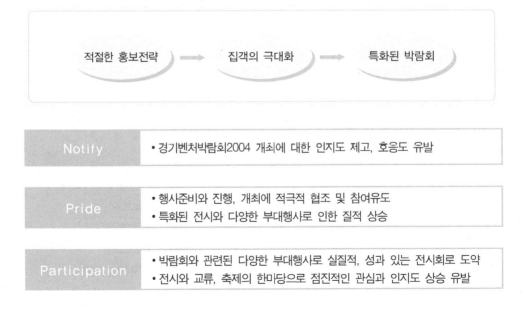

2 매체별 업무구분

매체	내용
방송	• 집객 극대화를 위한 집중적 고지역할로서 경기벤처박람회의 공신력 확보
신문/잡지	• Publicity(무료)와 광고(유료) 등의 다양하고 효과적인 방법 동원 • 단계별 적절한 이미지성 광고, 행사내용 고지 광고로 구분하여 실행 • 전자신문사의 광대한 DB와 광고, 홍보전략 접목
인쇄물	• 포스터 : 각 유관기관 및 협회, 주요 시설, 대학교 내에 부착 및 배포 • 초청장 발송
인터넷	• 경기중소기업종합지원센터 홈페이지 내 벤처박람회 홈페이지 개설 • 경기도 유관기관과 관련협회, 협찬기관 홈페이지에 개최공지 및 링크 • 대학 및 참가업체 홈페이지 게재 및 링크 • 대형 포털사이트와 검색사이트 플래쉬 광고(협찬 유도) • 언론사, 방송사 홈페이지 기사, 링크 유도
옥외 광고	• 대형현수막 : 박람회 개최 사실을 멀리서 볼 수 있도록 위치 선정 • 육교현수막 : 수원시 사용허가 신청 후 교통량과 유동인구를 고려하여 배치 • 애드벌룬 : 센터나 그 주변에 시야가 가리지 않는 곳을 선정 • 정문아치 : 센터 주변에서 가장 눈에 띄게 디자인 및 설치

3 Target별 업무구분

대상	분류	추진방향	비고
일반대중	• 경기도/수도권/서울/지역거주자	• 각종 매스컴 등 대중적 매체를 통한 정보 제공 • 각종 행사 고지성 야외광고물 통한 정보제공	• 행사에 대한 흥미유발 및 방문유도 • 이미지 환기
관련단체	• 대학교 • 협회	• 참가 권유 공문발송 및 정보제공 • 포스터, 현수막 등 관련홍보물 배포	• 행사 흥미유발 • 방문유도
바이어	• 관련분야 종사자 • 참가업체 바이어	• 매체별/대상별 다양한 관련 정보 제공 • 전문지, 포스터, 초청장 등 • 관련 웹사이트 내용 공지 및 E-mail 활용	• 행사개최 및 진행에 대한 신뢰 구축 • 부대행사 등으로 관심 유도
관계자	• 조직위 • 행사 주관사 • 예산 후원업체	• 교육 및 정기적 업무 협의실시 • 기관 내 간행물 및 유인물을 통한 정보 제공	• 홍보업무의 숙지로 원활한 업무 수행 • 행사주체자로서의 행동양식 확립

▣4 홍보계획

광고/홍보전략

- 경기벤처박람회 2004 개최 고지
- 행사취지, 행사내용 등에 대한 정보제공/부대행사 공지→관여도 상승
- IT, BT, NT분야 관련 종사자, 대학생 및 일반인들의 행사관람 유도

1단계	2단계	3단계
Acknowledgement Period	Remind Period	Decision Period
현재~개최 2개월 전	개최 1개월 전	개최 2주일 전

보도자료 중심통보
• 행사개최고지
• 참가신청현황
 	
박람회 부대행사를 통한 고지
• 부대행사의 내용제공
 	
광고
• 신문광고, 인터넷 웹사이트 링크, 광고
	광고·홍보와 병행
	• 신문기사 제공
	• 라디오 광고
	• 육교현수막 홍보
	• 관련협회, 유관기관, 대학교 포스터 홍보
	• 초청장 발송
	• 보도자료 배포
	  ＊참가업체현황
	  ＊세부행사 계획
	  ＊대회의 의의
	  ＊세부일정
	  ＊부대행사 내용
		• 광고 : TV, 라디오
		• 홍보
		  ＊전시회장 내 현수막
		  ＊주요 지역 현수막 홍보
		  ＊포스터 홍보

매체전략, 목적

Schedule
• 7월부터 런칭광고로 시작하여 행사 1개월 전인 9월에 집행비중을 집중하는 전략 • 신문은 7~10월, 라디오와 TV광고는 9월에 집행하여 사전 Core Target의 관심 유도 • 옥외광고는 행사 2주일 전부터 집행하여 행사를 최고조로 승화

목적
• 행사고지에 대한 인지도 획득 • 효과적인 매체의 선택으로 효과 있는 광고노출과 Target의 광고상기율 확보 • 효율적인 매체운용(Scheduling)

↓

118

행사일정 고려 : 2004년 10월 18일~10월 21일

효율적인 인쇄매체 ⇒ 신문의 선택과 스케줄링

효율적인 전파매체 ⇒ 라디오와 TV광고 스케줄링

　　　　　　(관련자들의 시간에 맞추어 아침 출근 전과 저녁 퇴근 후가 적합)

비용대비 효율적인 Size, 지면과 시간대 고려(Target 동선파악)

매체별 집행전략

방송홍보	• 방송사의 박람회 개최 보도 유도 • 박람회 내용과 관련 벤처의 내용기사 보도 요청

신문홍보	• 전자신문의 광고와 사고 및 박람회 특집기사 등을 게재 • 각 언론사들의 기사화 유도 • 아침신문 등의 광고 및 박람회 내용 게재 • 중앙, 지방 일간지 박람회 광고 게재

지역홍보	• 경기도 내 공공기관과 유관기관, 관련협회 등지에 박람회 개최사실을 알리고 포스터 　· 전단지 배포, 지역마다 현수막 및 홍보물 게재

전자신문사의 전폭적인 홍보지원

- 참여업체 모집용 알림(사고) 2회
- 관람객 유치용 알림(사고) 2회
- 전자신문 홈페이지(www.etnews.co.kr) 팝업광고 2회
- 전자신문 온라인회원(40만 명) 대상 e-mail 뉴스레터 2회 발송
- SEK 전시 참가자 DB(15만 명) 대상 e-mail 뉴스레터 2회 발송
- 광고비의 대폭적인 할인(20%)
  - 전면광고 : 행사안내 광고 1회(1개월 전)
  - 5단 광고 : 행사등록유도, 관심유도 2회(행사 2주 전 주당 1회씩)
- 특집지면 제작 : 행사 개막일 4P 특집 발행
- 행사 전후 행사홍보 기사 수시 게재

기타 홍보계획

- IT, BT, NT 관련 전시회에 경기벤처박람회 홍보부스를 마련 관련 참가업체와 참관객들에게 박람회 개최 사실을 알리고 인지도 상승효과 유발
- 홍보부스 대상 전시회

분류	행사	기간	장소
전기/전자/IT	제4회 카드테크코리아	2004.7.7~9	코엑스 인도양홀
문화/기타	2004 대한민국과학축전	2004.7.3~28	코엑스 태평양홀, 인도양홀
전기/전자/IT	컴덱스 코리아 2004	2004.8.16~19	코엑스 대서양홀, 컨벤션홀
첨단산업	나노코리아 2004	2004.8.24~27	코엑스 대서양홀
전기/전자/IT	2004 한국반도체 디스플레이산업대전	2004.9.1~3	코엑스 대서양홀
관광/레저/생활용품	2004 충청권 벤처프라자	2004.9.2~4	코엑스 대서양홀
전기/전자/IT	제8회 한국텔레마케팅 전시회	2004.9.8~11	코엑스
전기/전자/IT	2004 한국전자전	2004.10.6~10	코엑스
전기/전자/IT	대한민국기술대전	2004.10.15~19	코엑스

5 인쇄홍보물 제작

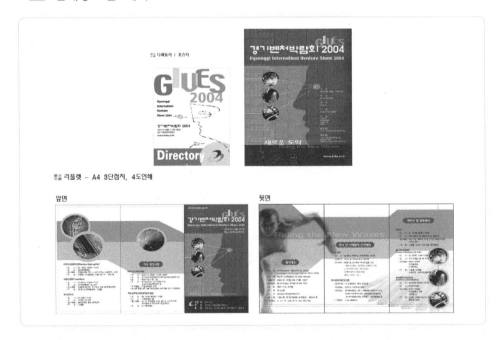

(8) 추진일정표

구분	항목	2004 6.25	~7.15	~7.30	~8.30	~9.17	17~19	~30	~10.14	~17	~21	~23
기본계획	행사업무제안, 기획	기획										
	기본 계획확정		기획									
전시관	에어돔					운영						철거
	에어돔 내 전시부스									설치	운영	철거
	센터 로비 전시부스									설치	운영	철거
부대시설	부대시설 기획		기획									
	안내데스크									설치		철거
	전시장 현황판									설치		철거
	입출구 간판									설치		철거
	유도사인물									설치		철거
	방송장비 임차									임대		
	부대행사 현수막									설치		
홍보	홍보계획 수립		기획									
	참관객유치 보도자료											
	인터넷 웹사이트 개설	기획 및 개설										
	TV, 라디오 방송 광고											
	신문광고											
	애드벌룬								설치			철거
	가로등 배너							설치 및 운영				철거
	대형배너							설치 및 운영				철거
	현수막							설치 및 운영				철거
	육교현판							설치 및 운영				철거
	입구아치							설치 및 운영				철거
인쇄물	포스터					제작 및 배포						
	리플릿						제작 및 배포					
	초청장					제작 및 배포						
	디렉토리							제작 및 배포				
인력부문	소요인력 파악		기획									
	인력모집											
	교육											
	리허설											

4. 컨벤션기획사 국가기술자격제도의 도입

1) 사업목적 및 내용

컨벤션기획사 국가기술자격제도의 도입 목적은 첫째, 국제회의 전문인력의 양성으로 국제회의산업 부문에 관한 인적 자원을 개발하고 둘째, 지식기반산업·고부가가치산업인 국제회의산업 육성의 기반을 구축하고, 국제회의 전문가 확보로 국제회의산업의 국내유치 및 개최를 활성화하는 데 있다.

사업내용으로는 「국가기술자격법 시행령」 개정으로 컨벤션기획사 1급, 2급 국가기술자격 종목을 신설하고, 컨벤션기획사 자격시험 시행 및 조기 정착에 있다. 컨벤션기획사는 국제회의 유치·기획·준비·진행 등의 제반업무를 조정·운영하면서 회의목표 설정, 예산 관리, 등록기획, 계약, 협상, 현장관리, 회의 평가의 직무를 수행한다.

2) 추진실적

- 2000.2   관련부처(노동부·외교통상부)와 사전 협의
- 2000.3   노동부에 서비스분야 자격종목 신설의견 제출
- 2000.4   국가기술자격 종목신설을 위한 종목선정 회의
- 2000.8~11   컨벤션기획사 국가기술자격 종목개발 연구용역

  연구용역 수행 : 한국컨벤션산업경영연구원(2000.8~12)

  운영체계·검정기준·검정과목·검정방법 등 자격제도 연구
- 2001.9~12   컨벤션기획사 수급전망 연구용역(컨벤션학회 연구수행)
- 2001.10   「국가기술자격법 시행령」 개정안 입법예고(노동부 소관)
- 2002.1   법제처 「국가기술자격법 시행령」 개정안 심사
- 2002.4.11   「국가기술자격법 시행령」 개정안 확정 공포
- 2002.5.13   문화관광부, 자격기준안 협의 심의위원 구성 및 회의 개최
- 2002.5.17   한국산업인력공단, 자격기준안 협의 회의

- 2002.6.11   한국산업인력공단, 시험 시행을 위한 실무협의 회의 개최
- 2002.6.15   자격기준안 의견수렴 및 확정 통보
- 2002.6.22   한국산업인력공단, 출제 및 검토위원 추천
- 2003.8.10   한국산업인력공단, 컨벤션기획사 2급 첫 시행
- 2015.9.19   한국산업인력공단, 컨벤션기획사 1급 첫 시행
- 매년 3회 시행됨

3) 기대효과

- 고부가가치산업인 국제회의산업의 육성기반 구축
- 신지식산업인 국제회의산업에서의 고용창출 효과 거양
- 국제회의 전문가 확보로 국제회의 국내유치 용이
- 국제회의 기획·유치·운영 전문인력 양성으로 국제회의산업의 경쟁력 제고
- 각종 국제기구 사무국의 국내유치 용이

4)「국가기술자격법 시행령」(고용노동부) 개정안 주요 내용

(1) 응시자격

구분	응시자격
컨벤션기획사 1급	1. 컨벤션기획사 2급 자격을 취득한 후 3년 이상 실무에 종사한 사람 2. 4년 이상 실무에 종사한 사람 3. 외국에서 동일한 종목에 해당하는 자격을 취득한 사람
컨벤션기획사 2급	응시자격 제한 없음

(2) 기본 정보

명칭	등급	개요
컨벤션 기획사	1급	회의유치에서부터 사후평가에 이르기까지 제반업무를 총괄적으로 관리할 수 있는 경영능력을 갖춘 자로 회의기획/운영을 수행하고 2급 자격자를 관리·감독하는 업무를 할 수 있다.
	2급	컨벤션기획사 1급 자격자의 지휘하에 회의기획/운용 관련 제반업무를 수행하는 자로 회의목표 설정, 예산관리, 등록기획, 계약, 협상, 현장관리, 회의평가 업무에 대해 전문적 지식을 갖고 업무를 할 수 있다.

(3) 시험과목

자격종목	입법예고(안)		최종 결과	
	검정방법	시험과목	검정방법	시험과목 및 배점
컨벤션기획사 1급	필기시험	1. 컨벤션영어 II 2. 국제회의실무론II 　(전시·협상론 포함) 3. 재무회계론 4. 컨벤션마케팅 　(유지·홍보론 포함)	필기시험	1. 컨벤션기획실무론(40문제) 2. 재무회계론(30문제) 3. 컨벤션마케팅(30문제)
	실기시험	국제회의 실무 (국제회의 기획 및 실무제안서 작성, 영어 프레젠테이션)	실기시험	컨벤션실무 (컨벤션기획 및 실무제안서 작성, 영어 프레젠테이션)
컨벤션기획사 2급	필기시험	1. 컨벤션영어 I 2. 국제회의실무론 I (외국문화의 이해, 의전, 상식 포함) 3. 호텔·관광실무론	필기시험	1. 컨벤션 기획(30문제) 2. 컨벤션 운영(30문제) 3. 부대행사 기획·운영(20문제)
	실기시험	국제회의 실무 (국제회의 기획 및 실무제안서 작성, 영어서신 작성)	실기시험	컨벤션 실무 (컨벤션기획 및 실무제안서 작성, 영어서신 작성)

※ '16년도부터 과정평가형 자격으로 취득 가능

(4) 합격판정 기준

구분	검정방법	합격 결정기준
1급 2급	필기 (매과목 100점)	매과목 40점 이상, 전 과목 평균 60점 이상
	실기 (100점)	60점 이상

※ 1급, 2급 필기 합격자가 실기시험 불합격 시 필기시험 2년간 유효기간 적용

5) 컨벤션기획사 과정평가형 자격제도

(1) 과정평가형 자격이란?

- 국가직무능력표준(NCS)에 기반하여 일정 요건을 충족하는 교육·훈련 과정을 충실히 이수한 사람에게 내부·외부평가를 거쳐 일정 합격기준을 충족하는 사람에게 국가기술자격을 부여하는 제도를 말한다.

(2) 과정평가형 자격취득 가능 종목

- 컨벤션기획사 2급 자격의 검정방식은 기존의 검정형과 과정평가형이 병행하여 운영되고 있다.

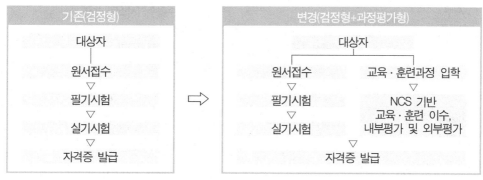

컨벤션기획사 과정평가형 자격제도

6) 출제기준

자격종목 : 컨벤션기획사 1급 　　　　　　　　　　　　　　　직무분야 : 경영 · 회계 · 사무
검정방법 : 필기

시험과목	출제 문제 수	주요 항목	세부항목
컨벤션 기획 실무론	40	1. 컨벤션산업의 이해	1. 컨벤션산업의 의의 2. 컨벤션산업의 구조 3. 세계 컨벤션산업의 실태와 전망 4. 우리나라 컨벤션산업의 실태와 육성방향
		2. 컨벤션 유치 기획	1. 목표설정 2. 유치신청 과정 및 개최지 결정 3. 개최 사전준비 4. 회의개최 준비위원회 구성 5. 프로그램디자인 6. 예산수립 및 운영
		3. 컨벤션 운영 기획	1. 컨벤션 행사운영 및 서비스 2. 전시회 기획 및 관리 3. 이벤트 기획 및 운영 4. ICT와 컨벤션산업의 관계 5. 그린 컨벤션 운영
		4. 컨벤션 평가	1. 컨벤션 평가내용 2. 서비스품질평가모형 3. 컨벤션서비스품질의 평가결과

시험과목	출제 문제 수	주요 항목	세부항목
재무 회계론	40	1. 재무회계의 기본이해	1. 재무회계의 개념 및 원칙 2. 재무제표의 이해 3. 회계정보의 활용
		2. 컨벤션 재무관리	1. 컨벤션 수립수익시스템 흐름 2. 컨벤션센터 회계 3. 컨벤션센터 재무관리 4. 컨벤션 재무분석 5. 컨벤션 구매관리
컨벤션 마케팅	30	1. 컨벤션 마케팅의 기본이해	1. 컨벤션마케팅 개요 2. 컨벤션 서비스 마케팅 믹스 3. 컨벤션마케팅계획 수립
컨벤션 마케팅	40	2. 컨벤션 유치 촉진	1. 컨벤션 마케팅 시장조사 2. 컨벤션 서비스 포지셔닝 3. 컨벤션 고객관리 4. 컨벤션 서비스의 만족도 제고
		3. 홍보 및 스폰서	1. 홍보 2. 후원 · 협찬(스폰서십)
		4. 컨벤션뷰로(CVB) 운영과 활용	1. 컨벤션뷰로 운영전략

자격종목 : 컨벤션기획사 1급   직무분야 : 경영 · 회계 · 사무
검정방법 : 실기

시험과목	주요 항목	세부항목
컨벤션실무 (컨벤션기획 및 실무 제안서 작성, 영어 프레젠 테이션)	1. 회의유치	1. 유치 대상 회의 파악하기 2. 유치 대상 회의 관련정보 수집하기 3. 회의 유치 전략 수립하기 4. 회의 유치 신청서(제안서) 작성하기
	2. 회의 개최 기획	1. 회의 개최환경 분석하기 2. 회의 시설 선정하기 3. 회의 목표 수립하기 4. 회의 주제 개발하기 5. 회의 프로그램 구성하기 6. 회의 제안예산 수립하기
	3. 회의 프로그램 설계	1. 회의 형태 및 운영방식 결정하기
	4. 회의참가자 관리	1. 참가자 등록접수 및 관리하기 2. 참가자 숙박 예약 및 관리하기 3. 참가자 영접 및 의전 관리하기 4. 참가자 관광프로그램 관리하기 5. 회의 전체 식음료 서비스 관리하기
	5. 회의 위기관리	1. 회의 위기관리 계획 수립하기
	6. 사후관리	1. 결과보고서 작성 2. 결산

자격종목 : 컨벤션기획사 2급 　　　　　　　직무분야 : 경영 · 회계 · 사무
검정방법 : 필기

시험과목	출제 문제 수	주요 항목	세부항목
컨벤션 기획	30	1. 컨벤션산업의 이해	1. 컨벤션산업의 의의
		2. 경영계획 수립	1. 전략방향 수립 2. 경영목표 수립 3. 사업계획 수립
		3. 회의 홍보 및 마케팅	1. 회의 홍보전략 수립 2. 회의 홍보매체 활용계획 수립 3. 언론사 초청 및 기자회견 운영 4. 개최지 및 관련산업 관계자 대상 홍보 5. 회의 참가자 마케팅계획 수립 6. 참가자 프로모션 운영
		4. 전시회 마케팅 관리	1. 전시회 고객유치 실행계획 수립 2. 전시회 고객유치대상 데이터베이스 구축 및 관리 3. 전시회 고객유치 직접마케팅 실행 4. 전시회 고객 참가 확정 5. 전시 참가기업 매뉴얼 작성 · 배포 6. 전시 참가기업 설명회 운영
		5. 회의 프로그램 설계	1. 회의 프로그램 구성 2. 회의 형태 및 운영방식 결정 3. 회의 프로그램 일정 작성 4. 연사 섭외 및 초청 5. 회의 발표자료 접수 및 관리
		6. 회의 개최 기획	1. 회의 개최환경 분석 2. 회의 자료 수집, 분석 3. 회의 시설 선정 4. 회의 목표 수립 5. 회의 주제 개발 6. 회의기획안 작성 7. 입찰기획안 발표

시험과목	출제 문제 수	주요 항목	세부항목
컨벤션 운영	30	1. 회의 현장 조성	1. 회의장 조성
		2. 의전 · 수송 · 관광 · 식음 료 관리	1. 참가자 영접 및 의전 관리 2. 참가자관광프로그램 관리 3. 참가자 수송 운영 및 관리 4. 회의식음료 서비스 관리
		3. 회의 위기 관리	1. 회의 위기관리 계획 수립 2. 행사장 안전점검 3. 행사보험 가입
		4. 회의등록 및 숙박관리	1. 온라인 등록 및 숙박프로그램 개발 계획 수립 2. 온라인 등록 및 숙박프로그램 개발 및 구축 3. 참가자 등록접수 및 관리 4. 참가자 동선 관리 5. 참가자 숙박 예약 및 관리
		5. 회의 제작물 기획 관리	1. 회의 제작물 결정
		6. 회의 인력 관리	1. 회의 인력계획 수립 2. 현장운영인력 모집 및 전문인력 섭외 3. 현장운영인력 교육 4. 인력 운영 및 평가
		7. 컨벤션 영어	1. 상황별 회화
부대행사 기획 · 운영	20	1. 전시회 공식 · 부대행사 기획 · 운영	1. 전시 부대시설 · 서비스 신청 관리 2. 전시회 공식 · 부대행사 계획
		2. 이벤트 현장 연출	1. 이벤트 연출안 구성 2. 이벤트 무대 및 시스템 계획 3. 이벤트 연출안 보고 · 작성 4. 이벤트 행사장 조성 5. 이벤트 리허설 진행
		3. 이벤트 영상 제작 기획 · 관리	1. 이벤트 영상 수요 특성 파악
		4. 전시회 안전관리	1. 전시회 안전관리계획 수립 2. 전시회 안전관리 전담팀 구축 및 안전교육 3. 전시장 안전점검

자격종목 : 컨벤션기획사 2급   직무분야 : 경영 · 회계 · 사무
검정방법 : 실기

시험과목	주요 항목	세부항목
컨벤션 기획 실무	1. 회의등록 및 숙박관리	1. 온라인 등록 및 숙박프로그램 개발 계획 수립하기 2. 온라인 등록 및 숙박프로그램 개발 및 구축하기 3. 온라인 등록 및 숙박프로그램 운영 및 유지보수하기 4. 참가자 등록접수 및 관리하기 5. 참가자 동선 관리하기 6. 참가자 숙박 예약 및 관리하기
	2. 의전 · 수송 · 관광 · 식음료 관리	1. 참가자 영접 및 의전 관리하기 2. 참가자관광프로그램 관리하기 3. 참가자 수송 운영 및 관리하기 4. 회의 전체 식음료 서비스 관리하기
	3. 회의 프로그램 설계	1. 회의 프로그램 구성하기 2. 회의 형태 및 운영방식 결정하기 3. 회의 프로그램 일정 작성하기 4. 연사 섭외 및 초청하기 5. 논문 · 발표자료 접수 및 관리하기 6. 온라인 학술프로그램 구축하기 7. 온라인 학술프로그램 운영 및 유지보수하기
	4. 회의 홍보 및 마케팅	1. 회의 홍보전략 수립하기 2. 회의 홍보매체 활용계획 수립하기 3. 언론사 초청 및 기자회견 운영하기 4. 개최지 및 관련 산업 관계자 대상 홍보하기 5. 회의 참가자 마케팅계획 수립하기 6. 참가자 프로모션 운영하기
	5. 위기 관리	1. 위기관리계획 수립하기
	6. 전시회 참가기업유치 관리	1. 전시회 고객유치 실행계획 수립하기 2. 전시회 고객유치대상 데이터베이스 구축 및 관리하기 3. 전시회 고객유치 세일즈킷 제작하기 4. 전시회 고객유치 직접마케팅 실행하기 5. 전시회 주요 고객 방문마케팅 실시하기 6. 전시회 고객 참가 확정하기 7. 전시 참가기업 매뉴얼 작성 · 배포하기 8. 전시 참가기업 설명회 운영하기

시험과목	주요 항목	세부항목
7. 전시회 현장 운영 계획 및 관리		1. 전시 운영인력 관리 계획 수립하기 2. 전시회 운영요원 선발하기 3. 전시회 현장 운영요원 교육 및 관리하기 4. 전시 전문인력 섭외 · 관리하기 5. 전시회 참가등록 서비스 운영하기 6. 전시회 현장 주최자 사무실 운영하기 7. 전시 참가기업 서비스센터 운영하기 8. 전시장 현장 관리하기
8. 전시회 공식 · 부대행사 기획 · 운영		1. 전시 부대시설 · 서비스 신청 관리하기 2. 전시회 공식 · 부대행사 계획하기 3. 전시회 개막식 기획 · 실행하기 4. 전시 공식 · 부대행사 출연진 관리하기 5. 전시회 식음료 운영 · 관리하기 6. 전시 공식 · 부대행사 참가안내 이메일(EDM) 발송하기 7. 전시 공식 · 부대행사 현장 운영하기
9. 이벤트 영상 제작 기획 · 관리		1. 이벤트 영상 수요 특성 파악하기 2. 이벤트 시놉시스 구성하기 3. 이벤트 영상 제작 관리하기 4. 이벤트 영상물 시사하기 5. 이벤트 영상물 수정 · 보완하기 6. 이벤트 영상물 검수 및 납품하기
10. 이벤트 현장 연출		1. 이벤트 연출안 구성하기 2. 이벤트 무대 및 시스템 계획하기 3. 이벤트 연출안 보고 · 작성하기 4. 이벤트 행사장 조성하기 5. 이벤트 리허설 진행하기 6. 이벤트 실행하기 7. 이벤트 행사장 철수하기
11. 회의 현장 조성		1. 회의장 조성하기 2. A/V장비 설치 및 운영하기 3. 부대사무실 운영하기 4. 프레스룸 운영하기

5. PCO의 개념과 업무

컨벤션의 운영을 전담하는 개인이나 조직을 PCO라 한다. PCO(Professional Convention Organizer : 국제회의 전문기획업체)는 "국제회의 개최와 관련한 다양한 업무를 행사 주최 측으로부터 위임받아 부분적 또는 전체적으로 대행해 주는 영리업체"를 의미한다. 즉 PCO는 여러 형태의 회의에 대한 풍부한 경험과 회의장·숙박시설·여행사 등 회의 관련업체와 평소 긴밀한 관계를 유지하여 모든 업무를 종합적으로 조정·운영할 수 있을 뿐만 아니라 주최 측의 시간과 경비를 상당히 절감해 줄 수 있다.

선진국에서는 오래전부터 컨벤션기획가들로 구성된 PCO에서 컨벤션의 성격과 유형에 따라 행사의 효율적인 개최를 위하여 사전준비와 운영업무, 그리고 여러 회의 관련업체와 상호 유기적으로 업무를 협의 조정함으로써 컨벤션 행사와 관련된 복합적인 행사를 전문적으로 대행해 주는 지식서비스 산업으로 구축하고 있다.

그러므로 컨벤션산업의 궁극적인 발전을 위해서 지역특성과 환경을 고려한 컨벤션 행사를 개발하고 이를 전문적으로 촉진시킬 수 있는 기능이 요구되고 있다.

이러한 PCO의 업무내용과 역할을 정리하면 다음과 같다.

1) PCO의 업무내용

(1) 국제회의 개최 사전준비

1 회의의 성격과 특성 및 취지 파악

회의 목표의 명확한 설정 및 회의 개최목적과 취지를 정확히 인지함으로써 회의의 주제 설정 등 해당회의에 적합한 준비계획 수립을 가능하게 한다.

2 회의 개최일자 결정

과거의 회의 개최 연혁을 비교·검토하여 가급적 많은 인원이 참가할 수 있도록 회의시기와 기간을 주최 측과 협의·결정한다. 대체로 전례를 따르는 것이 무난하지만, 회의의 주제, 각종 회의장 필요수량, 행사내용 및 참가자 수에 따라 개최일자를 조정할 수도 있다.

3 행사지원 기관 검토

회의 개최에 앞서 행사지원 기관이 될 수 있는 유관기관을 조사하고 협의함으로써 회의 도중에 발생할 가능성이 있는 모든 문제에 철저하게 대비한다. 유관기관의 지원으로는 컨벤션뷰로, 항공사, 중앙 및 지방의 정부기관, 기업체 및 가입단체, 숙박시설과 수송업체, 여행사 등이 있다.

4 이전 회의의 경험 반영

이전의 회의 개최 시에 일어났던 각종 활동상황이나 회의장의 환경적 조건과 수용시설, 그 지역의 기후적인 특성, 그리고 참가인원 수 등에 대해 사전 검토한다.

5 재정 확보

개최지의 회원 및 이해 당사자의 재정보조, 주관협회 산하 여러 기관으로부터의 후원금 등 재정 확보에 대한 사전계획과 아울러 필수비용과 임의비용(친교행사 및 관람비 등)을 사전에 산정하도록 한다.

6 인적 요원의 확보

회의 개최 준비의 초기단계에서부터 사후처리까지의 전반적 또는 부분적인 행정업무 보조와 실무를 담당하게 될 참신한 인적 요원을 사전에 확보해 둔다.

7 회의 참가 홍보활동의 전개

대체적으로 회의 개최 1년 전부터 국제노선 취항 항공사, 국제기구 본부, 유관기업체, 본부호텔 등과 공동으로 홍보활동을 전개하는 한편 참가예상 개인에게도 참가서신과 등록양식 및 행사 프로그램을 발송한다.

(2) 국제회의 개최기획과 분과위원회 구성 및 진행

1 공식적인 담당요원 선정

국제회의 개최를 위한 기획준비단의 구성으로 기획 마감일 선정, 사무국 임원

선출 및 지명, 재정 및 감사통제, 제반 서한문 통제 및 정책관련 등 제반 결정사항을 인준하게 한다.

2 회의명칭 및 주제 결정

영문과 한글 또는 필요한 외국어로 공식명칭을 결정, 회의목적을 쉽게 이해할 수 있는 제목과 대표자들의 관심을 유도할 수 있는 주제를 선택한다.

3 개최지 선정

회의 참가자를 위한 수송 가능한 회의장의 유무, 여행거리에 대한 참가자의 반응, 숙박시설의 수준과 수용시설, 교통상의 문제점, 여흥 및 이벤트 프로그램 준비 가능성 여부, 관광의 매력성 및 기후조건 등을 종합적으로 검토한다.

4 회의 공식일정 결정

가장 적절한 시기, 관광 성수기와의 경합 여부, 다른 회의 개최시기와 중복으로 인한 지장 여부, 기상관계 및 각종 행사일정을 점검한다.

5 참가예상 인원

국가 및 행사별 참가예상 인원, 예상되는 언어 분포 및 행사 진행을 위한 공식적인 언어를 결정한다.

6 회의장 선정

본회의의 개·폐회식, 각종 회의, 사교행사, 전시회 등 용도별 개최장소 유무, 컨벤션 호텔의 경우 필요한 제반 서비스 제공 유무, 회의실 요금 할인 가능성, 전시장·회의장 및 호텔 간의 거리 확인 등을 총체적으로 점검한다.

7 숙박장소 선정

호텔의 등급과 객실 수, 시설환경, 서비스 수준 및 숙박요금, 객실위치 및 제반시설 정도를 확인한 후에 선정한다.

8 수송계획 확립
- 항공 : 참가자의 도착여정 파악, 출국일자 파악, 지역별·노선별 운송, 수

요 파악, 국내관광을 위한 수송계획, 전세기 운항 필요성 및 예약 데스크
운영
- 육상 : 회의일정, 숙소, 회의장, 관광코스, 기타 행선지별 수송인원 및 화물
량의 수요 파악, 계획별 차종 및 차량동원 기본계획 수립, 수송을 위한 표
시물 제작과 차량운행 안내책자 발간

2) PCO의 역할

컨벤션산업에 필연적으로 수반되는 국제회의와 전시박람회는 그 준비과정이나
운영에 있어 개최성격과 목적에 따라 부대시설부터 행사진행에 이르기까지 복합
성과 다양성을 동시에 가진다. 따라서 국제회의의 준비를 위해서는 고도의 전문성
이 요구된다고 할 수 있다.

이와 같이 컨벤션산업에서는 전문성과 다양성, 그리고 복합성이 동시에 공존하
기 때문에 이를 효율적으로 수행할 수 있는 국제회의 전문기획업체(PCO)의 출현과
더불어 발전을 거듭하고 있다. 그 이유는 대규모 국제회의가 빈번하게 개최되는
나라에서는 이들 기획업체들이 국제회의의 국내유치를 위한 마케팅 활동은 물론
사전준비와 운영업무를 주최 측으로부터 위임받아 효과적으로 수행함으로써 시간
및 비용 절약과 함께 효과적인 회의진행을 유도하고 있기 때문이다.

우리나라는 급증하는 국제회의에 대비하여 수용태세 정비를 위해 관광진흥법을 개
정하고, 1987년부터 국제회의 전문기획업을 관광사업에 포함시켰다.

현재 우리나라 국제회의 전문기획업자들이 수행하는 역할을 좀 더 살펴보면 다
음과 같다.

- 한국관광공사 등의 공적기관과 협력하여 국제회의와 박람회 및 전시회의 국
내유치를 위해 공동협력 방안을 연구하고 마케팅 활동을 전개한다.
- 주최 측으로부터 위임받은 국제회의와 기타 부대행사 등의 성공적인 개최와
운영을 위해 회의 주최 측과의 상호 긴밀한 협조하에 제반업무를 조정·운영
한다.

- 관광업체·항공사 등의 교통수송회사와 쇼핑업체, 숙박업체 및 식음료업체와 같은 국제회의 관련 업체, 그리고 관련 정부기관과 국제회의 전담 정부기구 등과의 원활한 회의운영에 필요한 모든 외부기관 및 업체들과 긴밀한 업무협조 관계를 유지한다.
- 이러한 외부기관과 업무협조하에서 회의안건을 전문적으로 기획·편성하고, 회의장·숙박시설 및 전문인력 등의 관련 용역과 시설을 효과적으로 관리하는 한편, 이러한 모든 업무를 전체적으로 조정하고, 주최 측이나 참가자들로 하여금 행사가 가장 효율적으로 조직되고 운영된다는 신뢰감을 갖도록 해준다.

6. 우리나라 PCO의 현황과 전망

컨벤션산업의 성장과 더불어 국제회의의 유형과 관련되는 부대행사는 지속적으로 전개되거나 유치활동을 벌이며, 그 규모도 다양해지고 단체의 종류나 행사성격이나 목적도 매우 다양해지고 있다. 따라서 컨벤션산업의 일부분으로서 국제회의는 궁극적으로 미래지향적인 지식경영의 원리에 유의하지 않으면 성공할 수 없을 뿐만 아니라 특히 재정적으로 더욱 어려운 환경에 직면하고 있다.

그리하여 점차적으로 지식과 정보를 능동적으로 활용할 수 있는 사회로 변화하게 됨에 따라 국제사회는 국제회의에서 기획자(meeting planner)라는 전문직종이 생겨났고, 그 유형은 조직과 단체의 성격에 따라 기업 단체회의 기획자(corporate meeting planners), 전문가 단체회의 기획자(association M. P.), 정부기관회의 기획자(goverment M. P.), 개인회의 컨설팅회사(independent meeting consultants), 전문가단체 관리회사(association management companies), 여행사(travel agencies) 등 여러 가지 협의체로 구분되고 있다.

그러나 우리나라에는 전문적인 국제회의 기획자라는 용어가 없는 관계로 이와 유사한 성격의 하나인 독립된 회의 컨설팅회사(independent meeting consultants)에 속하는 국제회의 전문기획업체(PCO)가 그 업무를 전담하고 있는 실정이다.

원래 이들은 1970년대 순수 국제회의 용역업무로부터 시작하여 최근에는 국제회의 유치업무에 이르기까지 그 활동영역과 용역제공 수준 및 범위가 괄목할 만큼 발전하여 현재 165개 업체가 등록되어 활동하고 있다.

또한 최근에는 PCO를 비롯하여 민간차원의 '국제회의 유치차원협의회'가 조직되어 국제회의 유치에 전력을 다하고 있으므로 미래에는 국제회의 개최건수가 더욱 증가될 것이며, 그 역할과 기능도 매우 광범위하게 확대될 것이다.

표 4-3 | 우리나라 컨벤션센터 현황

시설명	회의 및 부대시설	전시시설	운영방식 및 연혁
코엑스(COEX) 서울특별시 강남구 삼성동 무역센터 코엑스 ☎ 02-6000-0114 Fax : 02-6000-7893 www.coex.co.kr	• 대지 : 106,612m^2 • 건축규모 - 지상 5층, 지하 5층 - 연면적 : 447,370m^2 • 회의시설 (총면적 : 18,404m^2) - 대회의실 : 7,000명 (극장식) - 회의실 수 : 52개실 (분할 시 91개) • 주요 부대시설 - 사무시설 : 2개동 - 호텔 : 3개동(1,464실) - 주차시설 : 4,000대 - 각종 편의시설	• 총면적 : 36,027m^2 - 태평양홀 : 10,368m^2 (4개 분할 가능) - 대서양홀 : 10,368m^2 (4개 분할 가능) - 인도양홀 : 8,010m^2 (2개 분할 가능) - 컨벤션홀 : 7,281m^2 (2개 분할 가능) (회의실 사용 가능)	• 건립 : 한국무역협회 • 부지 : 한국무역협회 • 운영 : (주)코엑스 (한국무역협회 출자) • 1988.9 : 구관 개관 • 1996.11 : 확충사업추진 • 2000.5.16 : 확장 개관 • 2004.2 : ISO 9001 인증 • 2004.3 : 코엑스아트홀 개관 • 2009.4 : 코엑스아티움 개관 • 2022.1 : 코엑스 브로드캐스트스튜디오(studio159) 개관
벡스코(BEXCO) 부산광역시 해운대구 우2동 1291번지 ☎ 051-740-7300 Fax : 051-740-7320 www.bexco.co.kr	• 대지 : 114,556m^2 • 건축규모 - 지상 7층, 지하 1층 - 연면적 : 92,786m^2 • 회의시설 (총면적 : 4,962m^2) - 대회의실 : 2,400명 (극장식) - 회의실 수 : 37개실 • 주요 부대시설 - 사무시설 : 1개동 - 주차시설 : 701대 - 각종 편의시설	• 총면적 : 26,508m^2 - 1홀 : 8,836m^2 - 2홀 : 8,836m^2 - 3홀 : 8,836m^2 (2개 분할 가능) - 중소선시시설 : 2,100m^2(4개) (2개 분할 가능) ※ 옥외전시장 : 13,223m^2	• 건립 : 부산광역시 • 부지 : 국방부 매입 • 운영 : BEXCO (부산광역시 출자) • 1998.10 : 착공 • 2001.5 : 완공 • 2001.9.13 : 개관 • 2006.2 : 법인명칭변경 [부산전시컨벤션센터 → 벡스코(BEXCO, Busan Exhibition & Convention Center)] • 2010.2 : 벡스코 시설확충 공사 착공 • 2012.6 : 확충시설 개관

시설명	회의 및 부대시설	전시시설	운영방식 및 연혁

엑스코(EXCO)
 	
대구광역시 북구
산격2동 1676번지
 	
☎ 053-601-5000
Fax : 053-601-5029
www.excodaegu.co.kr
	• 대지 : 30,472m²
	• 건축규모
	 - 지상 5층, 지하 4층
	 - 연면적 : 87,294m²
	• 회의시설
	 (총면적 : 5,930m²)
	 - 대회의실 : 4,200명
	  (극장식)
	 - 회의실 수 : 11개실
	• 주요 부대시설
	 - 옥외전시장
	 - 주차시설 : 777대
	 - 각종 편의시설
		• 총면적 : 11,616m²
		 - 1층 : 3,872m²
		  (2개 분할 가능)
		 - 3층 : 3,872m²
		  (2개 분할 가능)
		 - 5층 : 3,872m²
		  (2개 분할 가능)
		  (회의실 사용 가능)
			• 건립 : 대구광역시
			• 부지 : 대구광역시
			• 운영 : EXCO
			 (대구광역시 출자)
			
			• 1997.5 : 착공
			• 2000.12 : 완공
			• 2001.4.19 : 개관
			• 2011.5 : 엑스코 확장 개관
			• 2021.4 : 엑스코 동관(제2
			 전시장) 개관

제주국제컨벤션센터 (ICC JEJU) 제주도 서귀포시 중문동 2700번지 ☎ 064-735-1000 Fax : 064-735-1099 www.iccjeju.co.kr	• 대지 : 54,876m² • 건축규모 - 지상 7층 - 연면적 : 62,125m² • 회의시설 (총면적 : 6,926m²) - 대회의실 : 3,500명 (극장식) - 회의실 수 : 11개실 • 주요 부대시설 - 주차시설 : 359대 - 각종 편의시설	• 총면적 : 2,394m² (3개 분할 가능) • 야외전시장	• 건립 : 제주도 • 부지 : 한국관광공사 현물 출자 • 운영 : (주)ICC Jeju (제주도 출자) • 1999.12 : 착공 • 2003.2 : 완공 • 2003.3.22 : 개관
한국국제전시장 (KINTEX) 경기도 고양시 일산서구 대화동 2306번지 ☎ 031-810-8114 Fax : 031-810-8083 www.gokintex.com	• 대지 : 333,580m² • 건축규모 - 지상 3층 - 연면적 : 274,381m² • 회의시설 (총면적 : 8,074m²) - 대회의실 : 2,000명 (극장식) - 회의실 수 : 33개실 • 주요 부대시설 - 주차시설 : 1,800대 - 각종 편의시설	• 총면적 : 53,541m² - 1,5홀 : 10,794m² - 2,3,4홀 : 10,773m² • 야외전시장 : 8,000m²	• 건립 : 경기도 • 부지 : 고양시 • 운영 : KINTEX (경기도 출자) (KOTRA 자문) • 1999.4 : 계획 확정 • 2003.4 : 착공 • 2005.4.29 : 개관 • 2011.9.28 : 킨텍스 제2전시장 개장 • 2023. : 킨텍스 제3전시장 착공 예정

시설명	회의 및 부대시설	전시시설	운영방식 및 연혁
김대중 컨벤션센터 (Kimdaejung Convention Center) 광주광역시 서구 치평동 1159-2번지 ☎ 062-611-2000 Fax : 062-611-2009 www.kdjcenter.or.kr	• 대지 : 53,300m² • 건축규모 - 지상 4층, 지하 1층 - 연면적 : 39,558m² • 회의시설 (총면적 : 2,300m²) - 대회의실 : 1,260명 (극장식) - 회의실 수 : 11개실 • 주요 부대시설 - 지원 및 사무시설 - 주차시설 : 467대 - 각종 편의시설	• 총면적 : 9,072m² - 3개홀 : 각 3,024m² (분할 사용 가능)	• 건립 : 광주시 • 운영 : 김대중 컨벤션센터 • 2001.11 : 계획 확정 • 2003.11 : 착공 • 2005.9.6 : 개관 • 2013.7.12 : 컨벤션센터 증축
창원컨벤션센터 (CECO) 경남 창원시 두대동 298-7번지 ☎ 055-212-1001 Fax : 055-212-1200 www.ceco.co.kr	• 대지 : 40,280m² • 건축규모 - 지상 6층 - 연면적 : 59,920m² • 회의시설 (총면적 : 2,946m²) - 대회의실 : 2,000명 (극장식) - 회의실 수 : 12개실 • 주요 부대시설 - 지원 및 사무시설 - 주차시설 : 472대 - 각종 편의시설	• 총면적 : 10,627m² - 전문전시상 : 7,827m² (분할 사용 가능) - 옥외전시장 : 2,800m²	• 건립 : 경상남도, 창원시 • 운영 : (주)코엑스 위탁 운영 • 1997.11 : 계획 확정 • 2002.12 : 착공 • 2005.9.9 : 개관 • 2008.8 : 컨벤션홀 완공 • 2017.10 : 제2차 증축 (600/700호 회의실 및 제3전시장)
DCC대전컨벤션센터 (Daejen Convention Center) 대전광역시 유성구 도룡동 (EXPO 국제전시구역) ☎ 042-250-1100 Fax : 042-250-1299 www.dockorea.or.kr	• 대지 : 24,281m² • 건축규모 - 지하 1층, 지상 4층 - 연면적 : 29,228m² • 회의시설 (총면적 : 7,382m²) - 대회의실 : 2,500명 (극장식) - 회의실 수 : 24개실 • 주요 부대시설 - 카페테리아, 커피숍 - 대회의실 전문공연장 수준의 음향, 조명 등 시설	• 총면적 : 2,520m²	• 건립 : 대전광역시 • 운영 : (재)대전컨벤션뷰로 • 2004.12 : 착공 • 2008.4.21 : 개관 • 2022.3.29 : 제2전시장 준공(전 대전무역전시관 부지)

시설명	회의 및 부대시설	전시시설	운영방식 및 연혁
송도 컨벤시아 (Songdo Convensia) 인천광역시 연수구 송도동 6-1번지 ☎ 032-210-1114 Fax : 032-210-1005 www.songdoconvensia.com	• 대지 : 102,166m² • 건축규모 - 지하 1층, 지상 4층 - 연면적 : 57,196m² • 회의시설 (총면적 : 4,175m²) - 대회의실 : 2,000명 (극장식) - 회의실수 : 10개실 • 주요 부대시설 - 주차시설 : 668대 - 각종 편의시설	• 총면적 : 8,426m²	• 건립 : 송도국제도시개발 유한회사 • 운영 : 인천관광공사 • 2005.3 : 착공 • 2008.10.7 : 개관 • 2018: 송도컨벤시아 2단계 준공 개관 • 2021: 가상스튜디오 개관
서울무역전시장 (SETEC) 서울특별시 강남구 대치동 541번지 ☎ 02-2187-4600 Fax : 02-2187-4620 www.setec.or.kr	• 대지 : 31,000m² • 건축규모 - 지상 1층 - 연면적 : 11,019m² • 회의시설 (총면적 : 217m²) - 대회의실 : 100명 - 회의실 수 : 1개실 • 주요 부대시설 - 주차시설 : 176대 - 각종 편의시설	• 총면적 : 9,313m² - 제1전시실 : 3,130m² - 제2전시실 : 1,684m² - 제3전시실 : 3,134m² - 옥외1전시장 : 595m² - 옥외2전시장 : 770m²	• 건립 : KOTRA • 부지 : 서울시 • 운영 : KOTRA • 1997.11 : 전시장 건립 계획 수립 • 1998.9 : 착공 • 1999.5.4 : 준공
aT센터 서울특별시 서초구 양재동 232번지 ☎ 02-6300-1114 Fax : 02-6300-1600 www.atcenter.co.kr	• 대지 : 18,810m² • 건축규모 - 지하 15층, 지하 3층 - 연면적 : 58,294m² • 회의시설 (총면적 : 1,075m²) - 대회의실 : 400명 (평면식) - 회의실 수 : 7개실 • 주요 부대시설 - 지원 및 부대시설 - 주차시설 : 524대 - 각종 편의시설	• 총면적 : 8,047m² - 제1전시장 : 3,638m² - 제2전시장 : 3,784m²	• 건립 : 농수산물 유통공사 • 운영 : (주)코엑스 (위탁경영) • 1998.8 : 착공 • 2002.9.18 : 준공 • 2002.11.15 : 개관 • 2012.1.31 : 한국농수산식품유통공사 aT센터로 명칭변경

자료 : 한국관광공사(2023), 관광통계 자료 재인용

제3절   컨벤션 개최지의 고려사항

1. 컨벤션의 개최장소

1) 개최지 선정

개최지에 대한 정확한 평가와 주최자의 요구사항에 대한 정확한 반영은 회의 기획가들에게 가장 중요시되는 것이다. 개최지 선정은 회의 기획에 있어서 가장 중요한 단계로서 회의의 성공여부를 좌우하기 때문이다. 개최지 선정과정은 다음의 여섯 단계로 구분할 수 있다.

① 회의 목적 설정 및 확인
② 회의의 형태 및 형식 개발
③ 회의에 필요한 물리적 요구사항 결정
④ 참가자의 관심과 기대 정의
⑤ 일반적 장소와 시설의 종류 선택
⑥ 평가 및 선정

회의 기획자들은 회의와 목적, 형태, 물리적 요구사항, 참가자의 기대를 인지하고 잠재 개최지를 방문하여 현장조사를 실시하여야 한다.

컨벤션 행사의 주최자나 회의 기획자가 대체적으로 개최지를 선정할 때 고려해야 할 사항은 숙박시설, 회의장의 규모와 수, 전시장 및 인력확보의 질, 교통시설과 수송의 편의성, 공항과의 이동거리, 기타 부대행사의 편의성과 쇼핑시설의 접근성, 이벤트 프로그램의 사용 가능성 등의 종합적 제반사항의 관련 시설과 서비스를 얼마나 잘 적용할 수 있느냐에 절대적으로 영향을 받게 된다.

따라서 컨벤션센터의 건립지는 공항과의 접근성이 우수하면서도 대규모 특급호텔이 위치한 곳이 매우 유리하다. 또한 국제회의와 관련된 하드웨어 및 소프트웨어가 동시에 충분히 제공될 수 있는 장소여야 한다.

컨벤션 행사 가운데 대규모 국제회의의 경우에는 회의 개최를 위해 필수적으로 갖추어야 할 구성요소가 있는데, 회의실 수, 규모, 객실 수 등이 사전에 국제기구협회 본부에 의해 제시되어야 한다. 하지만 일반적으로 개최도시를 결정하기 위해서는 교통수단의 편리성, 비용, 도시의 명성과 브랜드, 기후, 컨벤션센터 및 숙박장소의 시설 유무, 인적 자원의 확보, 전시장의 사용 가능성 등을 종합적으로 고려해야 한다.

그림 4-6 | 컨벤션 개최지 선정 시 고려사항

2) 회의장소 선정

컨벤션의 개최 장소는 사전에 유치단계에서부터 행사 후보지로 거론되었던 장소들 중에서 행사의 성격과 취지 및 목적, 예산과 비용 등 각종 제반여건에 가장 효율적인 장소를 선택해야 한다.

회의장소를 선정하기 위해서는 우선적으로 과거의 어떤 컨벤션 프로그램과 참가규모를 토대로 하여 컨벤션 행사의 개최결과를 긍정적으로 평가할 수 있는가를 사전에 검토해 본 후 컨벤션의 수용시설 능력을 파악해야 한다. 그리고 난 후에 컨벤션센터 및 숙박시설의 위치와 접근성을 검토하면서 컨벤션센터의 임대료와 숙박시설의 신뢰도, 그리고 인적 자원의 활용능력을 종합적으로 고려해야 한다.

이와 같은 기본적인 고려사항 외에도 회의장소 선정 시 사전에 점검해야 할 사항은 상당히 많다고 할 수 있다.

2. 회의실 선정 시 고려사항

컨벤션 회의가 개최되려면 국제회의와 관련된 다양한 회의실의 정보를 행사 주최자에게 제공해야 한다. 그런데 우리나라의 경우에는 앞에서 살펴본 것처럼 대부분의 대형 컨벤션 행사가 아직도 일부 대형 특급호텔에서 개최되는 경우가 많다고 할 수 있다. 이는 호텔 회의장의 경우에는 그 활용능력이 우수할 뿐만 아니라 인적 자원의 활용이 손쉽고, 각종 기자재의 상시 사용으로 회의의 성격에 적합하도록 사용 가능하기 때문이다.

물론 최근 들어 대도시를 중심으로 컨벤션센터의 건립과 함께 본격적으로 전문 회의장과 전시실을 갖춘 우수한 시설의 등장으로 그 활용가치도 충분히 반영되고 있다.

컨벤션 주최 측에서는 대부분 행사진행에 필요한 모든 컨벤션시설을 그들의 행사에 적합하도록 미리 블록(block)을 요청할 것이다. 왜냐하면 행사 프로그램이 대체적으로 정해지면 행사 주최자는 그들의 원활한 행사진행을 위하여 사전점검을 할 것이고, 이 시점에 완벽히 준비된 것을 요구할 것이기 때문이다. 그러나 회의가 빈번히 개최되는 장소일 경우에는 사실상 이러한 요구조건을 모두 수용하기는 어려울 것이지만, 대신에 우수한 인적 자원과 활용능력이 충분하다면 행사 주최 측과의 긴밀한 협의와 행사계약서에 의해 신뢰할 수 있을 것이다.

한편, 컨벤션 운영 측의 행사 담당자는 행사진행에 필요한 구조적 시스템과 회의실 배정에 있어서 많은 권한과 노하우를 가지고 있다. 물론 컨벤션의 주최 측과 협의하여 회의 계획자와 긴밀히 의사소통한 후에 결정하는 것이 원칙이지만, 가급적이면 행사 주최 측은 컨벤션 운영 담당자의 실무능력을 신뢰하고 성심성의껏 행사에 필요한 요구사항을 충분히 협의하여야 한다.

특히 회의실을 선정할 때는 회의실의 크기와 배치 유형별 특성, 그리고 특별한 배치에 따른 이용의 편의성, 행사취지, 행사진행의 프레젠테이션 스타일, 회의실 사용시간과 조명 및 음향시설 등을 충분히 고려해야 한다.

따라서 기본적인 필요사항들을 고려해 보면 다음과 같이 열거할 수 있다.

- 본회의실과 기타 회의실 간의 인접거리는 어느 정도인가? 그리고 기타 시설 간의 연계성은 좋은가?(예 : 엘리베이터, 에스컬레이터, 화장실, 식당, 비상전화, 휴게실, 객실 등)
- 회의실의 위치성과 기타 장식은 산만하지 않은가? 그리고 행사 주최자용 주차시설은 충분한가?
- 조명장치와 음향시설은 충분히 활용 가능한가?
- 방음장치와 냉·난방장치는 잘되고 있는가?
- 전기코드 및 통역장비 시설은 이용에 불편한 점이 없는가?
- 마이크, VTR, 슬라이드, 빔 프로젝트, 스크린 등 시청각 기자재 등의 장비는 이용에 편리한가?
- 회의실의 비상계단은 충분히 확보되어 있는가?
- 회의실의 안전관리 상태와 화재예방시스템은 신뢰할 수 있는가?

표 4-4 | 회의장소 선정 시 점검사항

분류	점검사항
회의실 규모와 수용능력	• 회의실의 규모는 참가자의 유동성이 있을 수도 있으므로 탄력적인 운영능력이 있어야 한다. • 국제회의의 경우 국제기구 본부가 '입후보 요청서' 등에서 규정한 사항을 충족할 수 있어야 한다. • 로비공간 및 수용능력이 충분히 확보되어야 한다. • 회의실 수와 규모를 예측해서 충분한 회전능력과 우수한 시설을 구비하고 있어야 한다.
회의실의 유형별 배치와 기능	• 회의실은 주최 측이 요청하는 유형과 같이 충분히 변형능력을 확보하고 있어야 하며, 배치되어야 한다. • 회의실의 편리성과 연단이나 무대상태 및 기자재의 활용이 충분하여야 하며, 방음시설과 조명시설의 완벽한 시스템을 구축하고 있어야 한다. • 회의실과 회의실 간의 이동거리가 적정하게 유지될 수 있어야 하고, 순간적으로 주최 측의 요구사항이 발생해도 이를 처리할 수 있는 능력을 확보하고 있어야 한다.
전시장 활용성	• 전시회를 동반한 국제회의라면 회의장과 인접한 위치의 거리에 전시장의 시설능력을 갖추고 있어야 한다. • 전시회를 충분히 수용할 수 있는 면적 확보와 이에 적당한 주차능력을 갖추고 있어야 한다.
회의실 임대료	• 회의실의 임대료는 운영경비 가운데 가장 많은 부분을 점유하고 있으므로 행사 주최자와 충분히 고려해서 적당한 장소를 선정해야 한다. • 상대적으로 회의비용이 절약되는 공공시설(물론 충분한 편의시설은 부족하겠지만)이나 비수기를 선택하여 컨벤션을 개최하는 것도 좋은 방법일 수 있다.
위치 및 접근성 브랜드	• 회의장의 위치는 참가자의 특성 및 회의의 취지를 고려해서 결정해야 하지만 국제회의의 경우에는 공항시설과 숙박시설, 그리고 기타 부대 행사와의 연관관계를 충분히 고려해서 결정해야 한다. • 개최지의 명성이나 이미지가 긍정적이어야 행사 참가자의 유입을 긍정적으로 기대할 수 있을 것이며, 궁극적으로 지역발전에도 기여하게 될 것이다.
서비스와 종사원의 능력	• 컨벤션 개최가 결정될 때는 그 행사를 충분히 처리할 수 있는 시설과 주변 환경도 매우 중요하지만, 더욱 중요한 것은 행사를 운영할 수 있는 서비스와 종사원의 능력이 절대적으로 중요하다. 따라서 컨벤션 지역의 고려 시에는 반드시 인적 자원의 활용능력도 동시에 고려되어야 한다.
제반규정	• 특별한 행사나 회의 및 전시장을 사용해야 할 때는 해당지역의 특성과 유관기관의 제반규정에 관한 사항도 사전에 검토되어야 한다.

표 4-5 | 행사 주최자용 무료주차권 발급신청서 양식

마케팅팀			시설운영팀	
담당	팀장		담당	팀장

- 행 사 명 : _____
- 행사장소 : _____

순번	차량번호	차종	사용기간	차주
1				
2				
3				
4				
5				
계			총( )일간	

(주) 사용기간은 행사장 임대기간에 한함.

- 발급기준

사용장소	발급기준	신청방법
전문전시장	1개실당 5장(1실 미만 3장)	무료주차권 발급신청서 작성 후 마케팅팀의 확인을 받은 후 행사시작 2일 전까지 시설운영팀으로 제출
소전시장	전시건당 2장(각층 전체 사용 시 5장)	
컨벤션홀	회의건당 2장(각층 전체 사용 시 5장)	

※ 승용차에 한함(버스, 화물차, 영업용 차량 제외)

당사(본인)는 귀사에서 정하는 부산전시·컨벤션센터 주차이용 규정을 성실히 준수할 것과 이 주차권을 주최자용 이외의 용도로 사용할 경우에는 즉시 반납할 것을 확약하고 다음과 같이 "주최자용 무료주차권" 발급을 신청합니다.

20   년   월   일

- 신청인   주 소 :
  회사명 :
  대표자 :   (인)
  담당자 :   (인)   (전화번호 :   )

BEXCO 대표이사 귀하

표 4-6 | 행사차량 단기주차 승인신청서 양식

마케팅팀			시설운영팀	
담당	팀장		담당	팀장

• 행사명 :

• 행사장 임대기간 : 20　 .　 .　 . ～　 .　 .

• 세부내역

순번	차량번호	차종	사용기간	주차요금
1			～　 (　 일)	원
2			～　 (　 일)	원
3			～　 (　 일)	원
4			～　 (　 일)	원
5			～　 (　 일)	원
계			(총　 일)	(총　 원)

※ 주차요금 : 1일(00:00～24:00) 기준 승용차 5,000원, 화물차(2.5톤 이상) 8,000원

• 신청사유

※ 주의 : 행사와 직접적인 관계가 없는 일반 단기주차는 허용 안 됨

• 신청방법

- 신청서 작성 후 마케팅팀의 확인을 받은 후 시설운영팀으로 제출(Fax 등)
- 승인확인 후 주차요금 납부 및 단기주차권 수령(시설운영팀)

당사(본인)는 이상과 같이 단기주차 승인을 요청합니다.

20　 년 　월 　일

• 신청인　주 소 :

　　　　회사명 :

　　　　대표자 :　　　　　　　　　(인)

　　　　담당자 :　　　　　　　　　(인)　　　(전화번호 :　　　　　)

BEXCO 대표이사 귀하

표 4-7 | 주요 VIP차량 무료주차 승인신청서 양식

마케팅팀				시설운영팀	
담당	팀장			담당	팀장

- 행 사 명 : ＿＿＿＿＿＿＿＿＿＿＿＿＿
- 행사일시 : 20   년   월   일   시   분
- 행사장소 : ＿＿＿＿＿＿＿＿＿＿＿＿
- VIP 신청명단

순번	차량번호	차종	소속	직위	성명
1					
2					
3					
4					
5					
6					
7					
8					
9					
10					
11					
12					
13					
14					
15					

- 신청방법 및 유의사항

  - 신청서 작성 후 행사시작 48시간 전까지 마케팅팀 제출요망
  - 마케팅팀은 행사시작 24시간 전까지 시설 운영팀으로 통보요망
  - 신청대상 : 개막식 테이프 커팅인사, 세미나 패널, 기타 초청된 VIP

당사(본인)는 상기와 같이 무료주차 승인을 요청합니다.

20   년   월   일

- 회사명 : ＿＿＿＿＿＿＿＿＿＿＿＿＿＿＿＿

  대표자 : ＿＿＿＿＿＿＿＿＿＿ (인)

BEXCO 대표이사 귀하

| 학습문제 |

1. 컨벤션뷰로의 기능과 역할은 무엇인가?

2. 컨벤션 기획의 의미는 무엇인가?

3. PCO의 의미와 역할은 무엇인가?

4. 컨벤션 기획의 흐름을 설명하시오.

5. 컨벤션 기획의 구성과정을 설명하시오.

6. 컨벤션기획사 국가기술자격제도를 도입한 배경은 무엇인가?

7. 컨벤션기획사 1급과 2급의 검정기준은 무엇인가?

8. 컨벤션기획사의 자격시험 응시자격 범위는 어떠한가?

9. PCO의 업무내용은 무엇인가?

10. 컨벤션 개최지의 선정 시 고려사항에는 어떠한 것이 있는가?

11. 회의장소 선정 시 점검사항에는 어떠한 것이 있는가?

12. 회의실을 선정할 때 고려되어야 할 사항에는 어떠한 것이 있는가?

PART **5**

회의실 준비사항과 기자재

 **회의실의 준비사항**

1. 회의실의 유동성

회의실을 배치하기 전에 컨벤션 주최 측과 컨벤션 운영 담당자는 컨벤션센터 및 호텔 연회장에서 제공할 수 있는 회의실 규모와 특성을 정확히 알고 이해할 수 있어야 한다. 실제적으로 모든 행사공간이 컨벤션 주최 측의 요구에 따라 배치되어야 하는 것은 당연하지만, 그 이용성의 한계도 어떤 면에서 발생할 수도 있기 때문에 사전에 충분한 검토와 사전조율이 반드시 필요하다.

예를 들면, 행사 주최 측의 요구에 의해 구두로 어떤 회의장 유형을 제공하겠다고 약속이 되었다면 행사 제공자는 어떠한 일이 있어도 그에 적합한 유형으로 회의실을 배치할 수 있어야 한다. 행사 주최 측은 행사 제공자와의 협의에 의해, 물론 구두의 약속일지라도 행사 참가자와 관련 행사 참여업체의 회의실 배치도에 의해 사전계획을 수립함으로 인해 행사 중간에 변경한다는 것이 불가능하기 때문이다.

따라서 컨벤션센터 및 호텔 연회장의 담당자는 회의실의 배치와 운영방법, 그리고 기타 부대시설을 동시에 운영할 수 있는 업무 노하우와 인적 활용의 프로그램을 사전에 충분히 숙지하고 있어야 하며, 항상 '무에서 유를 창조'할 수 있다는 업무 능력이 요구된다.

2. 회의실의 규모

회의실의 규모와 관련해서는 다양한 유형의 스타일이 필요하기 때문에 대부분의 컨벤션시설은 회의실을 유동성 있게 변화시킬 수 있을 것이다. 즉, 대형 회의실과 중·소 회의실이 있다면 대형 회의실은 회의의 형식에 알맞도록 파티션이나 각종 장식물을 이용하여 분리할 수도 있을 것이며, 본회의를 위해 많은 인원을 동시에 수용할 수 있는 회의실로 규모를 변경할 수도 있다.

이러한 행사의 진행에 있어서는 가장 중요한 요소가 예상 참석인원과 회의의 형식인 것이다. 또한 회의실의 배치에 따른 각종 시청각 기자재의 수와 유형을 파악하여야 한다.

기본적인 회의실의 설치는 교실형이거나 좌석의 스타일을 의미하지만, 각각의 회의실 규모는 가장 많이 수용할 수 있는 배치를 염두에 두고 사전에 충분히 설명할 수 있어야 한다. 그 이유는 컨벤션 운영 담당자가 제시한 지정된 회의실에 수용인원을 어떤 유형의 경우에 몇 명이라고 가정하면 컨벤션 주최 측은 이를 신뢰하고 행사진행을 실시하기 때문이다.

컨벤션 운영 담당자는 기본적인 좌석배치를 제공한 후에도 어떤 특정한 이슈가 발생되어 행사 중에 회의실의 유형을 변경해야 할 경우가 발생되면 회의실을 변경할 만한 충분한 시간과 인력 자원을 확보하고 신속하게 처리할 수 있는 능력을 갖추고 있어야 한다. 뿐만 아니라 컨벤션 운영 담당자는 행사 주최 측의 헤드테이블의 스타일과 크기에 관해서도 사전에 회의 계획자와 협의해야 할 것이다.

표 5-1 | I-호텔의 회의실 규모와 유형도

Name of Rooms	Theatre	Classroom	Reception	Banquet	Boardroom	U-Shape	Area		Dimension	Height	Door h/w	Floor
							m²	PYNG	m	m	m	
I-Convention	2800	1800	3000	1500	-	-	1855	630	54×35	10,6	322×277	2
LADIES	120	80	100	70	45	40	162	49	18×9	3,6	293×275	2
AMANTE	100	70	80	60	35	30	135	40	15×9	3,6	265×220	2
FELIZ	240	160	200	140	-	-	264	80	22×12	3,6	210×194	3
MU Gung Hwa	500	300	500	250	-	-	372	112	27×14	3,3	2,5	2
Baek Hap	100	50	80	60	-	-	142	40	7,6×12	2,6	2,5	2
Guk Hwa	300	200	300	200	-	-	372	112	27×14	3,3	2,5	1
Mok Ryeon	400	300	300	250	-	-	372	112	27×14	3,9	2,5	1
Mae Sil	70	50	60	40	-	-	142	43	7,3×20	2,5	2,0	B1
Song Sil	50	40	80	40	-	-	104	31	6,6×17	2,6	2,0	B1
Nan Sil	30	30	40	30	-	-	73	22	6,6×11	2,6	2,0	B1
Juk Sil	30	30	40	30	-	-	73	22	6,6×11	2,6	2,0	B1

3. 회의실의 설치와 변경

대부분의 컨벤션센터나 호텔연회의 홍보책자는 각 회의실의 기본적인 스타일을 충분히 보여준다고 하지만 회의실의 설치시간과 변경에 소요되는 시간을 컨벤션 주최 측에게 세밀히 알려주지는 못한다.

따라서 어떤 행사를 진행하다 보면 불가피하게 행사에 꼭 필요한 사항 이외에 회의실이 갑자기 필요할 때가 있다. 이때 유능한 컨벤션 운영 담당자는 각 회의실의 유형에 적합한 레이아웃(layout)을 예측하고 다양한 형태의 회의실과 각종 기자재를 신속하게 제시할 수 있어야 할 것이다.

물론 준비에 필요한 시간을 최대한 절약하면서 훌륭한 인적 자원을 확보하고 있어야 가능하겠지만, 이와 같은 컨벤션 서비스는 컨벤션 주최 측의 회의 계획자와 프로그램 시간을 사전에 충분히 검토한 후에 이루어져야 한다.

한편, 회의실의 설치에는 의자와 테이블의 외형적인 정돈과 위치가 매우 중요한 역할을 한다. 컨벤션 주최 측의 회의 계획자는 회의실의 크기와 배치 및 스타일에 따라서 회의가 성공적일 수도 있고 실패할 수도 있다고 생각하기 때문이다.

따라서 컨벤션 운영 담당자는 회의실의 다양한 형식과 특징에 대한 정보를 제공하면서 각 회의실에 대한 장비의 사용법을 설명할 수 있어야 한다. 그리하여 회의실의 장단점과 현황을 컨벤션 운영 담당자는 컨벤션 주최 측에게 손쉽게 설명하고 이해시키기 위해서 각 회의실의 정확한 축소도면과 설계도를 가지고 있어야 한다.

즉 각 회의실의 기본적인 크기, 천장 높이, 고정 무대, 가장 인기 있는 회의 배치도, 주출입문과 보조출입문, 기둥, 엘리베이터, 전기코드 위치, 기타 장애요소 등을 축소도면과 함께 설명 자료에 포함시켜야 한다.

4. 회의실 사용 시 고려사항과 운영 책임자

1) 회의실 사용 시 고려사항

어떤 컨벤션 주최자는 그들의 행사기간 중에 인접된 회의실에서 제3자의 다른 컨벤션 주최 측이 회의실 사용하는 것을 불편해 하는 경우가 발생할 수 있다. 왜냐하면 컨벤션의 주최자는 자신의 컨벤션행사를 성공적으로 개최하기 위하여 노력할 것이며, 따라서 같은 곳의 인접된 회의실에서 경쟁자 또는 제3자로부터 방해받는 것을 싫어하기 때문이다.

물론 컨벤션 운영 담당자는 마케팅 부문과 세심히 협의가 이루어져야겠지만 가능한 한 회의의 특성과 취지를 사전에 파악하여 컨벤션을 유치하거나 상황에 적합하도록 회의실을 제공할 수 있어야 할 것이다.

예를 든다면, 현대자동차 신차발표회 준비를 위한 세미나 장소에 삼성자동차의 경영자 회의 또는 직원 세미나가 동시에 개최된다고 가정해 보면, 각각의 입장에서 컨벤션 주최자는 행사진행에 많은 불편을 느끼게 될 것이다. 그러므로 컨벤션 주최자와 컨벤션 운영 담당자는 회의진행을 원활히 할 수 있도록 회의실 사용을 고려해야 한다.

2) 회의실 운영 책임자

컨벤션 운영 책임자는 컨벤션센터 및 호텔연회의 조정자이면서 실제적으로 컨벤션 준비를 위한 실무책임자이다. 따라서 운영 책임자는 컨벤션센터 및 호텔연회의 기획단계부터 실제 준비단계까지 매우 중요한 업무를 담당한다. 왜냐하면 각회의실의 운영방법과 배치도, 회의실의 변경사항과 기자재 현황, 인력지원의 극대화, 음향 및 조명시설의 장단점 등 모든 일련의 사항을 가장 잘 알고 있기 때문이다. 또한 컨벤션 서비스와 관련한 다양한 업무경험과 노하우로 효율적인 행사진행에 매우 중요한 위치를 차지하고 있다.

그리하여 대부분의 컨벤션센터 및 호텔에서는 컨벤션 운영 담당자가 객실 부문또는 식음료 부문의 핵심부문에서 업무경험을 충분히 경험한 사람을 실무 책임자로 선정하는 경우가 많다.

특히 컨벤션 운영 책임자는 자신의 부서뿐만 아니라 인력지원을 극대화하기 위해 여러 부서를 통합적으로 운영할 수 있는 권한과 관리영역을 가지고 있는 경우가 많다. 즉, 갑자기 마케팅 부문에서 회의장 사용에 관한 요청이 발생할 경우 일시적인 인력지원이 가능해야 회의실 설치와 컨벤션 서비스가 가능하기 때문이다. 이렇게 급작스러운 행사가 접수되면 컨벤션 운영 책임자는 업무지원자(helper)들을 신속히 조정하여 회의실 배치에 적합한 업무를 부여할 수 있어야 한다.

제2절 회의실의 배치사항

1. 회의실의 배치설계

컨벤션의 운영 담당자는 컨벤션센터 및 호텔의 연회장 및 회의실 배치도를 홍보 책자에 상세하게 제시할 수 있어야 한다. 또한 컨벤션 주최 측의 회의 계획자들은 출입구, 전기코드의 세부적 위치, 화장실의 방향, 조명 등의 특징과 음향실의 위치, 기타 장애물 요소 등의 자세한 내용까지도 회의실 운영 담당자에게 배치와 관련된 사항을 요구하여야 한다.

컨벤션 주최 측의 회의 계획자들은 각 회의실의 규모를 사전에 파악하고, 컨벤션 운영 담당자는 각 회의실마다 어떠한 스타일의 행사가 가장 적합한지를 효율적으로 결정하기 위해 컨벤션 주최 측의 회의 계획자에게 자세한 정보와 자료를 제공할 수 있어야 한다.

따라서 컨벤션 운영 담당자들은 컨벤션 주최 측에게 제시해야 할 회의실 유형과 규모를 정확하면서도 확실하게 알고 있어야 하며, 원활한 행사진행을 위해 사전에 시나리오를 수립해 보아야 한다.

회의실의 배치도는 회의목적과 성격에 따라 다르게 배치되기도 하지만 개회식, 폐회식, 각종 회의, 사교행사 및 전시회 등 각종 회의 프로그램이 결정되면 회의실에 대한 사용계획을 철저히 수립해야 한다. 왜냐하면 컨벤션 개최의 성공요소에 이 부문이 아주 중요하게 평가되기 때문이다.

또한 회의실의 사용계획서를 수립할 때는 회의실 장소와 회의 일시, 예상참가자 수, 회의장 형태, 비품 및 기자재 사용내역과 특이사항을 모두 기입해야 한다. 그리고 사용계획서의 수립 시에는 컨벤션 운영 담당자와 반드시 사전에 협의해서 결정해야 한다.

각 회의실에 대한 사용계획서가 수립되었으면 각 회의실에 대한 좌석·무대·기자재 배치사항을 나타내는 도면계획서를 작성하고, 도면계획과 사용계획서를 시설 담당자에게 제공한다.

이때 유의해야 할 사항은 각 회의실의 헤드테이블과 연단, 조명, 좌석, 무대배치 등이다. 특히, 헤드테이블과 연단은 참가자의 시야에 장애요인이 되지 않도록 좌석보다 약간 높게 배치하고 참가자 좌석 첫 열과의 거리는 최소한 약 6피트(1.8m)를 유지하는 것이 좋다.

1) 좌석배치

회의와 관련한 좌석배치 방법은 일반적으로 극장식 배치(theater style)와 강당식 배치(auditorium style) 방법, 그리고 암체어 배치(arm chair style) 방법이 있다.

컨벤션 행사의 정해진 프로그램 또는 행사계획서에 의하여 각 회의장의 좌석배치 방법은 발표형식이나 회의유형, 참가자의 규모에 따라 다양하게 나타난다. 물론 컨벤션 행사에 필요한 좌석 및 테이블의 배치는 장소와 분위기에 조화를 이루도록 균형을 유지하여야 한다.

대체적으로 가장 빈번하게 사용되는 좌석배치 방법은 극장식 배치와 강당식 배치 방법이다. 이는 연설자를 위한 무대와 헤드테이블을 준비해 놓고 좌·우측 균형을 이루면서 오와 열을 맞춰 의자를 배치하는 방법이다. 이러한 방법에서 오와 열을 조화롭게 배치하기 위해서는 맨 앞줄의 위치를 먼저 정한 후에, 일정한 통로와 간격을 유지하기 위해 먼저 좌·우측 의자를 사용하여 기준을 정하도록 한다. 그리고 정해진 기준에 따라 회의실 유형에 적합하도록 배열하면서 참가인원 수를 예상하고 일정하게 앞뒤 간격을 유지하면 된다.

(1) 극장식 배치

극장식 배치는 대략적으로 참가자 일인당 소요면적이 약 2.7~3평방미터인 반면에 강의식은 약 4.6~5.2평방미터로서, 간격이 너무 협소하거나 광범위하여 회의진행에 불편하거나 효율성이 떨어지지 않도록 세심한 주의를 기울여야 한다.

가령, 400명 이상의 참가자가 참석하는 좌석배치는 통로 복도가 1.5m 넓이의 간격을 유지하는 것이 좋으며, 의자의 첫 번째 줄과의 간격은 약 2m 정도 띄우는 것이 좋겠지만 소규모 회의일 경우는 복도 폭을 약 1.5m로 유지하고 회의실의 공간을 최대한 활용하는 것도 좋을 것이다. 그러나 회의장의 면적과 형태에 따라 컨벤션 주최 측과 협의한 후에 세팅방법을 설정하는 게 가장 합리적일 것이다.

그림 5-1 | 극장식 배치(대규모회의)

그림 5-2 | 극장식 배치(중규모회의)

그리고 회의 스타일이 많은 질문을 요하거나 참가자들의 좌우앞뒤 이동이 많거나 마이크와 같은 장치가 움직여야 할 때에는 이중 통로를 배치하는 것도 효과적이다.

그림 5-3 | 극장식 배치(소규모회의)

(2) 강당식 배치

강당식 배치에는 강당식 반원형 배치(semicircular style)와 강당식 굴절형 배치(semicircular with center block and curned wings style), 그리고 강당식 V형 배치(V shape style)가 있다.

강당식 반원형 배치와 강당식 굴절형 배치는 헤드테이블이나 연단에서 첫째 의자 열까지 약 3.7m 간격으로 배열해야 한다. 특히 중앙복도는 약 1.9m의 간격을 유지하면서 이것을 기준으로 설정하여 균형을 이루면서 세팅하면 된다. 그 다음에 의자의 오와 열을 염두에 두면서 반원형으로 의자 열을 구부리면서 약간 오목하게 정렬하도록 한다.

그런데 이와 같은 의자배열은 많은 공간을 차지하지만 많은 인원을 수용하는 데는 한계가 있으며, 세팅하는 시간도 많이 소요되는 단점이 있다.

강당식 V형 배치는 연사의 테이블은 앞의 것과 유사하나 중앙통로의 폭을 나타

160

내는 최초의 두 개의 의자는 헤드테이블의 끝에서 약 3.7m 떨어지는 것이 좋다.

그리고 의자의 간격을 유지하면서 약 30°의 각도로 균형을 이루어야 한다. 일반적으로 이러한 강당식 V형 배치는 드물지만 특별한 행사나 행사주최 측의 일방적인 요구에 의해 사용되는 경우이다.

그림 5-4 | 강당식 반원형 배치

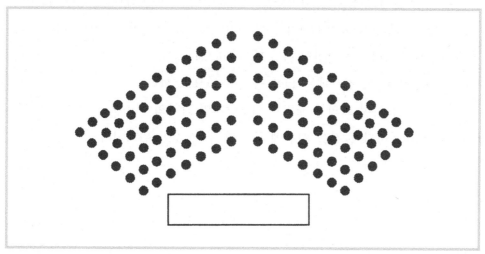

그림 5-5 | 강당식 V형 배치

(3) 암체어 배치

이러한 회의진행은 VIP만을 위한 행사 또는 특별한 목적의 행사나 장시간 토론을 요하는 행사일 경우에 적합한 경우이다. 이는 공간면적을 넓게 차지하기 때문에 소규모의 참가자일 때 가능하며, 회의준비 시간도 일반의자 좌석을 배치하는 것보다 많은 시간이 소요된다. 즉, 의자 부문에 팔걸이가 부착되어 있으며, 간단한 필기를 할 수 있는 접이형 보드가 설치된 것도 있다.

따라서 정해진 간격으로 세팅하는 것보다 회의실의 크기와 분위기에 적합하도록 균형을 이루면서 배열하는 것이 효과적이다.

2) 테이블 배치

(1) 교실형 배치

교실형 배치(school shape style) 방법은 컨벤션 행사 시 가장 선호하는 방법 중 하나로 헤드테이블과 정면으로 마주보게 배열하는 방법이다. 이는 회의실 중앙통로를 중심으로 양옆에 테이블 1개씩을 일정한 간격을 유지하면서 배열하기도 하며, 행사의 성격에 따라 테이블 2개를 붙여서 테이블 공간을 충분히 활용하는 세팅법도 있다.

이때 가장 많이 사용되는 테이블은 직사각형의 세미나 테이블(seminar table : 이는 미팅 테이블(meeting table)이라고도 함)로서 표준규격이 45×90cm이다. 물론 회의의 성격에 따라 직사각형의 홀딩 테이블(folding table : 90×180cm)을 사용하는 경우도 있겠지만, 이 경우에는 넓은 공간을 필요로 한다.

테이블을 이용하여 회의실 배치가 이루어지면 각각의 테이블에 덮개를 씌워야 하고, 각 테이블마다 물잔을 사전에 준비해 두는 것이 원칙이다.

그림 5-6 | 교실형 배치

(2) U형 배치

U형 배치(U-shape style)는 주로 소규모 회의에서 자주 이용되며, 회의 참가자들이 서로 얼굴을 마주보면서 회의를 진행하기 때문에 가급적 대각선으로 마주할 수 있도록 균형을 이루면서 정렬해야 한다. 이는 참가자들이 양쪽에 앉으면 72cm(약 30인치) 직사각형 테이블을 사용하고, 바깥쪽에만 앉으면 46cm(약 18인치)의 테이블을 사용하는 것이 좋다.

그리고 1인당 평균적인 테이블 간격은 60cm이지만 특정한 행사의 자료가 많을 경우에는 더 넓은 공간이 필요할 수도 있으므로 72cm(약 30인치) 테이블을 사용해도 무방하다. 물론 테이블 세팅 시에는 U 모양의 앞부분이 항상 바닥 아랫부분까지 테이블클로스(table cloth)가 덮이도록 유념하면서 세팅해야 한다.

또한 회의 참가자의 수에 따라 다르지만 의자와 의자 사이의 간격은 50~60cm의 공간을 적당히 유지하는 것도 좋다.

그림 5-7 | U형 배치

(3) 편자형 배치

편자형 배치(horse shoe shape style)는 U형과 유사하지만 각 모서리의 코너를 부드럽게 하고자 헤드테이블의 양끝을 곡선으로 처리하는 것을 말한다. 좌석은 외부 쪽에서만 정렬하며 안쪽의 내면에는 스커트(skirt)를 사용하여 보기 좋게 세팅한다.

그림 5-8 | 편자형 배치

164

(4) 공백 사각형 배치와 공백 다원형 배치

공백 사각형 배치(hollow square shape style)와 공백 다원형 배치(hollow circular shape style)는 서로 유사한 유형이다. 이는 테이블의 안쪽 중앙부분을 빈 사각형 또는 원형으로 세팅하는 것을 말하는데, 이러한 배치는 헤드테이블의 개념을 없애고자 하는 회의 계획자들이 매우 선호하는 방법이다. 테이블의 안쪽 빈 공간을 채우는 것을 제외하면 U형이나 편자형과 비슷한 행사 성격의 유형이지만 의자는 바깥쪽에만 놓인다.

그리고 테이블의 중앙을 사각형 또는 원형으로 비우는 이 형태는 소규모 회의에서 많이 사용되지만, 테이블의 세팅방법은 다른 유형보다 더욱 복잡하기 때문에 세심한 관심을 기울여야 한다.

그림 5-9 | 공백 사각형 배치

(5) E형 및 T형 배치

회의실의 유형에서 E형 배치(E-shape style)는 U형의 변형된 스타일로서, 회의 참가자가 움직일 수 있도록 의자와 의자의 뒤쪽 등 사이는 통행이 편리하도록 약 120cm(4피트)의 간격이 필요하다. 그리고 T형 배치(T-shape style)의 유형은 헤드테이블의 개념이 명확히 나타나기 때문에 회의의 성격이 주빈을 위주로 한 회의일 때 적합하다. 물론 헤드테이블의 앞부분에는 스커트를 사용하여 다리를 가리도록 한다.

165

그림 5-10 ┃ T형 배치

(6) 이사회형 배치와 I형 배치

이사회형 배치(oval shape style)와 I형 배치 (I-shape style)는 소규모 회의에서 자주 사용되며 선호하는 배치방법이다. 이것은 행사 주최측의 요청에 따라 이사회 유형 또는 I형으로 정할 수 있으며, 테이블 각 모서리 부문의 각도 처리가 다를 뿐이다. 물론 회의 참가자의 수에 따라 테이블의 사용공간을 정할 수 있겠지만 회의공간과 분위기를 조화롭게 설정하면 된다.

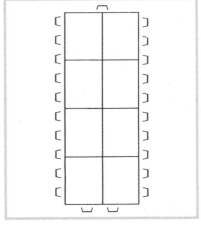

그림 5-11 ┃ 이사회형 배치와 I형 배치

보통 1인당 테이블 공간은 약 60cm(24인치)가 적당하며, 특히 좌석에 앉은 모습이 다리가 보이지 않도록 하고, 테이블의 다리에 회의 참석자의 다리가 교차되지 않도록 일정한 간격의 조정을 해야 한다.

(7) 원형 테이블 배치

원형 테이블 배치(round table style)는 회의 참가자들의 소규모 회의 또는 소규모 미팅에서 자주 이용되는 간편한 방법이다. 즉, 분임토의와 같은 주제가 설정될 때

166

여러 분임조가 함께 참여하면서 소그룹끼리 의견을 교환할 수 있는 스타일로서 행사준비 시간이 상대적으로 절약되는 경우이다.

다시 말해서 원형 테이블(180×180cm)을 이용하여 각 테이블마다 8~10명이 모여서 자유분방하게 토론을 벌일 수 있는 방식이 적합하다. 물론 원형 테이블 간의 간격은 일정한 규모에 맞추어 적정 간격을 유지하여 이동에 불편이 없어야 한다. 뿐만 아니라 이러한 원형 테이블의 배치는 식음료를 동반한 뷔페 행사일 경우에 자주 사용되기도 한다.

그림 5-12 | 원형 테이블 배치

3) 회의준비 시간관리

(1) 회의준비 배치시간

컨벤션 행사를 준비하기 위한 다양한 좌석 및 테이블 배치시간은 회의진행과 행사의 원활한 완수를 위해 매우 중요한 업무 중의 하나이다. 회의 주최 측의 다양하고 즉흥적인 요구사항은 예측하기 힘든데, 그 이유는 회의 진행 중 상황에 따라 급작스럽게 발생하는 요구사항의 처리가 많기 때문이다. 따라서 컨벤션 행사의 다양한 업무경험과 노하우 및 업무지식이 요구될 뿐만 아니라 인적 자원을 효율적으

167

로 활용할 수 있는 통솔력을 겸비하고 있어야 한다.

그리고 무엇보다 이러한 제반여건을 고려하여 어떠한 스타일의 유형과 참가자의 수에 따라 회의준비 배치시간을 보다 정확히 예측할 수 있어야 하고, 이를 실천에 옮길 때 오차가 없어야 한다. 즉, 각 유형에 따른 좌석 및 테이블의 배치시간과 컨벤션 서비스에 복합적으로 발생하는 기타 서비스 부문의 인력까지 감안해서 고려해야 한다.

이는 호텔경영의 특성에서와 같이 연중무휴의 영업과 1일 24시간의 영업특성에 따라 연장근무의 발생 우려가 매우 높기 때문에 운영비용과 배치시간을 고려해야 한다.

한편, 컨벤션 행사가 끝나면 회의실을 재정비하고 새로운 회의실의 세팅을 준비해야 한다. 왜냐하면 회의실은 수시로 컨벤션 이용의 예상고객이 살펴보거나 배치도를 검토하고자 방문하는 경우가 많은데, 이때 회의실의 정비가 잘 되어 있지 못하면 컨벤션과 관련된 마케팅 활동에 매우 부정적인 영향을 미치기 때문이다.

예를 들면, 회의장 대비 인적 활용의 효율성을 극대화하기 위해서는 회의장 예약상황과 미래 판매현황을 고찰해서 고려해야겠지만, 만일 특정행사가 예약되지 않았다면 회의장의 의자와 테이블은 보기 좋게 쌓아둘 필요가 있다. 이는 미래 예약될 행사가 어떠한 유형의 회의장을 원할지 모르기 때문에 외관상 보기 흉하지 않도록 정리해 놓으면 된다.

(2) 효율적인 공간배치

컨벤션 행사를 준비할 때는 회의실 배치와 관련된 현재사항과 미래 예약현황을 숙지하고 좌석배치 또는 테이블 배치 시에 효율적으로 공간을 활용해야 한다. 즉, 컨벤션 회의 계획자가 컨벤션 운영 담당자에게 회의장 사용과 관련하여 협의를 요청해 오면 이러한 방법의 매뉴얼을 염두에 두면서 회의성격에 적합하도록 인력과 장비의 활용을 예측하면서 회의장을 선정해 줄 수 있어야 한다.

특히 컨벤션산업은 운영 담당자의 능력에 따라 업무준비와 활동에 소요되는 비용과 시간 및 기타 장비의 효용지수가 매우 크게 달라지기 때문이다. 그 이유는 어떠한 회의행사가 마무리되었다고 가정할 때, 동일한 회의 장소에 똑같은 유형의 행사가 예약된 것과 전혀 다른 형식의 행사가 예약되었을 경우 업무 효율성에 얼마나 영향을 미칠 것인지를 상상해 보면 알 수 있다.

 **제3절** ## 회의실의 준비자료

1. 회의자료 준비 개요

컨벤션 행사에 필요한 준비자료는 상당히 많다. 물론 대부분 등록 시에나 컨벤션 행사 중에 필요한 자료를 배포하기도 한다. 따라서 이러한 관련 자료를 사용목적과 취지에 알맞게 참가자가 준비해야 한다. 이 가운데 컨벤션 행사에서 가장 중추적인 것은 전체 회의의 프로그램이다.

전체 회의 프로그램은 컨벤션 주최 측과 협의하여 주최 측의 특성을 알릴 수 있는 구성요소를 가미하는 것이 일반적이므로 프로그램 작성을 사전에 완료하여 실행에 옮길 수 있도록 계획을 수립해야 한다. 그리고 특정한 행사마다 다소의 차이는 있겠지만 학술회의의 경우에는 학술발표가 전체 회의의 중추적인 프로그램이므로 대체로 컨벤션 개최일 6개월 이전부터 관련 자료의 수집계획을 구체적으로 실행한다.

2. 회의자료 준비 종류

1) 전체 회의 프로그램

프로그램을 넓은 의미로 해석하면 전체 회의의 모든 구성요소를 기획하고 조정해서 추구하고자 하는 목적을 효과적으로 달성하기 위한 것이다. 즉 국제회의의 기획자는 리더십을 발휘하여 시기적절하게 프로그램을 구성해야 한다. 물론 프로그램 기획은 처음부터 무엇을 해야 하는가를 인식하고 있을 때 정확하게 구성할 수 있을 것이며, 회의 시간대별 사항, 회의 시작시간과 마감시간, 합리적인 계획사항까지도 제시할 수 있다.

특히 컨벤션 행사는 대부분 개회식, 폐회식, 각종 회의, 기자회견, 사교행사, 전시회 등으로 구성되기 때문에 각 프로그램은 많은 참가자를 유도할 수 있도록 다양하고 효율적으로 구성해야 한다. 그 이유는 프로그램의 구성과 내용에 따라 컨벤션 행사의 성공 여부를 결정지을 참가자의 수에 지대한 영향을 미치기 때문이다.

그리고 컨벤션 프로그램은 컨벤션 기간 중 참가자의 행동요령 지침이 된다. 따라서 컨벤션 프로그램을 작성하여 준비할 때는 회의일정을 한눈에 보기 쉽도록 작성하면서 파손되지 않고 휴대가 간편하도록 해야 한다.

컨벤션 행사 프로그램에 포함될 주요 내용을 정리하면 첫째, 표지에는 전체 회의명, 회의주제, 장소, 기간, 주최자명, 주관사명, 후원기간명을 포함한다. 둘째, 회의장 안내, 임원명, 회의일정, 관련된 행사일정, 발표자 소개 및 발표내용 소개, 숙박호텔 안내, 메모란 등을 포함한다.

2) 회의취지 요약과 참가자 명부 작성

일반적으로 컨벤션 행사를 개최하기 위해서는 본회의를 먼저 개최하게 되는데, 이때 전체 회의에 대한 주제와 회의취지를 참가자들에게 간략하게 이해시키는 것이 좋다. 회의 종류에 따라 달리 요약발표문을 준비해야 하는 경우도 있겠지만 회의취지를 알릴 수 있는 안내문을 고지해야 한다.

컨벤션 행사는 새로운 지식에 대한 정보전달이나 특정문제에 대한 연구목적 그리고 회의 참가자들과의 토론 및 친목을 도모하고자 개최한다. 컨벤션행사에 누가 참석하느냐에 따라 참가자의 수가 달라질 수 있다. 따라서 예상참가자 명단을 작성하고, 명단은 국가별 또는 알파벳 순으로 정리하는 경우가 많으나 국가별 또는 성별로도 할 수 있다.

3) 기타

회의자료 준비 가운데 참가자 명부 작성에는 성명 · 국적 · 소속 · 주소 · 투숙호텔 등 많은 정보를 수록하도록 한다. 그리고 회의장 안내 및 도면, 관련 행사 설명 자료, 관련 전화번호, 전시회 안내서, 관광안내 자료, 컨벤션센터 및 호텔 인근의 안내지도, 개최도시 안내서, 식당 및 부대시설 안내서, 쇼핑시설 등을 포함시켜 작성해도 무방하다.

| 학습문제 |

1. 컨벤션 행사에서 회의실 운영 책임자가 중요한 이유는 무엇인가?

2. 회의실의 배치설계에는 어떠한 종류가 있는가?

3. 컨벤션 행사에서 효율적인 공간배치가 중요한 이유는 무엇인가?

4. 극장식 배치와 강당식 배치의 차이점은 무엇인가?

5. 회의실의 준비자료에는 어떠한 것이 있는가?

PART

등록 및
숙박 관리

제1절 등록관리
제2절 숙박관리

 제 1 절

등록관리

1. 등록의 개요

컨벤션 행사에 동반되는 등록관리는 행사진행에 대한 다양한 정보를 제공하고 행사 참가자의 수를 파악할 뿐만 아니라 참가비용을 접수할 수 있는 기능까지도 담당한다. 또한 컨벤션의 등록과정에는 사전등록과 현장등록의 두 가지 방법이 있다.

컨벤션센터 및 호텔의 컨벤션 운영 담당자는 컨벤션 등록에는 거의 관여하지 않지만 등록업무를 순조롭게 진행시킬 책임이 있으며, 행사 주최 측의 주도하에 등록이 이루어진다. 즉, 컨벤션 행사의 참가를 위해 등록접수를 하고자 줄이 길어지면 참가자들의 컨벤션 행사에 대한 첫인상이 구겨질 뿐만 아니라 컨벤션센터나 호텔 측의 이미지에도 부정적인 영향을 미치게 된다. 따라서 참가자들의 컨벤션 행사 및 컨벤션센터에 대한 첫인상은 컨벤션 등록 데스크에서 결정된다고 해도 과언이 아니다.

따라서 컨벤션 등록은 참가자에 대한 스스로의 통제기능뿐만 아니라 원활한 행사진행을 위한 서비스 기능을 수행한다는 것이다.

또한 컨벤션 등록은 정보제공의 기능도 담당하게 되는데, 그것은 등록 데스크에서는 참가자의 수와 참가자의 국적별 조사 및 성별 등 컨벤션 운영에 대한 다양한 정보를 제공받기 때문이다. 그리하여 컨벤션 운영 담당자는 등록 데스크의 설치장소와 데이터베이스화할 수 있는 장비 및 기자재를 효율적으로 제공할 수 있어야 하며, 관심을 가져야 한다.

그리고 등록 시에 접수받게 되는 참가비 또는 등록비는 컨벤션 행사의 원활한 진행과 참가자들에게 제공하는 각종 회의 프로그램의 구성 및 사교행사 등의 공식적인 행사 지원의 프로그램에 대한 비용으로 사용하는 경우가 대부분이다. 물론 여기에서 발생되는 선택사항에 대해서는 비용이 포함되지 않지만, 등록비는 참가자의 자격과 등록 시기 및 구분에 따라 회원·비회원·동반자 등의 분류로 약간의 차등을 두는 것이 보편적이다.

컨벤션 행사를 성공적으로 개최하기 위해서는 무엇보다 등록절차에 필요한 제반사항의 정확한 정보를 세부회의 안내문과 함께 예상참가자에게 제공할 수 있어야 한다.

다음의 사항은 세부회의 안내문에 포함해야 할 등록절차에 관한 내용을 정리한 것이다.

- 등록자격 및 등록자격증
- 등록자 자격별 등록비용
- 사전등록과 현장등록비
- 등록비에 포함된 내용
- 사전등록서 제출마감일
- 수표·환·외국화폐 사용정책
- 취소·환불에 관한 정책
- 등록서 작성 제출 및 등록비 송금에 관한 지침 및 마감시한
- 현장배포가 아닌 경우 최종 프로그램의 발송
- 등록서 제출 주소 및 연락처
- 현장등록 장소 및 시간

2. 등록신청서의 관리와 절차

1) 등록신청서의 관리

등록신청서는 가급적 참가자들이 손쉽게 작성할 수 있도록 간편한 것이 좋다. 물론 등록신청서는 컨벤션 참가자의 국적과 소속·직위·성명 등 인적 사항과 연

락처, 참가목적 등에 관한 제반사항의 정보를 기록하여야 한다. 이와 같이 작성된 등록신청서는 데이터베이스화할 수 있도록 분류하여 주최 측의 본부 보관용과 조직위원회의 사무국 보관용, 그리고 참가자의 등록보관용으로 구분할 수 있도록 한다.

또한 예전에는 등록신청서를 우편이나 팩스(fax)로 발송하는 것이 대부분이었지만, 최근에는 정보통신의 발달과 지식정보산업의 환경적 요인으로 이메일(e-mail) 등을 사용하는 것이 급속도로 증가하고 있는 실정이다. 그리고 등록현황을 효율적으로 관리하기 위해서는 등록신청서에 기재된 등록자 명단, 참가자 숙박정보 등에 대한 정보를 데이터베이스로 구축하여야 한다.

예를 들면, 명찰, 개최도시 시장 및 주최 기관장의 환영서신, 개최도시 및 관광지 소개 책과 지도, 회의 스케줄, 프로그램, 셔틀버스 운행표, 식당 리스트, 참가자 명부, 필기도구, 메모지, 각종 행사 초청장, 기념품, 회의내용 및 진행과 관련된 각종 설문지 등이다.

2) 등록절차

일반적으로 등록절차는 컨벤션 행사의 목적과 특징에 따라 사전등록과 현장등록으로 분류할 수 있다.

(1) 사전등록

사전등록(pre-registration)은 효과적인 등록절차의 하나로, 컨벤션 주최 측의 행사규모를 사전에 예측할 수 있고 본회의를 개최하기 전에 등록을 유도함으로써 행사비용의 효율적 확보와 예산편성을 손쉽게 할 수 있는 장점이 있다.

뿐만 아니라 컨벤션 행사의 본회의를 개최하기 이전에 사전등록을 함으로써 행사당일의 시간절약과 혼잡성을 피할 수 있으며, 효율적인 업무처리가 가능하다. 이는 컨벤션 행사를 개최하기 전에 먼저 등록신청서를 이메일·팩스·우편 등을 이용하여 발송 후 접수하도록 한다. 그리고 컨벤션 행사에 필요한 등록비는 사전에 입금확인을 한 후 등록확인서 또는 영수증을 재발송하면 된다.

사전등록은 회의 참석자의 참여도를 높이는 반면 행사가 임박했을 때 예상참가자에게 갑작스런 일이 발생하면 사전에 납입한 등록비를 돌려받지 못할 우려도 있다.

(2) 현장등록

현장등록(on-site registration)은 컨벤션 행사가 개최되기 이전에 등록하지 못하고 행사당일의 현장에서 등록하는 것을 말한다. 행사장의 등록 장소는 본회의장의 중앙로비, 또는 회의 참가자의 왕래가 가장 많고 동선의 확보가 손쉬운 장소를 선정하여 등록 데스크를 설치해야 한다. 그런데도 막상 행사당일의 현장등록을 하게 되면 참가자가 붐비기 때문에 혼잡스럽고 현장등록에 소요되는 시간만큼 낭비되는 단점이 있다.

물론 등록 데스크는 참가자의 통행에 방해를 주지 않도록 설치되어야 하며, 이 경우에도 행사 참가자의 다양한 정보사항을 데이터베이스화해서 관리할 수 있어야 한다.

 제2절 숙박관리

1. 숙박장소 선정

컨벤션 행사는 대부분 숙박을 병행하기 때문에 행사 참가자의 특성과 분류에 따라 적정한 숙박장소를 선정해야 한다. 이 경우에 숙박장소는 접근성이 용이해야 하고, 사전에 충분한 객실의 확보도 필요하다. 또한 숙박장소로서는 일정수준 이상의 호텔등급에 배치되어야 되며, 행사 참가자를 위한 원만한 수송계획도 수립하고 있어야 한다.

즉, 숙박장소는 컨벤션 행사를 성공적으로 개최하기 위한 가장 근본이 되는 구성요소이다. 왜냐하면 컨벤션 행사의 참가자들을 위한 수송계획의 수립과 숙박장소의 접근성 등은 추가적인 비용의 소요를 최소화하면서도 효율성을 극대화할 수 있기 때문이다. 따라서 숙박장소를 선정할 때 조직위원회의 협의를 거쳐 신중히 이루어져야 한다.

일반적으로 숙박장소의 선정 시 고려사항은 다음과 같다.

첫째, 컨벤션 회의장과의 편리한 접근성이다. 우리나라에는 전문 컨벤션시설이 대도시를 중심으로 운영되고 있지만, 서울과 부산 등 일부 도시를 제외하면 컨벤션 행사에 수반되는 숙박시설의 부족이 심각한 상태이다. 따라서 국제회의의 경우 아직도 회의 개최장소로 숙박장소를 겸비한 특급호텔을 선호하는 경우가 많다.

둘째, 참가자들의 수준에 적합한 숙박장소를 선택해야 한다. 즉, 컨벤션 행사에 참가하는 사람들은 국가별 경제수준이나 화폐가치에 따라 다르기 때문에 숙박장소의 선정은 컨벤션 행사 참가자들의 평균적인 수준을 감안해서 숙박장소를 선정하는 것이 바람직하다. 아울러 동일한 등급의 호텔일지라도 상·중·하의 편차를 두고 객실을 사전에 충분히 확보하여 참가자들에게 선택의 폭을 넓혀주어야 한다.

셋째, 숙박장소와 병행하여 충분한 부대시설의 확보가 중요하다. 즉, 행사 참가자들은 관광과 쇼핑 및 레저 활동을 병행하기 때문에 다양하게 부대시설이 잘 갖추어졌는지를 고려해서 숙박장소를 선정해야 한다.

넷째, 컨벤션 행사를 위한 인적 자원의 적정수준과 확보이다. 즉 우수한 종사원과 언어소통능력, 친절한 서비스 등의 제반사항도 숙박장소를 선정할 때 고려되어야 한다.

다섯째, 교통의 편리성(항공·고속도로·시내도로 등)이 확보되어 있어야 한다.

여섯째, 안전관리체계가 확립되어 있어야 한다. 즉, 화재예방과 보안제도 등 종합적으로 안전관리가 확립되어 있어야 한다.

마지막으로, 과거에 컨벤션 개최실적이 있어서 업무 노하우가 충분히 확보되어 있어야 한다.

2. 객실 확보 및 배정

숙박장소가 선정되면 예상 참가자에 따라 필요한 객실 수를 사전에 확보해야 한다. 즉, 예상 참가자의 수와 객실수요를 충분히 예측하여 객실 수를 미리 블록(block)해 놓고, 객실요금과 요금지불 방법 등과 객실 블록의 해제일자 등을 우선적으로 협의해야 한다.

그리고 블록된 객실은 예상 참가자들로 하여금 숙박업무를 위해서 회의참가 신청서 작성과 더불어 숙박신청서를 제작·발송하고, 가급적이면 사전등록을 받도록 한다. 숙박신청서에는 컨벤션 행사를 위한 회의장과 숙박장소와의 거리, 호텔의 등급과 객실의 유형 및 요금 그리고 부대시설 현황 등을 포함해서 제작·발송하여야 한다. 숙박신청서가 접수되면 컨벤션 주최 측은 예약상황을 점검하고, 우선순위로 객실을 배정한 후에 행사 참가자에게는 예약확인서를 송부하고, 예약이 확정되었음을 고지한다.

이때 컨벤션 주최 측의 운영위원회에서는 객실배정에 있어서 숙박 제공업체의 담당자와 협의하여 사전에 블록이 설정된 객실이 제대로 배정되는지를 확인해야 한다. 숙박료의 지불방법은 숙박장소에 본인이 직접 지불하는 방법과 컨벤션 행사의 등록비에 포함시키는 방법이 있다.

| 학습문제 |

1. 현장등록과 사전등록의 차이점은 무엇인가?

2. 컨벤션 개최에 따른 등록절차를 설명해 보시오.

3. 숙박장소를 선정할 때 고려해야 할 사항은 무엇인가?

4. 컨벤션 행사에서 객실의 확보가 중요한 이유는 무엇인가?

5. 등록신청서를 관리해야 하는 이유는 무엇인가?

PART **7**

기자재 현황과 특징

제1절 기자재 장비현황

제1절 기자재 장비현황

컨벤션 운영 담당자는 회의를 시작하기 전에 회의실의 배치와 제공된 시청각 장비를 사전에 점검해 보아야 한다. 즉, 스크린은 모든 참가자가 앉은 자리에서 확실히 볼 수 있도록 설치했는가를 확인하고, 프로젝터가 스탠드에 잘 놓여 있는지, 여분의 램프가 있는지 등을 꼼꼼히 확인해야 한다. 또한 스피커는 스크린 가까이에 놓여 있는지 확인하고, 전기코드가 통로 밖으로 나와 잘 숨겨져 있는지 확인해야 한다.

최근 들어 각종 회의를 진행할 때 시청각 프레젠테이션을 이용하는 빈도가 매우 급증하고 있는데, 이는 회의 발표에 효과적이며 새로운 의제에 대해 강조할 수 있는 포인트를 심어줄 수 있기 때문이다. 따라서 컨벤션 운영 담당자는 컨벤션에 이용되는 기자재 및 시청각 장비의 사용법을 숙지하고 있어야 한다.

1. 음향시스템

회의나 전시회의 참가자에게 양질의 음향을 제공하는 것은 아주 중요한 사항이다. 조잡하거나 저질의 음향시스템(sound system)으로 인하여 참가자가 기대하는 수준에 미치지 못하면 참가자들은 회의 참가를 외면하므로 회의 목적을 달성하기 어렵다. 따라서 음향시스템은 종류와 상관없이 완벽하게 재생할 수 있어야 한다.

마이크 · 스탠드 · 앰프 · 스피커 등의 복합적 요소로 구성된 음향시스템은 오디오 소스(audio source), 믹싱 보드(mixing board), 이퀄라이저(equalizer), 앰프(amplifier), 스피커(speakers) 등으로 나눌 수 있다.

1) 오디오 소스

음향은 다양한 오디오 소스에서 제공될 수 있으며, 마이크나 CD, 화상회의를 통해 다양하게 전달될 수 있다.

2) 마이크

마이크는 가장 기본적인 음향시스템의 구성요소로 발표자의 육성만으로 회의실에 있는 참석자 전원이 정확하게 들을 수 없는 경우 음향시스템을 통해 음성을 확대해서 공급하는 작용을 한다. 이를 통해 참석자 전원이 발표자의 음성을 제대로 들을 수 있다.

강의대의 연설자나 헤드테이블의 패널에게는 1~2명마다 마이크를 제공해야 하며, 청중들이 질문할 수 있도록 바닥에 몇 개의 마이크를 추가적으로 설치할 필요도 있다.

마이크의 종류는 다음의 여섯 가지가 일반적이다.

1 목걸이형 마이크

목걸이형 마이크는 리본이나 선으로 목 주위에 달기 때문에 손을 자유롭게 사용할 수 있어서 연사들이 즐겨 사용하고 있다. 또한 이 형태의 마이크는 양복의 옷깃에 달기도 하는데, 마이크의 장점은 발표자가 목이나 머리를 자유롭게 움직일 수 있다는 것이다. 따라서 이동하면서 발표할 수 있고, 손으로 마이크를 잡을 필요가 없기 때문에 칠판 등에 필기를 하면서 발표할 수 있다는 장점이 있어 많은 발표자가 선호하는 형태의 마이크이다.

2 손잡이형 마이크

가장 전통적인 형태의 마이크로 마이크를 손에 잡고 입 가까이에 대면서 사용하는 것이다.

3 연설대형 마이크

연설대에 구부릴 수 있는 연결대를 통해 연결된 마이크로 발표자가 이동하기 어려운 경우이다.

4 테이블 마이크

테이블에 고정된 마이크로 일반적으로 토론회나 발표자가 앉아 있는 경우에 사용하는 것으로, 탁자·책상·강의대에 놓을 수 있도록 짧은 대가 있다.

5 플로어 마이크

회의실 바닥에 설치된 마이크로 높이를 조정할 수 있는 마이크대와 긴 코드가 있어 발표자가 이동할 수 있게 한다.

6 이동형 마이크

손잡이형 마이크로 전선코드가 없을 경우 무선마이크라고 부른다.

3) 믹싱 보드

모든 음향은 마이크나 다른 장비의 소리의 크기를 조절하기 위하여 믹싱 보드, 혹은 사운드 보드와 연결되어 있다. 이는 발표자에 따라 음성이 큰 사람이 있고 작은 사람이 있기 때문이다. 이럴 경우 발표자의 음성 크기에 맞추어 음향을 조절할 수 있게 하는 것이다.

4) 이퀄라이저

이퀄라이저는 각기 다른 음향 주파수를 회의장소의 음향과 맞추기 위해 사용하는데 믹싱 보드는 이러한 이퀄라이저와 연결되어 있다. 이를 통해 회의실의 형태에 따라 음향을 조절할 수 있는 것이다. 예를 들면, 일반 마룻바닥인 회의실과 두꺼운 카펫이 깔려 있는 회의실의 음향조건은 다르므로 이러한 이퀄라이저로 음향을 조정할 수 있다.

5) 앰프

앰프는 소리의 크기를 증폭시켜 참가자가 듣기에 적합한 크기의 소리를 듣게

하는 것이다.

6) 스피커

앰프는 참석자들이 실제로 들을 수 있는 크기의 소리를 스피커에 보내는 기능을 하지만, 스피커는 소리가 30m 이상 전파될 경우에는 음향 디지털 딜레이를 사용하여 회의실의 뒤편에 있는 참석자가 잘 들을 수 있도록 한다.

2. 연설대

연설대(lectern)는 설치된 장소에 따라 테이블에 설치된 테이블 연설대와 플로어에 설치된 플로어 연설대가 있다. 연설대는 연설자의 노트나 원고를 놓을 수 있는 스탠드와 이에 적합한 조명을 가지고 있다. 연설대는 자체적으로 조명시설을 가지는 것도 있으며, 콘센트와 연결할 수 있는 긴 전기선을 가지고 있는 것도 있다. 그러나 이러한 연설대의 조명과 연결된 콘센트는 회의실의 전체 조명과 연결된 경우가 많기 때문에 발표를 위해 전체 회의실의 조명을 끌 때 동시에 꺼지지 않도록 조심해야 한다.

현재는 연설자가 조명과 시청각장비를 스스로 조절할 수 있는 연설대도 등장하고 있다.

3. 조명

조명(lighting)은 일반적으로 전문가가 담당한다. 만일 회의 개최시설이 영구적인 강단을 가지고 있다면 전문 서비스업체가 다양한 조명을 제공하지만 대부분의 회의실 강단은 임시적이며, 조명도 임시로 설치한 스탠드에서 공급되는 경우가 많다. 이런 경우에는 회의실에 적합한 조명시설을 제공하기가 어렵다.

조명에는 배경집중 조명(profile spots), 동행집중 조명(follow spots), 투광조명(floodlights), 특수효과 조명(special effects lighting) 등이 있다.

배경집중 조명은 타원형 집중조명이라고도 부르는데, 약 500와트에서 1,000와트의 밝기를 가지고 있는 천장조명이다. 청중 근처의 강단이나 무대를 조명하기 위하여 할로겐램프를 사용해서 배경조명을 투영한다.

동행집중 조명은 대포와 비슷한 형태로 회의실의 뒤편에 위치하여 연설자나 공연자에게 특별한 조명을 제공한다. 이 조명은 아주 밝고 다양한 효과를 내기 위하여 컬러 필터를 사용하기도 한다.

투광조명은 사람보다는 물체를 조명하기 위해 사용되며, 연설자에게 배경을 제공하고자 배경막을 조명하기 위해 사용된다.

특수효과 조명은 조명하기 위한 목적과 분위기를 만들기 위해 사용된다. 무도장의 조명, 섬광, 레이저 조명 등이 있으며, 이러한 조명은 특별한 행사를 돋보이게 하기 위해 다양한 효과를 만들어 사용한다.

이상과 같은 조명을 조절하는 기능을 하는 것이 스위치인데, 스위치에는 두 종류가 있다. 하나는 전통적으로 사용되어 왔던 온/오프(on/off) 스위치로 작동이 간편하여 사용하기가 편리하나 완전한 어둠과 밝음의 두 가지 기능만을 제공하기 때문에 중간 밝기를 원하는 경우에는 사용이 불가능하다. 특히 발표가 사영(projection) 도구로 진행되어 스크린을 제외한 다른 부분의 조명이 어두워야 하는 경우에 온·오프 스위치를 사용하면 참가자들은 발표도중(완전히 어두운 경우)에 유인물을 읽거나 필기할 수 없는 경우도 발생한다.

이런 경우 회의실의 조명을 약간만 어둡게 하면 발표를 위한 스크린을 볼 수도 있고, 동시에 유인물이나 필기를 할 수 있게 하는 장치가 필요하다. 이런 측면에서 디머 스위치(dimmer switch)가 개발되었는데, 디머 스위치는 조명의 밝기를 자유롭게 조정할 수 있는 장점이 있다.

4. 스크린

스크린(screen)에는 여러 형태가 있는데, 회의실의 크기와 참가자의 수에 따라 선택해야 한다. 그리고 회의나 전시회의 발표 도구는 사영(projection)의 유무에 따라 칠판이나 차트와 같은 비사영 도구(non-projection media)와 OHP, 슬라이드, 16mm 영화, 비디오테이프와 같은 사영 도구(projection media)로 나눌 수 있다. 비사영 도구를 사용할 경우에는 문제가 없지만 사영 도구를 사용할 경우에는 반드시 스크린이 필요하다.

이동형 스크린은 말아서 케이스에 담아 운반하는데, 이때 찢어지기 쉬우므로 반드시 상영 전 점검이 필요하다. 연회장이나 비슷한 용도를 위한 대형 스크린은 컨벤션센터나 호텔이 보유하고 있어야 한다.

삼각대 스크린은 벽 스크린같이 금속 튜브를 가지고 있지만, 삼각대 스탠드에 영구적으로 설치되어 있어 어디서나 세울 수 있다. 가볍고 이동할 수 있고, 다양하고 비싸지 않아서 소규모 회의에서 아주 실용적으로 사용할 수 있다.

대부분의 스크린은 호텔이나 회의 개최시설에서 준비하는데, 스크린 천의 종류는 매우 다양하다. 일반적으로 많이 사용되는 것은 흰색으로 아주 밝은 것이 특징이다. 부드럽고 흰 매트식 표면 스크린은 더 넓은 각도에서 지속적인 밝기를 제공한다. 스크린 크기의 선택은 회의실의 규모 및 참가자 수와 관련이 있다.

다음과 같이 스크린의 크기를 선택할 수 있다.

① 스크린 크기의 선택 : 16mm 영화의 경우

렌즈 초점의 길이		스크린의 넓이			
		40″	50″	60″	70″
1″	프로젝터의 거리	9′	11′	13′	16′
1 1/2″		13′	17′	20′	23′
2″		18′	22′	26′	31′
2 1/2″		22′	27′	33′	38′
3″		26′	33′	40′	46′
3 1/2″		31′	38′	46′′	54′
4″		35′	44′	53′	61′

② 스크린 크기의 선택 : 35mm 슬라이드의 경우

렌즈 초점의 길이		스크린의 넓이			
		40″	50″	60″	70″
3″	프로젝터의 거리	7′	9′	11′	13′
4″		10′	12′	15′	17′
5″		12′	16′	19′	22′
6″		15′	19′	22′	26′
7″		17′	22′	26′	30′
8″		20′	25′	30′	35′

③ 참가자의 규모와 스크린의 크기

스크린의 크기	최장거리	최단거리	참가자 규모	좌석의 넓이(평방피트)
43″ × 58″	30′	5′	88	531
54″ × 74″	36′	6′	125	755
63″ × 84″	42′	7′	169	1,018
72″ × 96″	48′	8′	224	1,345
7 1/2′ × 10′	60′	10′	350	2,100
9′ × 12′	72′	12′	502	3,010
10 1/2′ × 14′	84′	14′	684	4,110
131/2′ × 18′	108′	18′	1,175	7,050
15′ × 20′	120′	20′	1,400	8,400

④ 스크린의 표준규격

삼각대 스크린	이동형 스크린	벽걸이형 스크린
180 × 180cm	180 × 180cm	180 × 180cm, 360 × 270cm
200 × 190cm	200 × 190cm	200 × 190cm, 360 × 360cm
240 × 180cm	240 × 180cm	240 × 180cm, 400 × 300cm
240 × 240cm	240 × 240cm	240 × 240cm, 500 × 400cm

5. 슬라이드 영사기

슬라이드 영사기(slide projector)는 다양한 그림이나 문서 등이 담겨 있는 투명한 2×2인치 카드보드(혹은 슬라이드라고 한다)에 강한 빛을 통해 스크린에 투사하는 것을 의미한다. 과거의 슬라이드 영사기는 스크린에 제대로 투사되기 위해서 슬라이드를 거꾸로, 또는 뒤집어서 삽입해야 했지만 이처럼 불편한 슬라이드는 트레이 공급 시스템의 개발로 더이상 사용하지 않아도 된다.

가장 보편적인 트레이는 영사기 상단에 80개의 슬라이드 회전식 원형 컨베이어를 부착한 것이다. 140개의 슬라이드 회전식 원형 컨베이어도 사용하고 있지만 일반적으로 80슬라이드가 보편적이다. 140슬라이드는 80슬라이드와 지름이 같아서 슬라이드를 넣는 입구가 작아지게 된다. 따라서 슬라이드가 얽히거나 손상되기 쉬운 단점이 있다.

제조회사에 따라 슬라이드 영사기의 트레이가 다르기 때문에 다른 제조회사의 영사기와 트레이가 호환되지 않는다는 단점이 있다.

일반적으로 슬라이드는 크기가 2×2인치 혹은 35mm이기 때문에 2×2슬라이드 혹은 35mm 슬라이드라고 불린다. 이러한 규격은 표준규격으로 통하기 때문에 호환이 가능하다. 가끔 2와 1/4인치×2와 1/4인치의 환등식 슬라이드를 사용하는 경우가 있는데 이는 아주 드문 일이다.

그리고 리모트 컨트롤은 슬라이드 영사기에 자주 사용되는 도구이다. 영사기는 유선 리모트와 무선 리모트를 모두 사용할 수 있는데 무선 리모트는 발표자에게 이동의 편리성을 제공한다.

많은 슬라이드 영사기는 음향효과를 낼 수 있으며, 동시에 두 개 이상의 슬라이드 영사기를 사용하는 경우도 있다. 이는 한 개의 슬라이드 영사기를 사용하는 경우에 슬라이드가 넘어갈 때 발생할 수 있는 밝은 빛을 제거할 수 있다. 이런 경우에도 음향효과를 추가할 수 있고, 음향신호에 따라 슬라이드가 자동적으로 진행된다.

슬라이드 영사기의 렌즈는 4~6 정도의 줌렌즈가 보통인데, 영사기의 거리가 먼 경우에는 보다 큰 렌즈를 사용할 수 있다. 대부분의 슬라이드 영사기는 수정할로

겐 전구를 사용하는데 보다 밝은 화면을 원할 경우에는 제논 전구도 사용할 수 있다. 제논 전구는 고농축 가스로 채워져 있기 때문에 위험하므로 취급 시 주의해야 한다.

슬라이드 영사기를 통한 발표의 경우 슬라이드 전환시간을 고려해야 한다. 연구에 의하면 시청자가 어느 물체나 대상을 인식하는 데 필요한 최소한의 시간은 5초 이상이고, 동일한 영상을 계속하여 90초 이상 보여주면 시청자들은 이에 대하여 지루함을 느끼고 관심을 별로 두지 않는다고 한다. 이런 연구결과를 바탕으로 발표자는 각각의 슬라이드 배정시간에 대한 계산을 사전에 해야 할 것이다.

6. 후면 영사

시청각 프레젠테이션에 있어서 최근 많이 사용되는 것이 후면 영사(review projection)이다. 후면이라는 의미는 영사를 스크린 뒤에서 한다는 것이다. 커튼과 같은 디바이더로 회의실을 나누어서 한편에 청중이 앉고, 다른 편에는 영사기가 설치된다. 반투명의 후면 영사용 스크린 주변은 커튼으로 테두리가 처져 있고, 영사장비는 후면에 위치하고 있다.

가장 보편적으로 사용되는 후면 영사기에는 Telex사의 Caramate, Kod사의 Audioviewer, Bell & Howell사의 Ringmaster 등이 있다.

이러한 제품들은 작은 TV와 유사하지만 상단에 슬라이드 트레이가 부착되어 있다. 일반 슬라이드 영사기와 마찬가지로 수동으로 진행할 수도 있고, 음성과 음악 등을 동시에 삽입할 수도 있으며, 이때 무음의 음향신호로 슬라이드가 자동적으로 진행된다.

이러한 후면 영사의 장점은 모든 영사장비들이 청중이 있는 회의실과 다른 회의실에 있으므로 청중이 있는 회의실에 영사기 설치를 위한 통로를 만들지 않아도 된다는 것이다. 또한 회의실에 영사기를 설치함으로써 스크린을 보지 못하는 부분도 발생할 수 있는데, 후면 영사는 이러한 단점을 극복할 수 있게 도와준다.

발표자는 후면 영사를 함으로써 이동이 자유롭고, 영사기 없이 그림이나 사진이 투사되기 때문에 청중의 흥미를 유발할 수 있는 장점이 있다.

그러나 후면 영사는 영사하기 위한 공간을 많이 차지하므로 공간의 효율적인 이용이 어렵고, 또한 전면 영사에 비하여 화면의 질이 떨어질 수 있다. 그리고 뒤편의 공간이 부족한 경우 보다 넓은 각으로 투영할 수 있는 렌즈의 사용으로 공간을 줄일 수 있는데, 이런 경우 렌즈의 가격이 비싸다는 단점이 있다.

7. 영화 영사기

회의에서 상영되는 영화는 대부분 16mm 필름을 많이 사용한다. 이러한 16mm 영화를 상영하는 데 필요한 영사기가 바로 영화 영사기(motion picture projectors)이다. 대표적인 제조회사는 Bell & Howell, Eastman Kodak, Kalart-Victor, Singer 등이다.

불과 몇 년 전만 해도 이러한 16mm 필름을 사용한 정보의 전달은 자주 이용되었던 방법이다. 그러나 몇 가지 문제점이 노출되면서 사용이 현저하게 저하되고 있다. 가장 중요한 단점은 작동이 어렵다는 것인데 영사기 작동을 하기 위해 필름을 영화 영사기에 끼워넣어야 했고, 이를 작동하는 데 보다 전문적인 기술이 필요했다. 그러나 이러한 문제점은 사용자가 사용하기 쉽게 영사기가 개조되면서 많이 개선되고 있다.

영사기의 작동에서도 자동영상 작동시스템의 도입과 더욱 선명한 음질을 위해 개최시설의 음향시스템과 연결하여 사용할 수 있는 방법도 개발되었다.

종종 음향의 질과 더불어 화면의 선명도 및 밝기가 문제점으로 대두되었으나, 최근 다양한 램프시스템의 개발로 많이 개선되고 있다. 가장 문제가 되었던 점이 참가자의 수가 많거나 혹은 이로 인해 회의실의 규모가 커져서 먼 거리에서 영화를 영사하는 경우 화면의 질이 선명하지 못하다는 단점이었다. 그러나 고도의 집중전구를 사용하여 많이 개선되고 있다.

8. OHP

OHP(Overhead Projectors)는 집중적인 빛을 투명한 슬라이드를 통과하는 원리로서 상(image)이 반사경을 통해 통과되어 스크린에 투사하는 영사기를 말한다. 영사기는 회의실의 스크린 앞에 설치되고 이 영사기 앞에서 발표자가 발표를 진행하는 것이다. 영사기에는 대부분 투명한 슬라이드를 사용하고, 일반적으로 A4크기에서 9×9인치의 크기까지 가능하다. 보편적인 제조회사에는 3M, Singer, Beseler 등이 있다. 이 필름은 비교적 싼 편이어서 교육용으로 인기가 있으며, 연설자가 청중에게 이야기하면서 용지 위에 그림을 그릴 수도 있다.

사용되는 슬라이드는 대부분 투명하지만 일부는 불투명한 슬라이드를 사용하기도 한다.

또한 오버헤드(overhead) 기술에서 가장 유용한 최근의 개발 중 하나는 컴퓨터 영사판(LCD)이다. LCD는 일반 OHP의 위에 설치된 특수한 판으로서 개인 PC에 연결하여 사용하고 컴퓨터 모니터에 나타난 모든 그림을 투사한다. 즉, 투명한 슬라이드 대신에 전자적인 도구를 사용하는 것이다.

이러한 기술은 영상을 청중이 쉽게 볼 수 있도록 크게 보여줄 수 있을 뿐만 아니라 자료의 저장이나 출력이 간편하다는 것이다. 즉, 발표자가 원하는 자료를 컴퓨터에 저장하고 이 중에서 자신이 원하는 자료를 선택하여 LCD판을 통해 스크린에 영상화하는 것이다.

9. 비디오테이프 영사기

회의발표를 위한 비디오테이프의 사용이 증가하면서 많은 회의 개최시설은 비디오테이프 영사기(videotape projectors)를 설치하고 있다. 비디오테이프 영사기는 소규모 집단의 비디오 시청을 위해 필요한 것이다. 이런 비디오테이프 영사기는 100명 정도의 참가자에게 사용될 수 있지만 대규모의 참가자를 위해 비디오테이프 영사기와 스크린의 분리형을 사용할 수도 있다. 이런 형태의 영사기와 별도의 스크린은 전면과 후면 모두에서 사용할 수 있다.

대형광장이나 대형공간에서는 광선 밸브 영사기(light-valve projectors)가 사용되어야 한다. 이러한 형태의 영사기는 40피트(약 12m)의 영상을 재생하여 400피트(약 120m)까지 광범위한 장소에 사용할 수 있다.

소규모 회의의 경우에는 텔레비전 세트(TV set)를 사용할 수 있다. 일반적으로 19인치 TV의 경우에는 25명 정도의 수용인원이 시청할 수 있고, 25인치의 경우에는 50명 정도의 수용인원이 시청할 수 있다.

10. 동시통역기

회의가 점차적으로 국제화되면서 많은 회의 개최시설에 동시통역 서비스 시설의 필요성이 제기된다. 동시통역기(simultaneous interpretation)는 이러한 시설에 설치될 수 있는 장비로서 발표자의 발표언어를 해당 참가자의 언어로 바꾸어주는 것이다. 이러한 서비스를 위해서는 통역사와 특수장치가 필요하다.

대부분의 경우 발표자가 발표하면 방음실에 있는 통역사들이 이를 무선 헤드셋을 통해 참가자에게 발표자의 연설을 중계하는 형태를 가진다. 오늘날 기술의 진보는 이러한 통역 서비스의 부분에도 많은 영향을 미치고 있다.

과거에는 통역사가 통역한 내용이 헤드셋을 통해 전달되었지만, 오늘날에는 이러한 통역내용이 루프 안테나를 통해 전달될 수 있다. 혹은 적외선 신호로 이러한 통역내용을 전달할 수도 있다. 또한 다중채널을 선택할 수 있어 참가자들이 채널을 조정하여 다른 언어로 통역되는 것을 곧바로 청취할 수도 있다.

11. 원격회의

국제원격협의회(ITA : International Teleconferencing Association)에 의하면 원격회의(teleconferencing)는 청취와 시각의 매개체를 연합하여 시각적 · 청각적 의사소통을 동시에 가능하게 하는 원격통신 시스템을 의미한다.

원격회의는 현대산업에서 결정적인 의사소통의 연결고리 역할을 담당하고 있다. 원격회의가 청취와 시각의 매개체를 연합하여 시각적·청각적 의사소통을 동시에 가능하게 하는 원격통신시스템이라고 정의하였지만, 원격회의는 매개체의 종류별로 음성 원격회의, 음성 그래픽 원격회의, 화상 원격회의로 구분된다.

음성 원격회의는 가장 기본적인 형태의 원격회의로 예산이 제한적인 경우에 많이 사용된다. 음성 원격회의는 단순히 전화선과 스피커폰을 이용해서 다수의 집단과 연결하는 것이다. 발표자는 스피커폰이나 특수 마이크와 참가자가 분포한 여러 장소에 설치된 시설의 전화선과 직접 연결되어 있는 앰프시스템을 통해 다른 여러 장소에 분포한 회의 참가자에게 음성으로 발표하는 것이다.

음성 그래픽 원격회의는 음성과 시각적 효과가 동시에 결합된 형태의 원격회의이기 때문에 일반적으로 기획회의나 프로젝트의 평가와 보고의 경우에 사용된다.

화상 원격회의는 모든 동작과 1:1의 연결을 제공하는 회의로서, 이러한 회의는 가장 비싸고 진보된 형태의 원격회의이다. 기타 지역과 화상회의센터는 인공위성을 통해 연결되기도 한다.

12. 기타 기자재 도구

모든 회의발표가 필름이나 슬라이드 혹은 비디오테이프로 진행되는 것은 아니다. 아직도 많은 발표자들이 칠판이나 차트와 같은 전통적인 비영사 도구를 사용하고 있다.

칠판을 사용할 경우에는 색분필과 지우개를 준비해야 한다. 백색판(white board)은 칠판보다 깨끗하고 사용하기가 간편하다. 또한 비상시에는 스크린의 역할을 할 수도 있고, 무엇보다 참가자가 내용을 읽기 편하고 내용을 쉽게 고칠 수 있다는 것이다. 그리고 발표 시에는 차트(paper easel pads 혹은 flip-charts)도 많이 사용되고 있다. 이러한 발표도구는 일반적으로 27인치(약 69cm)×34인치(약 86cm)의 크기로 소규모 회의에 적합하다.

그리고 포인터도 발표도구의 일종으로 구분될 수 있다. 포인터는 발표하는 부분을 강조하거나 지시하는 역할을 한다. 과거의 포인터는 나무나 쇠로 만들어졌지만,

이제는 금속성 포인터를 접할 수 있게 되었다. 뿐만 아니라 최근에는 레이저를 이용한 포인터가 개발되었다. 레이저 포인터는 30m 후방에서도 정확하게 원하는 곳을 지적할 수 있어 발표자가 자유롭게 이동하면서 발표할 수 있어 매우 편리하게 사용되고 있다.

| 학습문제 |

1. 컨벤션 행사에 사용되는 기자재의 종류를 설명하시오.

2. 마이크의 종류에는 어떠한 것이 있는가?

3. 믹싱 보드(mixing board)의 기능은 무엇인가?

4. 슬라이드 영사기(slide projector)와 후면 영사(review projection)는 어떠한 차이점이 있는가?

5. OHP를 사용할 때 편리한 점은 무엇인가?

6. 오늘날 국제회의에서 사용되는 동시통역기의 장점을 설명하시오.

PART 8

연회서비스

제1절 호텔연회의 개요
제2절 연회행사의 준비물과 서비스방법

호텔연회의 개요

1. 연회의 의미와 특성

1) 연회의 정의

연회란 사전적 의미로 "축하·환영·연찬·피로연·석별 등을 위하여 여러 사람이 모여 베푸는 잔치"라고 해석하지만, 호텔에서의 연회는 이러한 의미뿐만 아니라 각종 회의·세미나·전시회·교육·패션쇼·영화감상 등 보다 폭넓고 다양한 의미도 포함하고 있다.

호텔 식음료(Food & Beverage)는 일반적으로 식음료를 주대상으로 하고, 연회 또는 방켓(banquet), 그리고 식음료를 지원할 수 있는 부대업장 등으로 구성하는 것이 보통이다. 그런데 호텔연회는 거시적으로 식음료 부문에서 단일 영업장으로서는 가장 넓은 범위와 호텔 수입원의 핵심원천이 되고 있다.

따라서 호텔연회는 국제회의는 물론 컨벤션 행사를 전문적으로 유치, 진행 및 서비스를 제공한다고 할 수 있다. 따라서 호텔연회는 단체고객에게 식음료 외 기타 부수적인 사항, 즉 회의·가족행사·일반행사·여흥·시설공간(임대) 등을 제공하며, 집회의 근본목적을 달성할 수 있도록 최상의 서비스를 제공해야 한다.

그림 8-1 | 호텔연회

2) 호텔연회의 특성

예전에는 결혼·회갑·돌·백일·약혼식 등은 가정에서 음식을 준비하여 동네 주민들과 초청된 고객을 위해 잔치연을 베풀었다. 또한 회갑연이나 칠순잔치 등의 축하연에는 명창들을 초청하여 가무를 즐기기도 했다.

1970년대까지만 해도 가정에서 이루어지던 잔치가 1970년도 이후에는 산업사회의 급속한 변화로 인한 도시화·산업화·핵가족화로 사회 패러다임이 바뀌면서 점차 연회시설을 갖춘 호텔이나 식당 등을 이용하기 시작하였다.

그리하여 호텔연회의 수요가 점차 증가됨에 따라 각 호텔의 연회 부문이 별도의 독립된 부서로서의 기능을 맡게 되었으며, 연회만을 전문적으로 취급하는 호텔이 출현하게 되었다. 이는 호텔상품 중 객실 상품판매가 어려워지자 식음료상품을 주력으로 판매하는 연회상품들이 높은 호응을 보였다. 일례로, 호텔연회는 세계적인 국제행사, 각종 회의, 세미나, 전시회, 개인이나 단체의 모임 등 다양한 연회행사를 치를 수 있는 장소로 발전되었다.

물론 연회행사는 회의의 규모에 따라 서로 다르겠지만 동시에 최다고객을 호텔 내부로 유입할 수 있고, 훌륭한 연회서비스로 호텔의 이미지와 홍보를 극대화시킬 수 있으며, 컨벤션이나 연회 시 객실 및 부대시설의 이용으로 호텔의 매출 증대에 크게 기여하고 있는 실정이다. 그러므로 호텔 경영전략 중 비수기 극복방안의 하나로 연회서비스를 적극 활용하는 실정이다.

그리고 호텔연회는 식당의 계속적인 영업처럼 연속적인 영업활용이 이루어지는 것이 아니고, 사전예약에 의해서 영업이 이루어지기 때문에 한꺼번에 다량의 식음료 서비스와 동일한 메뉴 및 동일한 서비스가 이루어진다는 특성을 가지고 있다.

2. 호텔연회 판매 및 내용

1) 호텔연회 판매

호텔이 경쟁력을 지속적으로 유지하려면 연회서비스를 적극적으로 판매해야 한다. 이 경우 호텔연회를 효과적으로 판매하려면 목표시장을 형성하여 시장세분화를 통한 적재적소의 합리적인 판매전략을 수립해야 한다. 즉, 잠재고객은 누구인지, 욕구를 어떻게 충족시킬 것인지를 고객별 특성에 알맞도록 설정하고, 적정한 가격과 적정한 상품, 그리고 훌륭한 서비스를 함께 제공해야 한다. 또한 고객에게 연회시설을 보여주고 행사에 필요한 각종 자료를 제공하는 것도 매우 중요하다.

연회행사의 준비에 있어 무엇보다 중요한 것이 사전에 준비하는 작업이다. 이는 연회 주최 측의 입장에서 보면 중요하지 않은 행사는 아무것도 없기 때문에 모든 연회행사에 이벤트와 프로그램을 동반하여 연회서비스를 제공해야 할 것이다. 예를 들어, 식사계획을 수립하는 데 있어서도 식사는 행사주제에 맞는 진행도 중요하지만 행사진행 후 식사제공에 따른 만족도도 연회행사 만족에 큰 영향을 주는 만큼 회의기획가나 주최 측의 미팅이 반드시 우선되어야 할 것이다. 특히 국제회의의 경우는 인종, 종교 등 국가별로 선호하는 특이한 음식이나 금기(禁忌)시하는 음식들의 사전파악은 행사의 완성도에 매우 중요하다.

호텔연회가 접수되면 접수된 내용에 의거하여 연회예약 명세서를 작성하고 책정된 예산에 의한 메뉴 및 인원, 행사일, 행사목적과 시간이 기록된 연회행사 통보서를 관련부서에 보내고, 서비스방법에 따른 세부계획을 작성한 다음 연회성격에 적합하도록 테이블 세팅(Table-Setting)을 한다.

테이블배열은 연회성격에 맞는 장소와 인원·분위기 등을 고려하여 알맞게 배열하여야 하며, 출입문과 창문, 기둥과 무대의 위치 등 공간을 최대한 이용한다. 테이블배열은 연회의 성격에 따라 결정되며 서비스방법에 따라 다소 차이가 있으나 연회직원의 서비스에는 "무에서 유를 창조한다"라는 신념으로 연회행사 유형별 배치도를 세팅할 수 있어야 한다.

표 8-1 | The-K호텔의 연회행사 유형별 배치도

구분		면적 (평)	수용인원(명)			
			연회	리셉션	회의	극장
컨벤션홀	거문고 A홀	135	300	600	300	500
	거문고 B홀	192	400	800	400	700
	거문고 C홀	160	350	700	350	650
		487	1,200	2,400	1,200	2,000
가야금 A홀		37	40	80	50	70
가야금 B홀		37	40	80	50	70
가야금 C홀		37	40	80	50	70
가야금 D홀		37	40	80	50	70
다목적홀		162	150	250	100	200

표 8-2 | 호텔연회 기자재 현황

구분		거문고			가야금				향비파		은하수	장미	에델바이스	무지개
장비명	보유대수	A	B	C	A	B	C	D	A	B				
OHP	7대	○	○	○	○	○	○	○	○	○	○	○	○	○
슬라이드(환등기)	3대	○	○	○	○	○	○	○	○	○	○	○	○	○
비디오비전(VHS)	3대	○	○	○	○	○	○	○	○	○	○	○	○	○
마이크	30개	○	○	○	최대 3대	최대 3대	최대 3대	최대 3대	×	×	최대 4대	최대 3대	최대 2대	최대 3대
무선마이크	11개	최대 2대	최대 2대	최대 2대	×	×	×	×	×	×	최대 1대	×	×	×
핀마이크	2개	×	○	○	×	×	×	×	×	×	×	×	×	×
녹 음		○	○	○	이동식 2대만 가능 (2군데만 가능)				×	×	×	×	×	○
자체고정 스크린		○	○	○	○	○	○	○	○	○	○	○	○	×
비디오 프로젝터 (컴퓨터 연결 불가)	VHS 방식 고정	○	○	×	×	×	×	×	×	×	×	×	×	×
이동식 스크린	6대	○	○	○	○	○	○	○	○	○	○	○	○	○
이동식 액정 (슈퍼비디오까지 지원) (컴퓨터 연결 불가)	1대	○	○	○	×	×	×	×	×	×	×	×	×	×
액정 프로젝터	1대	○	○	○	×	×	×	×	×	×	○	○	×	×

- 슬라이드 트레이 : 140캔(2개), 80캔(6대)
- 트랜지스터(220V→110V) : 3K 3대, 1K 2대
- 무선마이크 동시사용 가능대수
  - 거문고 A, B, C : 2개
  - 은하수홀 : 1개
  - 단체식당 : 3개

- 현재 연회장의 모든 회의장 앰프시설은 스피치용이므로 여흥 및 레크리에이션 행사 시 사용할 수 없음
- 야외행사 시 노래방기계 설치 가능 (음향가능)

자료 : The-K호텔 연회 기자재 현황

2) 호텔연회의 행사내용과 확인

연회행사의 책임자는 자신이 담당하는 연회행사 통보서를 체크하여 연회행사 내용을 충분히 숙지하고 파악해야 한다. 특히 연회행사의 임무를 성공적으로 완수하는 데는 관련 부서 간의 협동체제가 필수적이다.

일반적으로 호텔연회가 접수되면 각 부서의 책임자들이 모여 연회행사에 대한 세부사항을 논의한다. 행사범위가 넓고 특별한 경우에는 실제 연회행사의 수개월

전에 세부사항이 계획되며, 조리 담당자와 식음료에 대한 충분한 사전협의가 이루어져 서비스에 지장을 주지 않도록 행사계획서를 수립한다.

연회행사 책임자가 행사지시서에 의해 확인해야 할 사항은 연회행사의 목적, 인원, 고객층, 연회명칭, 연회의 종류와 테이블 플랜(table plan), 사용 연회장의 수, 식음료의 종류, 프로그램과 진행과정, 주최자의 희망사항, 행사시간 등이다. 이러한 내용은 미리 확인하여 관련 부서에 협조를 요청한다.

3) 호텔 연회장의 준비작업과 행사진행

연회행사 지시서에 기초하여 연회장의 준비가 이루어진다. 즉, 연회행사 책임자는 행사지시서뿐만 아니라 행사에 대한 전반적인 사항에 대해 조리 책임자 및 관련 부서와의 사전 협의사항을 상세히 브리핑하고 주의사항을 논의한다. 여기에서는 청소사항, 테이블 배치, 필요한 집기류·비품류·린넨류의 준비, 무대 및 조명 설치, 음향, 냉·난방 점검, 좌석, 명찰, 테이블 세팅, 기타 등을 체크한다.

호텔 연회장의 행사준비가 완료되면 실제 연회가 시작될 때의 행사진행 사항에 대해 연회서비스 종사원들에게 상세히 설명하고, 완성도 높은 행사진행을 위하여 상황에 맞게 예행연습을 실시할 때도 있다.

호텔의 연회서비스는 고객이 호텔에 도착한 때부터 시작하여 연회를 마치고 고객이 호텔을 떠날 때 끝이 난다. 따라서 연회서비스에 있어서 연회행사 진행 전 단계의 서비스(고객 영접), 연회행사 진행 중 서비스[식음료 서비스 및 어텐션(attention)], 연회행사 진행 후 서비스(고객 환송)의 3단계로 구분할 수 있다.

(1) 고객 영접

손님이 입장하기 전에 웨이터·웨이트리스는 연회장 입구에 정렬하여 손님의 입장을 기다린다. 정렬할 때는 키 순서로 선다. 웨이터가 입구 가까운 쪽에, 웨이트리스는 그 다음에 차례대로 정렬한다. 경우에 따라 오른쪽으로는 웨이터, 왼쪽으로는 웨이트리스가 정렬하는 구분정렬법도 있다.

고객을 맞이하면 웨이터·웨이트리스는 순서를 지켜 손님을 연회장 안으로 안내한다. 좌석이 정해져 있으면 고객에게 좌석명을 여쭈어보고 좌석으로 안내한다. 이때 헤드 웨이터 또는 캡틴은 입구에 서서 참가하는 손님 수를 미리 파악한다.

(2) 식음료 서비스 및 어텐션(attention)

호텔연회에서 고객에 대한 식음료 서비스로는 테이블 서비스와 입식서비스의 두 가지가 있는데, 연회 특성과 성격에 따라 요구되는 서비스 형식으로 고객에게 식음료를 제공하면서 연회 중 행사에 필요한 여러 가지 제반사항을 서비스할 수 있어야 한다. 특히 연회행사의 진행에 있어서는 다음과 같은 사항에 유의해야 한다.

1 늦게 도착한 손님에 대하여

연회행사에 늦게 참석한 손님에게는 성명을 확인하고 조용히 좌석으로 안내한다. 주문된 요리는 연회의 유형에 따라 다르나 많은 사람이 참석한 호텔연회의 경우에는 진행되고 있는 코스부터 시작하는 것이 적당하다.

2 도중에 퇴장하는 손님에 대하여

연회행사 중 개인사정이 있어서 일찍 퇴장하는 손님이 있을 경우에는 사전에 부탁받은 시간이 되면 서비스 담당자는 그 손님 곁으로 가서 낮은 목소리로 손님에게 시간을 알려준다. 그리고 기념품·경품 등이 있을 경우에는 일찍 퇴장하는 손님에게 잊지 않고 전해주도록 한다.

3 스피치에 대하여

연회행사 시 스피치를 하는 손님에 대해서는 협의단계에서 미리 파악해 두었다가 스피치 손님의 객석과 순서를 미리 메모해 둔다. 또한 앞 손님의 스피치 도중에 다른 마이크를 다음 스피치 손님의 좌석에 준비하는 경우도 있다.

4 전화의 연결에 대하여

손님에게 전화가 걸려왔을 경우에는 객석을 살펴보고 손님에게 전화가 걸려왔음을 알린다. 뷔페 등의 경우에는 페이징 보드에 손님의 성명을 적어서 회의장을 돌며 페이징 서비스(paging service)를 하도록 한다.

5 실내환경의 조정

연회장의 공기조절·음향·조명 등에 대해서는 항상 주의를 기울이고 파티의 분위기를 유도하도록 한다.

6 시간의 조정

호텔연회의 진행사항에 항상 신경을 쓰면서 행사진행 사항의 시간조정은 다소 탄력적인 운영이 필요하지만 시간이 크게 초과되지 않도록 고객에게 충분한 이해를 조심스럽게 구한다.

7 사회자의 보좌

호텔연회를 성공적으로 마치기 위하여 주최자 측, 또는 사회자를 보좌하는 것도 훌륭한 서비스의 한 부분이다.

(3) 고객 환송

호텔연회가 끝나면 웨이터·웨이트리스는 손님을 전송하고, 회의장의 좌석 등에 고객이 잊고 가져가지 않은 물건이 없는가를 체크한다. 헤드 웨이터 또는 캡틴은 주최자 측에 정중한 인사를 하고, 회계 카운터(cashier desk)로 안내하여 청구서의 확인 및 사인 또는 정산을 하게 한다. 또한, 손님이 혼잡을 이루고 있을 때는 손님의 흐름을 조정한다.

고객이 모두 연회행사장을 떠난 후 고객의 분실물이 없는가를 확인하고, 출입구에 설치한 접수 테이블, 카펫, 아이스 카빙(ice carving) 등을 철거하고, 각종 집기류 및 장비 등의 관리상태를 점검하고, 다음 행사를 위하여 인력계획 및 행사계약서 (E/O : Event Order) 점검, 쓰레기 처리 및 청소 등 최종점검을 한다. 또한, 특별한 행사가 종료되었을 때는 호텔의 정문 쪽에서 환송 서비스도 실시하는 것이 좋다.

4) 연회서비스 책임자의 임무

연회서비스의 책임자는 호텔 전반에 대한 업무지식과 통솔력을 갖추어야 한다.

또한 모든 부분의 연회 운영관리와 연회 종사원의 교육 및 감독 그리고 서비스의 제반요소를 총괄하는 총책임자이다. 이러한 직무는 물론 호텔의 특성에 따라 연회이사, 연회부장, 연회과장의 직책이 있는 호텔기업도 있겠으나 일반적으로 연회서비스의 총책임자를 연회지배인이라고 통칭한다.

연회서비스의 책임자에 대한 주요 임무를 설명하면 다음과 같다.

- 연회행사의 매출 증진을 위하여 연회서비스의 기술을 개발하고, 연회시설 관리와 업무흐름에 대한 조정과 통제를 한다. 그리고 연회상품의 판매계획을 수립하고, 고객의 불편사항을 접수하며, 이를 신속하게 해결하도록 노력한다.
- 관련되는 타 부서와의 긴밀한 협조체계를 유지·발전시키고, 고객과 종사원의 안전관리에 대한 책임을 다한다. 뿐만 아니라 연회장의 업무환경을 최상의 상태로 관리 감독한다.
- 종사원에 대한 교육과 근태(勤怠) 관리를 철저히 하고, 업무에 대한 탄력적인 근로시간의 유지 운영과 이에 대한 감독 및 보상을 책임진다.
- 각종 소모품과 행사 기자재를 철저히 감독하며, 각종 업무회의에 참석하여 행사지원에 관한 사항을 의결한다.
- 연회서비스의 인력운영 계획을 수립하고, 원활한 행사수행을 위하여 충분한 예비인력을 확보하도록 한다[실습생, 인력 헬프시스템(MHS : Manpower Help System)의 구축 등]. 그리고 특별 프로그램의 이벤트 행사를 기획하거나 감독하기도 한다.
- 행사보조 인력[아트 룸(art room), 플라워 숍(flower shop), 하우스맨(houseman), 음향조명실, 기타 용역 등] 부문을 통제하고 감독한다. 또한 일일 매출현황을 감독하고, 철저한 인벤토리(inventory)와 점검을 한다.
- 행사 기자재의 불출감독과 적정한 확보 및 유지를 하며, 행사 진행자 측의 요구사항을 적정하게 고려하면서 업무조정을 실현한다.
- 연회행사 종료 후 고객만족도 조사 및 점검을 수시로 하며, VIP 고객의 영접과 환송을 철저히 한다. 또한, 마케팅 부문의 코디네이터(coordinator)와 행사장을 수시로 점검하고 다른 행사와의 중복사항을 점검하면서 통제 또는 조정을 한다.

표 8-3 | 행사계약서 양식

담당	대리	팀장	부장	총지배인	사장

20 년 월 일 　 예약 No.___

단체명		주소			
행사명		전화		휴대폰	
기간	/( ) ~ /( ) (박 일)	대표자		FAX	
지불		지불보증인원		예상인원	

객실	기간	계(원)	일자	식료	메뉴	금액	인원	계(원)
실(인)	실× 원× 박		일	식(:)				
실(인)	실× 원× 박		일	식(:)				
실(인)	실× 원× 박		일	식(:)				
실(인)	실× 원× 박		일	식(:)				
			일	식(:)				
비고		(계 : 　원)	비고			(계 : 　원)		

(회의장)	(연회)				
		인원	객실 매출	식료 매출	음·주류 매출	기타 매출	누계

부서 ＿＿＿＿＿＿＿＿ 직책 ＿＿＿＿＿＿＿ 고객명 ＿＿＿＿＿＿＿(인)

총지배인	객실	식음료	조리	시설관리	예약금		잔액	
					총액			
					예약담당			(인)

 **연회행사의 준비물과 서비스방법**

1. 연회행사의 준비물

1) 테이블 세팅의 점검

(1) 점검사항

- 카스터(caster)는 미관적으로 잘 정리되어 있는가(테이블에서 볼 때 우측에 후추, 좌측에는 소금의 순서로 세팅한다)?
- 레이아웃, 빵 접시(bread plate), 테이블 기물류(테이블 나이프·포크 등)는 테이블 림(rim)과 가지런하게 정렬되었는가?
- 쇼 플레이트(show plate)는 모양과 무늬가 똑바로 되게 세팅한다.
- 고블렛(goblet)의 위치는 테이블 나이프에서 약 1.5~2cm 부위에 세팅한다.
- 헤드 테이블의 경우는 다른 테이블과 구별되어야 한다.
- 냅킨 등의 린넨류를 점검한다.
- 기타 일체의 품목을 철저하게 마무리 점검한다.

(2) 린넨의 종류 및 사이드 테이블의 준비물

호텔연회에 사용되는 린넨류는 매우 다양하지만, 연회행사 시 가장 많이 사용되는 것을 살펴보면 냅킨, 암타월(arm towel), 테이블 클로스(table cloth), 드레이프(drape), 트레이 클로스(tray cloth), 그린 펠트(green felt), 벨벳(velvet) 등이 있다.

한편 사이드 테이블(side table)의 준비물로는 워터 피처(water pitcher), 이쑤시개(toothpick), 코스터(coaster), 스트로(straw), 케첩, 타바스코(tabasco) 소스, 칠리(chilly) 소스, 우스터(worcester) 소스, 머들러(muddler), 메뉴북, 나이프와 포크, 디저트 스푼, 티 스푼, 버터 나이프, 고블렛, 테이블 클로스, 암타월, 냅킨 등이 있다.

(3) 글라스 준비물

호텔기업에서 사용되는 글라스의 종류는 대략 수백 개가 있다. 그중에서도 호텔 연회에서 가장 보편적으로 사용되는 글라스의 종류는 콜린스(collins) 글라스, 텀블러(tumbler), 올드 패션(old fashion) 글라스, 고블렛, 레드 와인 및 화이트 와인 글라스, 샴페인 글라스, 코디얼(cordial) 글라스, 브랜디 글라스, 사워(sour) 글라스, 칵테일 글라스, 디캔터(decanter) 글라스 등이 있다. 이처럼 다양한 종류의 글라스는 컨벤션 행사 시 식음료 행사 또는 리셉션 행사에 자주 사용된다.

그림 8-2 | 테이블 세팅의 유형

2) 연회행사 유형별 준비물

호텔연회장에서 컨벤션에 관한 행사가 개최되면 대부분 행사를 종료하기 전에 특정 종류의 파티 유형이 개최된다. 이때 준비해야 할 파티 유형별 기물의 종류를 정리하면 다음과 같다.

1 디너 파티

일반적으로 테이블 서비스 파티라고 하며, 가장 격식 있는 행사 및 정중한 행사를 준비하는 것이다. 이를 위해 필요한 준비물은 애피타이저(appetizer) 포크와 나이프, 수프 스푼, 피시(fish) 포크와 나이프, 테이블 포크와 나이프, 디저트 스푼과 포크, 티 스푼, 버터 나이프, 고블렛, 화이트 와인 글라스, 샴페인 글라스, 냅킨, 테이블 클로스, 애피타이저 플레이트(appetizer plate), 피시 플레이트, 메인(main) 플레이트, 디저트 플레이트, 버터 디시(butter dish), 커피세트 등이 있다.

2 뷔페 파티

뷔페(Buffet)는 찬 요리와 더운 요리 등으로 분류하여 음식을 진열해 놓으면 고객이 직접 기호에 맞는 음식을 운반하여 양껏 먹는 식사이다. 이를 위해 수프 스푼, 테이블 나이프와 포크, 디저트 스푼과 포크, 버터 나이프, 티 스푼, 고블렛, 카스터세트(caster set), 냅킨, 언더 클로스(under cloth), 테이블 클로스, 드레이프, 레이스(lace), 메인 플레이트, 빵 접시 등이 준비되어야 한다.

3 칵테일 파티

최근에는 회의 프로그램 일부로서의 역할을 하기도 한다. 보통 알코올 음료와 비알코올 음료 및 각종 과자류 및 전채요리를 포함하고 있으며 초저녁이나 저녁식사를 위해 대처되기도 한다. 샐러드 포크, 서빙(serving) 포크와 스푼, 빵 접시, 칵테일 피크, 칵테일 냅킨, 재떨이, 테이블 클로스, 드레이프, 레이스, 벨벳(velvet), 글라스, 아이스 큐브(ice cube), 아이스 워터(ice water), 주스, 소프트 드링크 등이 준비되어야 한다.

3) 연회서비스의 유형별 특징

(1) 디너 파티

호텔연회장이나 컨벤션센터에서 개최되는 행사에 따른 서비스 유형별 특징은 서비스 방법이 동일하다는 점이다. 그 이유는 국내에서는 컨벤션 개최 장소가 아직도 대부분 호텔기업이기 때문이다. 즉 방켓(banquet) 서비스(연회서비스)에서는 사전에 요리나 음료가 미리 정해져 있으므로, 이를 정해진 순서대로 서비스하면 된다. 따라서 접객종사원은 각자 자기가 담당하게 되는 테이블의 수 및 인원의 수와 특성을 잘 파악한 후 담당 테이블과 좌석의 배열순서에 따라 서비스해야 한다.

또한 연회행사 시 서비스 제공과 관련된 모든 순서를 서비스 책임자의 지시에 따라 실시해야 하고, 접객종사원은 일제히 질서정연하게 행동해야 한다. 그리고 식료 및 음료의 서비스는 반드시 책임자의 지시에 따라 헤드 테이블부터 우선 서비스되어야 하지만, 추가로 서비스하는 것은 관계가 없다.

그림 8-3 | 디너 파티의 유형

1 서비스 계획
- 행사 주최 측의 식탁배열 선호도의 요청에 따라 I형, U형, T형, 편자형 (horse shoe) 등 여러 형태로 배열한다.
- 고객 수에 따른 서비스 인원을 배치한다.
- 담당구역의 정확한 배분으로서 분담된 고객 수에 대한 서비스의 책임을 부여한다.
- 호스트(host)의 서비스가 있을 때에는 분위기를 조성해야 하기 때문에 일시적으로 서비스를 잠시 중단하였다가 재시도한다.

2 코스에 따른 서비스 순서
- 연회가 축하연이라면 최초에 축배가 있을 경우는 축배를 들고, 축배가 끝나면 사회자로부터 연회를 시작하는 인사말이 있게 된다. 그리고 인사말이 끝나면 종사원은 식전음료를 제공하면 된다.
- 식전음료 후에는 애피타이저(appetizer)가 제공된다.
- 애피타이저가 없을 경우에는 수프가 제공되기 직전에 화이트 와인을 서브한다(서브 온도는 약 6~8℃ 유지).
- 수프 볼(bowl)을 치운 다음에 생선 코스를 서브한다.
- 생선 코스 다음에는 샐러드가 서브된다.
- 곧바로 레드 와인을 서브한다.
- 주요리가 서브된다.
- 모든 기물을 치운 다음에는 크러밍 다운(crumbing down : 고객의 테이블 위를 부드러운 솔이나 천을 사용하여 음식의 부스러기를 치우면서 일시적인 재정비를 하는 것)을 실시하도록 한다.
- 포멀 디너(formal dinner)인 경우에는 후식 전에 축배를 드는 경우가 많으므로 종사원은 샴페인을 서브한다(서브 온도는 6~8℃ 유지).
- 디저트를 서브한다.
- 커피와 차 종류를 서브한다.

(2) 칵테일 파티

칵테일 파티에서는 손님의 입장이 시작되면 접객종사원은 준비된 바(bar)로부터 3~4종류의 칵테일 및 음료수를 서비스 트레이(tray)에 담아서 출입구 주위에 대기하면서 손님에게 서브한다.

이를 구체적으로 설명하면 다음과 같다.

- 입구에 대기하면서 입장객에게 "어떤 종류의 칵테일을 드시겠습니까?"라고 물어보면서 서비스를 실시한다.
- 글라스는 칵테일 냅킨을 사용하여 밑부분을 받쳐서 서브한다.
- 파티 장소에 손님의 1/2 정도가 참석했을 때는 일부 접객종사원은 손님 사이를 돌아다니면서 다음 잔의 주문을 받아 서브한다.
- 칵테일 테이블의 주위에는 많은 글라스와 접시류 등이 산재하게 되므로 이를 보기 흉하지 않도록 치운다.
- 바(bar)에는 항상 부족한 글라스를 보충하도록 한다.

그림 8-4 | 칵테일 파티의 유형

(3) 뷔페 파티

1 오픈 뷔페

어떤 특정한 단체에 대한 행사가 아니라 불특정 다수인들이 자유롭게 이용할 수 있으며, 사전주문에 의해 준비된 것이 아니라, 상설적으로 운영되는 뷔페를 의미한다. 오픈 뷔페에서는 이용자 개인이 이용대금을 지불한다.

그림 8-5 | 뷔페 파티의 유형

2 클로즈 뷔페

행사 주최 측인 진행자의 주문 및 행사특성에 의해 가격별 음식의 양과 종류가 정해지는 것을 의미하며, 일반적인 연회행사에 자주 이용되는 뷔페이다.

3 뷔페의 장단점

ㄱ 장점

- 많은 수의 고객을 서비스할 수 있다.

- 국적이 다른 여러 나라의 고객들에게도 편리하게 서비스할 수 있다.
- 고객의 기호에 따라 양을 조절할 수 있다.
- 소수의 인원으로도 좌석의 회전율을 높일 수 있다.

   ⓛ 단점

- 여러 종류의 음식을 준비해야 한다.
- 여러 종류 음식 제공 시 자칫 대기시간이 길어질 수 있다.
- 선호음식 부족으로 인한 고객 컴플레인이 예상된다.
- 음식이 남을 때는 낭비와 손실발생의 우려가 있다.

4) 연회서비스의 기본

(1) 테이블 세팅의 기본

호텔연회 시 테이블 정렬이 모두 완료되었으면 세팅을 기본적으로 실시한다. 물론 세팅의 기본적 사항은 각종 기물류·글라스류·도자기류 등을 순서대로 세팅하는 것이다.

구체적인 방법은 다음과 같다.

- 1인당 차지하는 의자의 폭을 고려하면서 접은 냅킨을 세팅할 자리에 놓는다. 대체로 1인당 의자의 폭은 60~70cm이므로 냅킨을 사용하여 기준을 설정하면 된다.
- 테이블 나이프를 세팅하면서 다시 기준을 잡는다.
- 다음 동작의 종사원은 테이블 포크를 세팅한다.
- 이와 같은 순서로 샐러드 포크, 디저트 포크, 디저트 스푼, 빵 접시, 버터 디시 (butter dish)를 세팅한다.
- 포크와 나이프는 테이블 끝부분의 림(rim)으로부터 약 1.5~2cm 떨어지도록 한다.
- 깨끗이 닦은 도자기류는 빵 접시, 버터 디시의 순서로 세팅한다.
- 깨끗이 닦은 글라스류는 고블렛(goblet), 레드 와인 글라스의 순서로 세팅하되 고블렛 글라스의 위치는 테이블 나이프의 위쪽 끝부분에 위치하도록 한다.

- 테이블을 중심으로 왼쪽부터 소금·후추·이쑤시개·꽃병 등의 순서로 세팅한다.
- 다음은 냅킨을 펼치도록 한다. 이때 세팅에서 누락된 것이 없는지 또는 세팅이 완벽하게 되었는지 최종 확인을 한다. 그런데 완벽하게 세팅되지 않은 자리는 냅킨을 펼치지 말고, 모든 세팅을 끝낸 뒤에 펼치도록 한다.
- 마지막으로 모든 세팅을 최종 확인하고, 세팅이 완벽하다고 인정되면 의자를 깨끗한 것으로 정렬하도록 한다.
- 커피세트는 깨끗한 것을 준비하여 백사이드 스테이션 테이블(back side station table)에 미리 준비해 놓았다가 식사가 끝나면 크러밍 다운을 실시한 후에 테이블에 세팅하면서 커피 서브를 하면 된다.

이상과 같은 방법으로 세팅할 때 고려해야 할 주의사항은 다음과 같다.

- 백사이드 준비 및 테이블 세팅은 보통 행사 1시간 전까지 완료시킨다.
- 테이블 세팅 및 기타 사항은 고객이 원하는 방향대로 하되, 주최 측과 협의하여야 한다.
- 노멀(normal) 행사인 경우에는 얼음물·빵 등을 미리 테이블에 준비시켜도 된다.
- 백사이드에는 디시(dish), 각종 소스류, 암타월, 서비스 트레이, 수프 래들(soup ladle), 커피포트, 워터 피처(water pitcher) 등을 충분히 준비시켜 놓는다.
- 서브 도중에 발생되는 고객의 요청사항은 상황을 잘 이해시키면서 즉시 이행한다.
- 행사담당 지배인 및 캡틴은 사전에 행사계획을 점검해야 한다.

2. 연회서비스의 종류

1) 테이블 서비스 파티의 특징

테이블 서비스 파티(table service party)는 일명 디너 파티라고도 하며, 연회행사 중 가장 격식을 갖춘 의식적인 연회로서 그 비용도 높을 뿐만 아니라 사교상 어떤 중요한 목적이 있을 때 개최하는 것이 특징이다. 이는 초대장을 보낼 때 연회의 취지와 주빈의 성명을 기재한다. 초대장에는 복장에 대해 명시를 해야 하며, 명시가 없으면 정장차림하는 것이 상식이다.

연회가 결정되면 식순이 정해지고 참석자가 많을 경우는 연회장 입구에 테이블 플랜(배치도)을 놓아 참석자의 혼란을 피하도록 한다.

디너 파티는 초청자와 주빈이 입구 쪽에 일렬로 서서 손님을 마중하는, 이른바 리시빙 라인(receiving line)을 이루어 손님을 맞이한다. 이는 식사 전에 리셉션 칵테일을 가지며, 식당의 입장은 호스트(host)가 주빈 부인을 에스코트하여 선도하고, 다음으로 주빈이 호스티스(hostess)를, 그 이하는 남성이 여성에게 오른팔을 내어 잡도록 하여 좌석 순위에 따라 착석한다.

요리의 코스가 예정대로 진행되어 디저트 코스에 들어가면 주빈은 일어서서 간략하게 인사말을 한다. 또한, 식탁의 배열은 식당이나 연회장의 넓이와 참석자 수, 그리고 연회의 목적에 따라 여러 스타일로 연출한다. 식순에 있어서는 파티의 성격, 사회적 지위나 연령층에 따라 상하가 구별되지만, 경우에 따라 주최자와 충분한 협의 후에 결정한다. 외국인의 경우 부인을 위주로 하며, 대체로 그 룸의 상석은 입구에서 가장 먼 내측이 상석이 된다.

그림 8-6 | 테이블 서비스 파티의 유형

2) 칵테일 파티

칵테일 파티는 여러 주류와 음료를 주제로 하고 오드블(Hors d'oeuvre)을 곁들이면서 스탠딩(standing) 형식으로 행해지는 연회를 말한다. 식사 중간, 특히 오후 저녁식사 전에 베풀어지는 경우가 많다. 축하일이나 특정인의 영접 때는 그 규모와 메뉴 등이 다양하고 서비스방법도 공식적으로 차원 높게 베풀어지지 않으면 안 되나 일반적으로 결혼·생일·귀국기념일 등에는 실용적인 입장에서 칵테일 파티가 이루어진다.

칵테일 파티를 준비함에 있어서 예산과 정확한 초대인원, 메뉴의 구성, 파티의 성격 등을 파악하여 놓지 않으면 안 된다. 특히 소요되는 주류를 얼마나 준비해야 하는가 하는 문제는 매우 중요하다. 보통 한 사람당 3잔 정도 마시는 것으로 추정하는 것이 합리적이다.

칵테일 파티는 테이블 서비스 파티나 디너 파티에 비하여 비용이 적게 들고, 지위고하를 막론하고 자유로이 이동하면서 자연스럽게 담소할 수 있고, 참석자의 복장이나 시간도 별로 제약받지 않기 때문에 현대인에게 더욱 편리한 사교모임 파티이다.

고객들이 파티장 입구에서 주최자와 인사를 나눈 다음 입장을 하고 연회장 내에 차려진 바 테이블에서 좋아하는 칵테일이나 음료를 주문하여 받은 다음 격식을 차리지 않고 손님들과 어울리며 파티를 즐기게 된다.

서비스 종사원들이 특히 주의해야 할 점은 준비되어 있는 음식과 음료가 소비되어야 하므로 셀프 서비스 형식이더라도 고객 사이를 자주 다니면서 재주문을 받아야 한다는 것이다. 특히 여성고객들은 오드블 테이블에 자주 가지 않는 경향이 많으므로 오드블 트레이(tray)를 들고 고객 사이를 다니면서 서비스하는 것을 잊지 말아야 한다.

3) 뷔페 파티

뷔페는 파티 때마다 아주 다양한 형식과 모양으로 준비될 수 있다. 단지 샌드위치류와 한입거리(finger)의 간단한 음식을 뜻할 수도 있고, 정성들여 만든 여러 코스의 실속 있는 식사를 뜻하기도 한다. 찬 음식(cold meal)과 더운 음식(hot meal)을 동시에 준비할 수 있으며 음식을 연회직원이 서비스할 수도 있고, 고객이 자기 양껏 기호대로 가져다 먹을 수도 있다. 뷔페도 디너 식사만큼 형식을 갖출 필요가 있다.

참석인원 수에 맞게 뷔페 테이블에 각종 요리를 큰 쟁반이나 은쟁반에 담아 놓고 서비스 스푼과 포크 또는 집게를 준비하여 고객들이 적당량을 덜어서 식사할 수 있도록 하는 파티를 말하며, 좌석순위나 격식이 크게 필요 없는 것이 장점이다. 연회직원은 음료 서비스에 신경을 써야 하며, 사용된 접시는 즉시 회수한다.

4) 스탠딩 뷔페 파티

스탠딩 뷔페 파티는 양식요리가 추가되어 중식·일식·한식 요리 등이 함께 곁들여지는 것이 특징이므로 고객들의 취향에 맞는 요리와 음료를 마음껏 즐길 수 있도록 때로는 연회장 벽 쪽으로 의자를 배열하여 고객의 편의를 제공하기도 한다.

따라서 스탠딩 뷔페 파티는 '한 손에 접시를 들고 다른 한 손엔 포크를 들고 서서 하는 식사'라고 정의할 수 있는데, 이러한 식사형태는 공간이 비좁아서 테이블과 의자를 배치할 수 없는 경우에 적합하다. 스탠딩 뷔페(standing buffet)는 착석 뷔페 (sitting buffet)에 비해 비교적 형식에 구애를 덜 받지만 적게 먹는 경향이 있다. 이 것은 식탁의 준비 없이 음식을 먹는다는 것이 용이하지 않기 때문이다.

그림 8-7 | 스탠딩 뷔페 파티의 유형

5) 착석 뷔페 파티

착석 뷔페 파티(sitting buffet party)는 음식이 식당에 차려지기 때문에 저녁식사 나 점심식사와는 또 다른 주요리의 식사이다. 그러므로 이러한 형식의 음식을 준 비하려면 먼저 고객이 전부 앉을 만한 테이블과 의자를 갖추어야 하고, 접시·글라 스·포크·나이프·냅킨 등을 모두 구비하여 테이블에 정돈해 놓아야 한다.

224

그림 8-8 | 착석 뷔페 파티의 유형

그리고 요리장이 많은 관심을 갖고 음식과 관련된 최고의 장식과 구색을 갖추어 준비한 요리를 뷔페 테이블에 가지런히 진열해 놓는다. 이때 고객의 접시에 음식을 효과적으로 서브할 수 있는 주방요원을 확보해 주는 것이 좋다. 그 이유는 고객이 직접 카빙(carving)을 요하는 음식을 썰어 담기가 힘들기 때문이다. 그리고 뷔페가 시작되면서 음식 전부를 테이블에 준비하는 것보다 일정 부문의 분량만큼씩 자주 음식을 바꾸어주는 것이 효과적이다.

6) 테이블 뷔페 파티

뷔페 파티는 연회행사에 참석하는 고객들의 입맛을 모두 고려할 수 있다는 장점으로 가장 인기 있는 메뉴로 등장했다. 그러나 행사인원이 많아질 경우 연회 참가자들에게 뷔페 라인을 형성시켜 여러 가지 불편을 초래할 수도 있다. 이와 같은 단점을 극복하기 위해 새롭게 등장한 것이 테이블 뷔페 파티이다.

테이블 뷔페 파티(table buffet party)는 뷔페음식 테이블을 별도로 두지 않고 메뉴에 따른 적정량의 음식을 작은 용기를 사용하여 종류별로 고객용 테이블에 직접 마련한 것이다. 때문에 일반 뷔페행사와 달리 고객들은 일어서서 음식을 가지러 갈 필요 없이 앉은 자리에서 식사를 할 수 있다. 결국 일반 뷔페행사보다 더 품위 있고 조용하게 많은 인원의 손님들에게 뷔페를 제공할 수 있는 방식이라고 볼 수 있다. 테이블 뷔페는 마치 한정식을 차린 것과 비슷하나 한정식과는 메뉴 구성에서 차이가 난다.

7) 리셉션 파티

리셉션(reception)은 글자 그대로 리셉션만 베풀어지는 행사이므로 한번 제공된 음식들로만 채워지고 음식이 추후에 더 제공되거나 이어지는 경우는 없다. 즉, 음식을 충분히 섭취할 수 있도록 준비되는 것이 아니라 간편하게 일회용 정도의 분량만을 준비하며, 보통 2시간 정도 행사가 진행된다. 제공되는 음식은 대체적으로 카나페 · 샌드위치 · 커틀릿 · 치즈 등의 한입거리 음식으로 준비하며, 더운 음식과 차가운 음식으로 다양하게 구성해야 한다.

주류로는 식사 전 리셉션에서는 독한 술이 어울리지만 풀 리셉션(full reception)에서는 디너와 뷔페에서와 같이 고객에게 와인류를 내어도 된다. 즉 적포도주나 달콤한 백포도주, 드라이 백포도주(dry white wine)와 로즈 포도주(rose wine)류 등을 고객이 선택하여 들 수 있도록 준비하고, 포도주의 질은 가격과 모임의 특성에 따라 결정하도록 한다.

8) 티 파티

티 파티(tea party)란 일반적으로 브레이크 타임을 이용하여 간단하게 개최되는 것을 말한다. 칵테일 파티와 마찬가지로 입식(standing style)으로 커피와 티를 겸한 음료와 과일, 샌드위치, 디저트류, 케이크류, 쿠키류 등을 곁들인다.

보통 회의 중간에 휴식시간을 이용하여 간단히 제공되기도 하며, 좌담회 · 간담회 · 발표회 등에서 많이 하는 파티의 일종이다. 또한, 축하연 · 동창회 · 생일파티 등의 간단한 파티에 적용되기도 하는데, 음식은 1인분씩 다과를 세트로 차려놓고 자유롭게 이용한다.

9) 출장연회 파티

출장연회 파티(outside catering party)는 근래에 오면서 소비자들의 선호도가 높아지고 있으며, 이는 호텔 측에서 음식을 준비하여 연회 주최자가 요청하는 장소로 이동하여 음식과 서비스를 함께 제공하는 파티를 말한다.

출장연회의 형태는 연회의 규모, 연회의 성격과 목적, 연회의 장소 등에 따라서 매우 다양하게 연출된다. 대체적으로 출장연회의 형태는 소규모적인 행사가 많은 것으로서, 개인 가정집에서의 조촐한 파티나 가족연회·생신잔치·돌잔치 등의 단조로운 규모가 지배적이다. 또한, 특별한 행사의 원활한 진행을 위하여 행사장소에서 직접 음식을 준비해야 될 때 출장연회를 요청하기도 한다. 특히 근래에 들어오면서 사무실 이전이라든가 사옥 기공 및 준공에는 출장연회가 매우 편리하게 이용되고 있다.

따라서 이러한 형태의 파티를 요청받게 되면, 연회 책임자가 제일 먼저 해야 할 일은 주방 책임자와 함께 행사장소를 직접 방문하는 것이다. 즉, 각각의 책임자는 이동장비의 현황과 식사장소의 공간활용, 주방의 규모와 활용 가능성, 어느 정도의 메뉴 제공이 가능한지와 이에 따른 가격의 산정, 인력투입의 예상인원 등 외적인 환경변화에 따른 능동적인 대처방안을 강구해야 하며, 적정한 가격을 계획해야 한다.

그림 8-9 | 출장연회 파티의 유형

출장연회는 여러 가지 행사품목과 장비, 음식, 종사원 1인당 생산원가 등 매우 다양한 생산요소들이 이동해야 해서 원가가 상대적으로 높게 형성되기 때문이다.

표 8-4 | 연회서비스 시 점검사항

구분	내 용	비고
연 회 서 비 스 시 점 검 사 항	1. 행사장소 점검과 철저한 점검	
	2. 참석 예상인원 확인(행사 전과 당일기준)	
	3. 행사시간 확인	
	4. 메뉴 확인(행사 전과 당일기준)	
	5. 음료, 오드블 및 CKT 확인	
	6. 각종 사인보드(signboard) 문구 확인	
	7. 현수막 문구와 부착위치 확인	
	8. 행사 프로그램 확인	
	9. 호텔 기자재 협조사항 확인(녹음 · 전화 · 조명 · 연단 등)	
	10. 마이크 수량 및 위치 확인	
	11. 꽃장식 위치 확인	
	12. 아이스 카빙(ice carving) 모양 · 문구 · 위치 확인	
	13. 엔터테이너(entertainer) 확인(밴드 · 피아노 · 노래 · 사회자 등)	
	14. 케이크 절단과 시간, 건배, 축배 등의 확인	
	15. 와인 · 샴페인 등의 음료 확인	
	16. 브레이크 타임 확인	
	17. 명찰 및 명패 확인	
	18. 테이블 배치도와 세팅방법 확인	
	19. 행사 식순 확인	
	20. 행사담당 인솔자 또는 진행자의 위치와 부가 서비스 확인	
	21. 행사에 VIP 고객의 참석 여부 확인	
	22. 차량배차 확인	
	23. 행사대금 지불 책임자 및 지불방법 철저히 확인	
	24. 행사 인솔자 또는 진행자의 비상연락망 확인	
	25. 객실의 사용 여부 확인	

표 8-5 | 회의 세미나 시 점검사항

구분	내 용	비고
회 의 세 미 나 시 점 검 사 항	1. 배치도는 행사주문서와 동일하게 되었는가?	
	2. 참석인원과 좌석 세팅은 일치하는가?	
	3. 무대단상은 충분한 공간과 장비가 준비되었는가?	
	4. 연단, 얼음물, 사이드 스테이션(side station) 등은 준비되었는가?	
	5. 입구의 안내 데스크는 준비하였는가?	
	6. 조명, 마이크 볼륨 등은 점검하였는가?	
	7. 강사가 바뀔 때마다 물잔의 교대를 준비하고 있는가?	
	8. 입구에 전화기는 설치하였는가?	
	9. 출입구 및 분리용 병풍은 준비하고 있는가?	
	10. 파티션(partition)은 이상 없이 준비되었는가?	
	11. 무선 마이크의 준비와 작동상태는 점검하였는가?	
	12. 동시통역 시설의 필요 여부를 확인하였는가?	
	13. 각종 오디오 및 녹음용 시설의 설치 여부는 확인하였는가?	
	14. 강의내용 녹음 여부는 확인하였는가?	
	15. 각종 사인보드와 화이트보드, 필기용 도구와 메모지 등은 이상 없이 준비하였는가?	
	16. 각종 현수막은 철저하게 점검하였으며, 부착위치는 적당한가?	
	17. 브레이크 타임(break time)은 확인하였는가?	
	18. 고객이 반입하고자 하는 음료는 사전에 충분히 논의되었는가?	
	19. 행사장이 갑자기 변경되는 일이 발생되지 않도록 사전에 철저한 확인을 하였는가?	
	20. 행사장 대여료와 사용시간은 행사주문서와 동일한가?	
	21. 행사장 준비를 위하여 투입된 종사원에게 충분한 안전교육을 시켰는가?	
	22. 체어 카(chair car), 왜건(wagon) 등의 운반용 기물은 이상이 없는가?	
	23. 테이블과 의자의 열과 행은 올바르게 준비되었는가?	
	24. 세팅이 모두 종료된 다음에 바닥과 주변의 정리정돈을 실시하는가?	
	25. 이동무대는 반드시 2인 1조로서 작업을 수행하는가?	
	26. 각종 린넨류의 세팅은 팽팽하게 균형을 이루고 있는가?	
	27. 린넨류의 세팅은 흠집이 없는 것으로 하고, 모서리가 많으므로 특별한 주의를 기울이고 세팅하는가?	

| 학습문제 |

1. 호텔연회의 의미와 특성은 무엇인가?

2. 호텔연회에서는 주로 어떠한 상품을 판매하는가?

3. 호텔연회장의 준비작업에는 어떠한 것이 있는가?

4. 연회서비스에서 식음료 서비스와 어텐션(attention)이 중요한 이유는 무엇인가?

5. 연회서비스 책임자의 주요 임무는 무엇인가?

6. 테이블 세팅의 점검사항은 왜 중요한가?

7. 디너 파티의 특징은 무엇인가?

8. 디너 파티에서 코스에 따른 서비스 순서를 설명하시오.

9. 테이블 세팅의 기본법은 어떻게 하는가?

10. 테이블 세팅을 할 때 고려해야 할 주의사항은 무엇인가?

11. 테이블 서비스 파티의 특징은 무엇인가?

12. 출장연회 파티와 리셉션 파티의 차이점은 무엇인가?

PART

9

컨벤션 마케팅과
전시 이벤트

제1절 컨벤션 마케팅의 의미
제2절 전시 컨벤션의 개요

제 1 절　　컨벤션 마케팅의 의미

1. 컨벤션 마케팅의 개념과 컨벤션 세일즈

1) 컨벤션 마케팅의 개념

　마케팅은 인간의 필요(근본적 욕구)와 욕구(구체적인 욕구)를 이해하는 데서 기인하였다. 인간은 본능적으로 항상 필요(needs)와 욕구(wants)를 갈망한다. 필요란 '어떤 기본적인 만족이 결핍된 상태를 의미'한다. 쉽게 말해서, 배가 고프면 먹을 것을 섭취하고 싶고, 추우면 따뜻하게 유지하고 싶고, 궁금하면 알고 싶어 한다. 반면 욕구란 '필요를 만족시켜 주는 세부수단에 대한 구체화된 바람'이라고 하였다. 배가 고프면 먹을 것을 섭취하기 위하여 세부적으로 김밥, 스파게티, 설렁탕 등 구체적으로 방법을 생각하는 것, 손난로나 옷을 통하여 체온을 올려 따뜻하게 체온을 유지하고 싶거나 관심분야 등에서 궁금증이 생겼을 경우 서적이나 인터넷 검색을 통하여 지식을 충족하고자 하는 구체적인 방법을 말한다. 결국 마케팅은 이러한 인간의 필요와 욕구를 이해하는 데서 출발하며 발전해 왔다는 것이 가장 기초가 되는 부분이다.

　이러한 개념에서 출발하여 사전적으로 정의된 마케팅은 "시장에서 팔고 사는 행위", "광고와 거래 등을 통해 생산자로부터 소비자에게 상품을 이전하는 행위"라고 정의된다. 따라서 마케팅은 구매자와 판매자 모두에게 어떤 활동을 가져다준다. 마케팅은 세일즈를 포함하여 리서치, 전략실행, 광고, 매체, 세일즈 촉진, 마케팅 프로그램을 감시하는 등 많은 요소들을 포함한다. 또한 세일즈는 개인접촉이나 전화, 우편 등에 의해 행해지며, 세일즈가 상품이나 시설을 파는 것에서 소비자가 무엇을 원하고 있는지에 초점을 맞춘 마케팅 개념으로 변화하게 되었다. 마케팅은 트렌드를 연구하고 성공적인 세일즈 기법의 개발에 초점을 맞추며, 성공적인 세일즈는 효과적인 마케팅 전략들에 달려 있다고 할 수 있다.

이와 같이 전개되는 의미를 종합해 보면, "고객의 다양한 니즈(needs)와 욕구(wants)를 파악하여 컨벤션 운영기업의 이익실현 증대에 실질적으로 기여할 수 있는 다양한 판매활동"을 컨벤션 마케팅의 의미로 해석할 수 있다.

컨벤션은 단순히 국제·국내회의뿐만 아니라 전시회나 견본시장 등을 포함하고 있으며, 오히려 전시·교역 및 이벤트 기능이 더욱 중요시되는 경향도 있다. 이처럼 국제회의를 유치하여 개최함으로써 경제적 이익은 물론 여러 측면에서 다양한 파급효과를 기대할 수 있으므로 컨벤션산업에 대한 마케팅 활동의 중요성이 강조되고 있다. 최근까지 컨벤션산업 육성을 위한 경제적 효과분석에 대한 많은 연구들이 진행되고 있으며, 파급효과를 국가 경제적 기여도에 따라 타 산업과 비교하거나 사회적으로 관광효율성에 있어 매우 중요하다는 결과들을 발표하는 추세이다.

경제적 파급 효과 측면에서 보면 컨벤션산업은 컨벤션센터와 관련된 산업분야 외에도 교통, 쇼핑, 인쇄출판 등 여러 산업분야에 직접적 또는 간접적으로 큰 영향을 미치는 서비스 산업이다. 국민경제 발전에 대한 기여와 비중이 매우 크며 관광산업과 마찬가지로 외화획득, 고용창출, 재정수입 증대, 국제수지 개선 등을 통해 국민경제 발전에 기여한다. 또한 컨벤션 참가자가 어떻게 인식하고, 향후 행동의도에 어떤 영향을 미치는가에 대한 체계적이고 과학적인 평가를 통해 효과적인 마케팅을 수행하는 것이 중요해지는 것이다. 결국 지역사회는 지자체의 특성에 따른 표적시장을 두고 구체적이고 장기적인 준비를 해야 한다고 하였다. 이는 컨벤션 참가자 만족은 바로 재방문의도를 높이고 확실한 홍보효과를 기대할 수 있는 구전의도를 창출할 수 있는 방안이기 때문이다.

이에 세계 여러 국가들은 컨벤션산업을 주요 첨단전략산업으로 인식하여 컨벤션시설의 건설 및 운영을 위한 각종 지원책 마련에 노력과 투자를 아끼지 않는 등 컨벤션산업의 체계적인 개발과 마케팅 활동에 주력하고 있는 실정이다.

따라서 컨벤션산업과 연관하여 마케팅에 대한 개념을 살펴보면 컨벤션이라는 용어가 통용되기 시작한 시기가 분명하지는 않지만, 최근 들어 그 의미가 명확해지면서 컨벤션 마케팅에 대한 개념이 다양하게 정의되고 있다.

그리고 마케팅 활동의 목적을 구체적으로 설명하면, 시장상황 및 고객 분석을 통하여 목표시장을 선정하고 시장의 접근방법을 개발하며, 포지셔닝 및 광고 그리고 홍보활동을 통하여 차별화된 마케팅 전략을 수립하는 데 있다. 그리하여 영업활동의 비전과 방향을 제시함으로써 제품이나 생산품목의 판매량 증대에 궁극적으로 기여하는 데 의의가 있다. 따라서 무엇보다 고객의 욕구가 무엇인지 올바르게 파악하여 경영활동에 적극 반영해야 한다.

또한 컨벤션과 관련된 상품의 마케팅 활동에서도 효율적인 광고 및 홍보활동을 통해 컨벤션과 관련된 포지셔닝이 확립되어야 한다. 특히 컨벤션 행사에 관한 예약 부문에서는 고객의 니즈와 욕구를 정확히 파악하여 예약을 접수하고, 고객자료를 수집·분류·통합하는 예약업무 및 마케팅 업무를 동시에 수행할 수 있어야 한다.

뿐만 아니라 컨벤션 상품을 직접 마케팅해야 하는 판매활동에서는 목표시장별로 효율적인 판촉활동을 통해 판매량 증대와 생산성 향상에 주력하며, 경쟁업체와 차별화된 판매활동을 통해 경쟁력을 확보하고, 지속적으로 업계의 경쟁우위를 확보해야 한다.

2) 컨벤션 세일즈

일반적인 컨벤션 마케팅이란 계획을 세우기 이전에 시장분석, 계획, 변화하는 시장의 변수들을 통제하는 데 초점을 맞추고 장기적인 트렌드와 새로운 상품 등 미래의 성장을 위해 전략들을 만들어내는 데 중점을 둔다. 또한 이를 위하여 최적의 시장세분화 믹스를 결정한 후 이익을 창출하는 계획수립을 하는 데 초점을 맞추는 것을 의미한다.

컨벤션 세일즈는 소비자에게 현장 방문이나 사무를 통해 판매하는 데 중점을 두고 단기적으로 고려할 사항들 다시 말해 현재의 상품들, 시장, 소비자, 전략들에 초점을 맞추면서 용량과 할당량, 현재의 세일즈, 보너스, 커미션에 관심을 두는 것을 말한다. 세일즈를 위한 마케팅 전략들로는 직접적인 세일즈, 유치계획안 발표, 지역기관들을 이용한 접촉, 광고, 친목연수(Farm Tour), 개최지 간행물과 브로슈어 발간 및 배포, 직접 우편물 발송(Direct-Mail), 텔레마케팅(Tele-marketing), 협력 프로그램 등이며, 그 밖에 인터넷을 통한 마케팅 전략으로는 인터넷 홈페이지 구축, 이메일 홍보, 웹캐스팅 등의 방법이 있다.

2. 컨벤션 마케팅 전략계획 수립

1) 전략계획의 개념

전략계획은 조직의 목표, 능력과 마케팅 기회, 환경변화와의 전략적 적합성을 개발하고 유지하는 과정이다. 경영에 대한 체계적 사고를 제공하고 목표와 정책의 일치, 업무조정 및 성과표준의 제공, 미래의 시장 환경변화를 예측하여 탄력적인 대응책을 유도하기 위한 것이다.

이를 위해서는 기업사명(corporate mission)에 대한 규정이 선행되어야 한다. 목표 고객은 누구인가? 고객 가치는 무엇인가? 향후 사업은 어떻게 되어야 하는가? 등에 대하여 단순 명료한 해답을 정의해야 한다. 이에 따라 조직도, 변화할 수 있는 시장환경의 변화적응, 일련의 과정들을 해답과 일치하는 선을 유지하면서 구성하는 것이다.

다음으로 구체적인 기업목표의 설정이다. 기업사명의 연장선에서 구체적이고 세부적인 하위목표들을 명확하게 하는 과정이라 할 수 있다. 예를 들어, 연말까지 15%, 시장점유율 달성, 경영이익 200% 달성 등을 들 수 있다.

2) 마케팅계획

마케팅 관리는 마케팅계획을 수립, 실행하고 통제하는 과정이다. 따라서 마케팅 계획의 수립은 사업 및 상품단위에서의 관리적 절차를 수행하기 위한 가장 기본적인 출발점이다. 이에 마케팅계획은 조직원의 미래지향적 사고를 유도하고, 자산의 가장 적합한 활용 및 목표 달성을 위한 책임설정, 세일즈 활동의 통합 등을 통하며 마케팅 활동성과의 평가기준이 되는 것이다.

또한 특정 세분시장의 시장점유율 제고나 새로운 비즈니스 기회를 발견하고 성장 잠재력에 영향을 미치는 이슈에 대한 시스템적 접근 제공이 가능하게 할 수도 있다.

이처럼 마케팅계획은 기본 전제가 마케팅 및 세일즈 활동에 대한 평가에 있으며, 컨벤션 비즈니스 성격상 국제회의나 기타 여러 행사 유치에 다소 긴 시간(1년 이상)을 준비해야 하며, 세일즈 목표가 1년 이내로 설정된 경우에는 신규고객을 유치하기보다는 기존 이용하였던 고객을 대상으로 성과를 이루어야 하기 때문에 장기적인 수익증대 기회가 그만큼 줄어드는 한계점이 있다는 것이 특징이며 다른 마케팅계획과의 차이점이 있다고 할 수 있다.

특히 행사 유치를 위하여 투자한 광고, 전시회 참가에 대한 마케팅 활동의 경우 성과가 단시간에 나타나기보다는 장기적인 시간이 흐른 후 성과가 나타난다. 따라서 컨벤션 마케팅계획은 연간 사업계획과 보완적으로 사용하게 되는데, 마케팅계획은 중장기 마케팅 활동의 기본지침으로서의 역할을 수행하면서 연간 목표설정 및 평가기준으로 활용하는 것이다.

3) 마케팅계획의 수립절차

마케팅계획의 수립절차는 상황분석, 시장세분화와 표적선택, 목표수립, 마케팅믹스 결정, 실행프로그램 수립, 예상 손익계산서 작성 등의 단계로 구분해 볼 수 있다(Astroff & Abbey, 2002).

다음 〈표 9-1〉은 마케팅계획의 수립절차를 나타낸 것이다.

표 9-1 | 마케팅계획의 수립절차

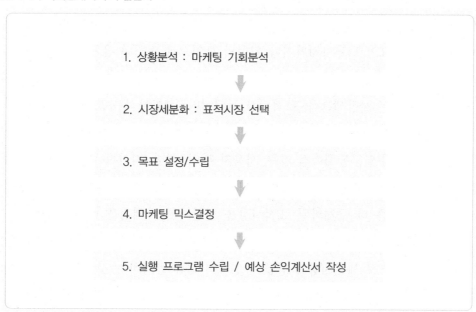

1. 상황분석 : 마케팅 기회분석

2. 시장세분화 : 표적시장 선택

3. 목표 설정/수립

4. 마케팅 믹스결정

5. 실행 프로그램 수립 / 예상 손익계산서 작성

첫 번째 단계는 상황분석이다. 이는 마케팅 기회분석이라고도 한다. 해당 프로젝트나 주제에 관한 상황분석으로 현재의 역량을 파악하고 이로부터 새로운 기회나 위협요인을 파악하는 것이다. 특히 컨벤션에서는 주최자와 참가자에 관한 분석이 무엇보다 중요하며, 특정 유치 희망지역을 중심으로 거시경제적 환경분석 등 제반 환경에 대한 다양한 분석도 함께 이루어져야겠다. 이 단계는 크게 정보나 자료를 수집하는 단계와 이를 통해 기회와 위협요인을 도출하는 단계로 구분해 볼 수 있다. 주로 컨벤션과 관련된 자료나 정보는 ICCA와 같은 세계 유명단체, 기관의 각종 데이터베이스를 통하여 제공받을 수 있으며, 국내에서는 한국관광공사의 코리아MICE뷰로 팀을 활용하여 얻을 수 있다.

하지만 이 단계에서 무엇보다 중요한 것은 국제회의 개최의사를 정확하게 파악하는 것으로 국제회의를 유치하려는 지역의 역량, 이미지, 시민들의 참여 등은 물론 이러한 요소들을 감안하여 참여하겠다는 참가자들의 의지를 면밀히 검토하는 것이다. 이렇기 때문에 컨벤션 유치라는 가시화된 결과를 도출하기 위해서 단기간으로 그 지역의 역량이나 이미지를 홍보나 광고하기보다는 중장기적 계획을 통한 지속적인 마케팅이 필요하다는 것이 전제가 되어야 하며, 이 상황에 대한 분석이야말로 기회의 요인으로 가져가거나 위협의 요인으로 인하여 유치하지 못하느냐의 요인들을 도출하는 상황분석이 매우 중요하다고 할 수 있다.

두 번째 단계는 시장세분화, 표적시장 선택이다. 상황분석을 토대로 하여 전략대안을 선택하기 위해서는 시장이나 고객에 대한 정확한 정보가 필요하다. 예를 들어, 참가자들의 인구통계학적 기준, 사용자 편익, 성별, 지리적 특성, 식성 등 다양한 기준을 중심으로 구분할 수 있을 때 시장세분화한다고 말하며, 이러한 데이터를 바탕으로 좀 더 구체화된 표적시장을 선정하여 마케팅을 하는 것이다.

표적시장(Target Market)은 여러 세분시장의 매력도를 평가, 자신에게 가장 적합한 대상을 중심으로 세분시장 조합을 구성하여 집중 공략하는 것을 말한다. 이처럼 표적시장의 선정은 투입할 수 있는 제반 마케팅요소가 제한되어 있기 때문에 시장 수익성, 파생적 효과 등을 감안하여 성과가 가장 높을 것으로 기대되는 시장이나 고객을 대상으로 하여 자원을 집중적으로 배분해야 효과적 영업을 통한 긍정적인 결과의 극대화를 가져올 수 있는 것이다. 이를 위해서는 다른 경쟁자보다 상대적으로 높은 경쟁 우위를 가지고 있어야 하고, 그 시장의 진입에 있어 기업의 문화, 목표들의 적합성이 높아야 좋다.

세 번째 단계는 목표설정이다. 두 번째 단계까지의 분석결과를 바탕으로 마케팅 목표가 도출된다. 예를 들어, 연간 몇 개의 국제회의 유치, 매출액 달성목표 등 재무적이거나 계량적인 목표도 중요하지만, 고객만족도나 고객중심 가치경영 등 고객에 관한 목표설정도 매우 중요하다. 특히 이때의 목표는 가능한 수치화를 통하여 측정 가능해야 하며, 다소 의욕적으로 언제까지 달성하겠다는 기간의 한정(시한성)이 이루어져야 한다. 또한 기업의 사명과 목표에 부합하는 내용이어야 한다. 효과적인 목표의 기준은 시장세분화별, 수익원별로 작성해야 하며 가능한 문서화되어야 하며, 단순하면서도 명확해야 한다는 것을 명심해야 한다.

네 번째는 마케팅 믹스결정이다. 마케팅 믹스는 마케팅 전략을 수행하기 위하여 기업이 가지고 있거나 준비할 수 있는 여러 가지 요소들의 힘이 합쳐진 것을 의미한다. 이는 마케팅 목표의 달성을 위해서 통제가능한 수단인 각 요소들을 조화롭게 활용하는 것이다.

마케팅 요소는 일반적으로 4P-Product(상품), Price(가격), Place(유통), Promotion(판매촉진)을 말하며, 최근 서비스 산업의 특성상 3P를 추가하여 Physical evidence(물리적 증거), People(서비스 전달자), Process(서비스 제공절차)로 정의하기도 한다. 또한, 이러한 마케팅 믹스의 개념에서 탈피한 개념으로 IMC(통합된 마케팅)의 개념에서 보면 4C-Customer Value(고객 가치), Cost(비용), Convenience(편의), Communication(의사소통)으로 마케팅 접근이 이루어져야 한다는 주장도 있다.

신규고객을 유치하기 위한 컨벤션회의를 위하여 새로운 콘셉트의 회의를 기획하거나 다른 국가에서 시행하고 있는 인지도가 높은 컨벤션을 국내로 유치하기 위하여 국내 실정을 파악하여 유치할 수 있는 다양한 관점에서의 접근이 필요하다는 것을 의미한다. 기존 컨벤션 유치지역과의 차이점, 지리적 위치, 주변의 볼거리와 먹거리, 개최 예정지의 긍정적이고 지속적인 이미지 메이킹을 바탕으로 한 광고 등 마케팅의 여러 요소들의 조합을 말한다.

이러한 과정을 통하여 시장 포지셔닝(positioning)이 달성된다. 포지셔닝은 고객의 마음속에 자사상품이나 서비스, 기업을 표적시장·경쟁·기업 능력과 관련하여 가장 유리한 위치에 있으려고 노력하는 과정을 말한다. 예를 들어, 독일 중북부에 위치는 하노버시(市)는 매년 3월 중순에 열리는 세빗 전시회(CeBIT)로 유명한데, 하노버는 박람회의 도시로 각인되어 있어 일반고객이나 잠재고객들에게 있어 박람회 유치 시 높은 위치에 있다고 할 수 있다.

이처럼 정확한 포지셔닝은 현재 주최 측의 위치를 정확하게 파악함은 물론 목표 고객이 더욱 가시화될 수 있기에 경쟁상품과 상대적으로 구별될 수 있도록 상품과 마케팅 믹스의 배열을 차별화할 수 있다는 것이 이 단계에서의 가장 중요한 핵심이다.

다섯 번째 실행프로그램의 수립이나 예상 손익계산서의 수립이다. 마케팅계획에서는 마케팅 믹스의 요소별로 실행하기 위한 실천 프로그램을 작성해야 하며, 이를 토대로 예상 손익계산서의 작성을 통하여 마케팅 결과에 대한 예상과 동시에 향후 통제를 위한 기준을 마련해야 한다.

이는 유치대상 비즈니스가 형태 및 세분시장을 토대로 목표고객의 설정, 임대료, 패키지, 판촉 등 세부 실행목표 및 실행단계를 수립하는 것이다. 세분시장별 실행계획은 직접 판매, 전시회 참가 및 광고홍보들의 가장 효과적인 방법을 찾아내는 데 중점이 있다. 또한 이 단계에서는 마케팅에 소요되는 예산책정도 수반되어야 한다. 통상 판매예산은 시안에 따라 상이하나, 평균적으로 전년도 수익의 3~6%에서 설정되는 경우가 많으나 특정상황에 따라 경쟁상황을 고려한 예산편성 및 회사 내부지침에 의해 편성된 예산범위에서 결정되기도 한다.

반면, 위의 흐름 외에 시장중심 마케팅, 고객중심 마케팅, 공익중심 마케팅으로 전략 수립을 고려하는 경우도 있으며, 이는 아래와 같이 구분하여 전략을 수립하기도 한다.

(1) 제1단계(시장중심 마케팅)

- 컨벤션 상품에 대한 이미지 제고를 위하여 경쟁업체 또는 호텔시설의 단골고객에 대한 구매저항(purchase resistance)의 부정적 이미지를 탈피함으로써 홍보활동을 극대화
- 잠재고객의 수요창출을 극대화하기 위한 월별 · 주별 · 일별 패키지 상품 개발
- 다양한 멤버십(membership) 제도를 개발하여 지속적인 재방문 고객(repeat guest) 확보에 주력

(2) 제2단계(고객중심 마케팅)

- 효율적인 시장세분화를 통하여 고객의 니즈와 욕구를 우선적으로 파악
- 서비스의 고급화 및 전 영업장을 대상으로 획득한 고객정보체계를 일원화시켜 내부적으로 CRM(Customer Relationship Management)시스템을 구축하여 재방문 고객의 수요창출에 기여
- 다양하게 혜택을 제공할 수 있는 고객우대제도 실시로 이용객에게 편의시설과 만족을 제공

- 컨벤션 시설에 대한 이미지 제고와 우호적인 브랜드를 확보
- 고객가치 실현을 통한 고객충성도 제고
- 지역공간의 장점을 극대화하면서 문화와 레저를 동시에 즐길 수 있는 상품을 개발하여 이용고객에게 부가적인 만족을 제공

(3) 제3단계(공익중심 마케팅)

- 지역사회와의 긴밀한 유대강화
- 인근지역의 환경보호 활동 등의 공익활동에 적극 참여하는 공익중심의 마케팅 활동을 지속적으로 전개

4) 컨벤션 마케팅전략 계획

컨벤션 마케팅은 컨벤션 참가자라는 소비자들의 만족을 추구하는 일련의 과정으로 주체별로 고객들의 요구나 수요가 매우 다양하며 상이하기 때문에 마케팅계획이 중요시되고 있다. 최근에는 국가 경쟁력을 갖추기 위한 또 하나의 수단으로 인식되면서 중요성이 더욱 부각되는 실정이다. 특히 다양한 산업군에서 각양각색의 요구가 이어지고 있으며, 컨벤션과 관련된 복잡한 이해관계자, 즉 회의 주최자, 회의 기획가, 유치위원회 및 정부, 관련기관 등 국내외 민·관이 함께 이루어져야 성공적인 결과를 가져오기 때문에 더욱더 치밀한 전략과 적용유무들이 중요한 의미를 가지게 되는 것이다.

컨벤션과 관련한 제반 서비스나 상품의 제공을 통하여 이해 당사자의 요구를 만족시킴으로써 각자의 가치증진을 도모하는 것이 컨벤션 마케팅의 기본적인 원리이다. 컨벤션을 유치하기 위해서는 적어도 1년 이상의 상당히 장기적인 준비기간이 필요하며, 그 성과도 상당히 장기간에 걸쳐 나타나는 경향이 있으므로 여타의 상품이나 서비스 마케팅과는 다른 속성이나 효과가 예상되기에 매우 신중하게 준비해야 한다.

특히 대부분의 경쟁사나 경쟁 국가들도 최선의 전략으로 접근하고 있기에 국내

컨벤션 시장역량과 특성을 바탕으로 객관적인 시장세분화와 목표를 가지는 것이 매우 중요한 의미를 가지게 되었다. 따라서 향후 국내 컨벤션산업은 컨벤션기획가를 비롯한 컨벤션 관련자들은 소속조직의 정확한 사명과 목표를 바탕으로 과학적이고 체계적인 방법에 입각한 마케팅계획을 수립하고 통제, 관리가 이루어지도록 해야 할 것이며, 이것이 곧 컨벤션산업에 대한 국가경쟁력이라 할 수 있겠다.

3. 고객만족도 조사

1) GSS의 개요

고객만족도 조사(GSS : Guest Satisfaction Survey)란 회의시설 상품 및 서비스에 대한 고객들의 만족 정도를 나타내는 종합지수로서, 양적 성장을 평가할 수 있는 손익계산서와 같은 생산성 지표가 아니라 질적 성장을 측정할 수 있는 계량화된 지표를 의미한다. 물론 기존의 고객논평 카드(guest comments card)와 같은 것을 대부분 활용하고 있으나 이는 계량화되어 있지 않으며, 고객의 경험을 정확히 측정하는 데는 한계가 있다.

2) GSS의 활용방안

컨벤션 개최를 통하여 획득된 다양한 고객정보를 데이터베이스화하여 다음에 행사를 유치하거나 개최하는 데 기본 지식자료로 활용할 수 있다. 즉, 행사 때마다 발생되는 고객의 시장세분화(FIT, GIT, 세미나 그룹, 신혼여행객 등)를 체계적으로 정립하여 고객의 만족도를 정확히 평가함으로써 불만족 요인을 사전에 제거할 수 있다. 또한, 컨벤션 서비스 종사원들에게 불만족 요소를 사례별로 분석하여 차후에 교육용 자료로 활용한다면 마케팅 활동에 매우 긍정적인 영향을 미치게 될 것이다.

따라서 운영 담당자는 GSS 조사결과를 공표하고, 각 부문에 해당되는 구성원들이 고객의 불만을 야기하는 상품이나 서비스의 문제점들을 개선함으로써 고객 지향적인 영업활동을 지속적으로 전개할 수 있을 것이다.

3) GSS의 운영계획 수립과 목적

컨벤션의 효율적인 운영을 위하여 운영 담당자는 매월 전산 자료팀의 통계 시스템을 이용하여 GSS의 결과물들을 경영자 및 각 부문 책임자에게 보고하고, 이를 직원들에게 고무시킨다. 그리고 매월 GSS 회의를 주최하여 각 부서가 실행계획을 작성해서 문제점을 보완하여 개선할 수 있도록 운영계획을 수립한다.

뿐만 아니라 불만사항을 제기했던 고객들에는 각 부서장이나 관련 직원이 사과의 서신을 발송하며, GSS 자료를 마케팅 활동에 적극 이용할 수 있도록 계획을 수립하여야 한다.

이와 같이 GSS를 운영하는 목적은 GSS 조사결과 공표를 통해 매월, 매년 컨벤션 기업의 현 위치를 확인하고, 향후 기업의 경쟁력 향상을 위한 기초자료로 활용할 수 있도록 하는 데 그 목적이 있다. 다시 말해 매월 일정수의 고객 성향 및 구체적인 자료의 축적이 가능하고, 고객과 컨벤션 기업 간 상호 의견을 교환할 수 있는 피드백 회로를 형성함으로써 과학적인 고객중심 마케팅·업무를 수행하는 데 있다.

제2절 전시 컨벤션의 개요

1. 전시 컨벤션의 개념 및 특성

1) 전시 컨벤션의 의미

전시 컨벤션은 크게 박람회·견본시·전시회로 구분되는데 컨벤션산업에 있어서 중요한 부분을 차지한다. 즉, 전시회는 참가대상자를 전시회에 참가하도록 유인하는 방법으로서, 주최 측은 이익창출의 주요 수단으로 활용할 수 있기 때문에 전시회는 매우 중요한 비중을 차지한다.

여기서 문화적 성격이 강한 전시 컨벤션을 박람회라 하고, 경제적 성격이 강한 전시 컨벤션을 견본시, 그리고 박람회와 견본시의 중간적 성격을 가진 이벤트를 일반적으로 전시회로 구분한다.

물론 학자에 따라 견본시를 문화적·경제적 전시활동의 대표적인 용어로 정의하기도 하지만 전시회를 모든 전시 컨벤션의 총칭이라 해석하기도 한다. 또한 개최목적에 따라 대회의 주요 행사가 홍보적 성격을 강하게 띠면 전시 컨벤션을 박람회라 칭하고, 전문성이 강한 주제로 직접적인 상품판매에 치중하는 전시 컨벤션을 견본시로 표현하지만 전시회는 그 중간적 성격이 강하다. 그러므로 전시 컨벤션은 "전시장의 형태를 띤 일정한 장소에서 상품 및 서비스 등을 진열해놓고 경제·문화·사회적 교류 등을 도모하는 일련의 활동"이라 정의할 수 있다.

전시회의 성공적인 참가를 위해서는 첫째, 통합적 마케팅수단임을 인식해야 한다. 광고홍보, 인적 판매, 판매촉진, 직접판매 등과 더불어 종합적 마케팅 기회로 인식해야 한다는 것이다. 그리고 판매증진 외에 관련 산업분야의 정보수집, 네트워킹 형성 등 다양한 목적의 촉진활동이 가능하다는 점을 인식해야 한다.

둘째, 철저한 목표고객을 대상으로 마케팅 노력을 집중해야 한다. 예를 들어, 미국 전시회에서는 15% 룰(rule)에 의거하여 참관객 중 15%는 전시장 내에서 구매 등 의사결정을 할 수 있는 실질적인 고객(바이어)이므로 상담요원은 이들 고객에 대한 집중적인 노력이 필요하다는 원칙을 제시하고 있다.

셋째, 광고·홍보 등 다른 수단에 비해 비용 효율적이라는 점이다. 비용측면에서 광고, 직접 판매 등과 비교하였을 경우 상대적으로 훨씬 효율적임을 알 수 있다. 전시회가 가지는 특성상 전시된 주제에 대한 관심고객들과 바이어들의 참여로 광고·홍보가 불특정 다수를 대상으로 이루어지는 것이 아니라 어느 정도 한정된 특정 다수를 대상으로 이루어졌기 때문에 그만큼 투자비용 대비 효율적인 마케팅을 할 수 있음을 잊지 말아야 한다.

이처럼 전시회는 통합 마케팅 및 고객관리에 있어서 최소의 비용으로 최대의 효과를 창출할 수 있다는 장점이 있다. 그 이유는 전시회 참가업체들은 자사의 상품을 팔 수 있는 특별한 기회라고 생각하고 각계각층의 수많은 바이어들에게 적극적인 판매활동을 기울이며, 전시회를 마케팅 도구로 여기기 때문이다. 이때 전시컨벤션 주최 측은 전시회의 참가업체들에게 각 임대 부스에 대한 임대료를 청구하여 이윤을 극대화한다. 이처럼 전시회를 통해 컨벤션기관은 수익을 창출하며 컨벤션 행사를 지원하기도 한다.

여기에 부가적인 수입으로 전시회에 참가하는 관람객의 입장료와 등록비가 있는데 이는 적은 비용이지만, 컨벤션 주최 측은 이러한 입장료 및 등록비를 예약하도록 하여 돈을 사전에 청구하기도 한다.

컨벤션 주최 측에서는 일반적으로 컨벤션과 전시회를 컨벤션센터의 한 장소에서 개최하기를 원한다. 만약 이것이 불가능할 경우에는 인근의 호텔기업과 연계하여 전시회 시설을 이용하기도 한다.

2) 전시회의 특성

전시회는 상품에 대한 구매과정을 유발하고 지속시키게 하는 환경으로서 판매자와 구매자를 유치하기 위해 특별히 조성된 일시적인 시장이다. 다시 말해서 전시회는 잠재고객에게 거래를 촉진시킬 수 있는 수단이다.

따라서 전시회가 갖는 특성에 대해 살펴보면 다음과 같이 여섯 가지로 정의할 수 있다.

(1) 목표선정

교역 전시회를 포함하여 모든 전시회는 산업경제적인 특성을 가지고 있다. 이러한 특성 때문에 직책, 기업의 구매 프로필 혹은 관련 분야에 의해 잠재고객을 규정하기가 쉽다. 잠재고객은 대체로 시장 프로필이나 서베이(survey), 인구통계학적 조사 등을 통해 규정될 수 있다. 일단 잠재고객을 규정하는 작업이 완료되면 전시회 운영 담당자는 참가업체들에게 적합한 목표시장을 찾을 수 있게 된다.

(2) 타이밍

참가자들은 대체로 전시회에 관해서 많은 관심과 지식을 가지고 있으며, 동시에 그들은 전시회에 출품되는 제품과 서비스 등에 대해 잠재 구매력을 가지고 있다.

따라서 전시회 참가업체들은 이러한 구매자의 특성을 이용하여 특정제품이나 서비스의 구매 시기를 잘 맞추어야 한다. 물론 제조업체와 유통업체는 일정 기간 동안 전시회에 참가함으로써 고객에게 소구력을 높여줄 뿐만 아니라 자사의 이미지와 브랜드의 무형가치를 향상시킨다.

이러한 사실은 전시회가 매년 개최되는 것을 보면 더욱 확실히 짐작할 수 있으며, 특히 신상품의 소개나 친화력을 심어주기 위한 수단으로 활용하고 있다.

(3) 판매환경

전시회의 목적은 고객에게 신상품 및 자사의 브랜드를 심화시킴으로써 궁극적으로는 판매환경을 조성하는 데 있다. 이것은 구매 예정자가 특정 판매환경 내에서 제품을 실제로 작동시켜 보거나 업체를 직접 파악할 수 있게 해준다. 또한 잠재 구매자들은 한 건물 안에서 경쟁업체들이 출품한 여러 제품들을 자세히 비교 분석할 수 있는 좋은 기회를 획득하게 된다.

그리하여 전시회에서 이루어지는 인적 접점은 고객으로 하여금 구매결정을 유도하는 데 결정적인 영향을 미치게 된다.

(4) 경제성

실험적 연구의 결과자료에 의하면 전시회의 시각적 효과는 14주 동안 참가자들에게 영향을 미친다고 하였다. 이러한 전시회의 시각적 효과는 구매결정에 결정적 영향을 미치기 때문에 경제성이 매우 높다.

(5) 지속성

전시회는 시각적 영향이 매우 오래 지속되기 때문에 참가자의 심리에 작용하는 요소가 매우 깊게 나타난다. 비록 전시회가 겨우 몇 시간 또는 며칠 동안 열릴지라도 전시회가 갖는 판매 소구력은 수개월 동안 지속된다.

전시회의 영향이 오랫동안 지속되는 이유는, 전시회에서 받은 심상 이미지는 굉장히 오랫동안 참가자들의 기억 속에 남아 있고, 참가자의 실제적 경험이나 관람으로 인한 긍정적 평가는 매우 오랫동안 지속되기 때문이다.

(6) 상승효과

전시회는 여러 각도에서 전반적인 상승효과를 창출하여 기업의 가치를 향상시킨다. 상승효과란 각 구성요소들이 서로 결합됨으로써 더 큰 영향력을 발휘하는 것이다. 이와 같이 구매자와 판매자 간의 관계를 통하여 구매활동이 서로 결합될 때 전반적인 상승효과가 생기며, 이것은 각 요소들의 개별적인 효과보다 훨씬 강하게 나타난다.

또한 전시회는 홍보·광고·인적 판매·다중매체 등을 모두 이용하여 상품판매를 촉진함으로써 참가자들이 제품이나 서비스의 구매를 결정하도록 유도하는 데 매우 유리한 환경을 조성한다.

2. 전시 컨벤션의 종류

1) 박람회의 의미

박람회는 전시 이벤트 중에서도 문화적 요소를 근본으로 하는 이벤트에 가까운데, 이는 보통 국제적 성격의 대규모 전시 이벤트로서 장기간 개최되는 경우가 많다. 이러한 의미에서 박람회는 "세계 각국들이 모든 분야에 걸쳐 과거로부터 현재에 이르기까지 축적된 기술과 양식을 일정기간과 장소를 정하여 전시를 통해 일반대중에게 인류문명이 나갈 방향과 전개될 미래상을 제시하여 새 시대로의 출발을 촉진하는 행사"라고 정의하고 있다(김성혁, 1992).

인간은 본래 새롭고 진기한 것에 대한 기본적인 욕구로서 호기심과 흥미를 가지고 있기 때문에 박람회의 역사는 인류와 함께 오래전부터 발전되어 온 것이다. 즉, '새롭고 진귀한 것에 대한 호기심과 흥미'라고 하는 인간의 기본적인 욕구를 충족시켜 주고자 자연스럽게 발전되어 왔던 것이 오늘날의 국제회의를 동반한 전시·박람회의 의미이다.

따라서 세계박람회는 국가단위로 참가하여 그 국가의 발전상과 미래상을 전시함으로써 국가 간 문화와 정보 교류를 통한 인류 상호 간의 이해증진 및 발전을 도모하는 데 그 의의가 있다고 하겠다.

국제박람회는 최초로 1851년 영국에서 개최된 이후 뉴욕·파리 등 세계 주요 도시에서 개최되면서, 1928년 파리의 국제박람회기구(BIE)의 협약에 의해 종합박람회와 전문박람회로 구분하고 있다.

그리하여 국제박람회기구 협약 제1조에 따르면, 박람회는 일반대중의 교육과 의식전환을 목적으로 하는 것으로서 인간의 노력에 의하여 성취된 성과물을 전시하여 이를 계기로 미래에 대한 희망을 인식시켜 줌으로써 새로운 발전을 추구하고자 하는 데 그 목적이 있다.

일본에서는 박람회의 개최가 우후죽순 난립하게 되자 이를 규제하고자 일본 통산성 주도로 특정박람회 제도를 제정하였다. 이를 발판으로 효과적이고 다양한 이벤트형의 박람회 개최가 적극적으로 유도되고 있다.

이상과 같이 박람회에 대해 종합적으로 정의하면, 박람회는 "단순한 이벤트나 목적 달성을 위하여 흥행을 위주로 개최하는 것뿐만 아니라 문화를 포함하여 모든 것을 전달할 수 있는 다각적인 현장매체"로 정리할 수 있다.

표 9-2 | 전시장 사용신청서 양식

구분		내용
1. 전시회명	한글	
	영문	
	영문 약칭	
2. 주최자	한글	
	영문	
	주소 한글	
	주소 영문	
	전화(TEL)	
	FAX	
	e-mail	
	담당자 한글	
	담당자 영문	
3. 기간	임대기간	20 . . ( ) ~ 20 . . ( ) (일간)
	행사기간	20 . . ( ) ~ 20 . . ( ) (일간)
	준비기간	20 . . ( ) ~ 20 . . ( ) (일간)
	철거기간	20 . . ( ) ~ 20 . . ( ) (일간)
4. 장소와 규모	• 본관 태평양홀(1실 □ 2실 □ 3실 □ 4실 □ : m^2)	
	• 본관 대서양홀(5실 □ 6실 □ 7실 □ 8실 □ : m^2)	
	• 신관 인도양홀(9실 □ 10실 □ SWING SPACE □ : m^2)	
	• 신관 컨벤션홀(11실 □ 12실 □ SWING SPACE □ : m^2)	
	참가국가 수 : 개국 / 참가업체 수 : 국내(개업체) 국외(개업체)	
5. 목적	한글	
	영문	
6. 전시품목	한글	
	영문	

2) 견본시의 의미

견본시와 박람회의 가장 큰 차이점은 박람회는 문화적 요소를 근본으로 하는 행사인 데 반해, 견본시는 상품전시를 주목적으로 해서 직접적인 이익실현을 달성하려는 경제적 관점에서 접근하는 이벤트라는 점이다. 따라서 견본시는 대체적으로 행사 성격 면에서 정기적인 개최형태를 가지고 있는데, 매년 비슷한 시기에 동일한 장소에서 개최되는 경우가 많다. 이는 개최목적이 주로 상품전시를 통한 상거래 촉진에 있기 때문에 상업적 내용이 강하고, 어떤 분야의 전문가를 대상으로 하는 경우가 일반적이다.

일본의 견본시를 자세히 살펴보면 산업관련 분야 및 통신 · 전자 · 디자인 관련의 견본시가 주류를 형성하고 있다. 반면에 유럽에서는 가구 · 패션 · 식품 · 인테리어 · 미술 등의 고고학적 · 문화적인 요소가 많이 가미된 견본시가 종종 개최되고 있다. 그런데 미국은 기간산업 및 첨단산업을 중심으로 한 자동차 · 항공 · 정보통신 관련의 견본시가 활발히 전개되고 있다.

이와 같이 견본시를 동반한 전시 이벤트는 개최국의 문화적 환경과 사회경제적 환경 여건, 그리고 그 나라의 경제력에 따라 약간의 차이점을 간접적으로 발견할 수 있다.

3) 전시회의 의미

전시 컨벤션에서 보통 박람회와 견본시의 중간형태를 취하는 것을, 엄격히 이야기하자면 전시회라 할 수 있다. 전시회를 동반한 컨벤션은 참가업체들의 전시참가 목적이 무엇이며, 무엇을 획득하고자 전시회를 개최하려는가를 먼저 생각해 보아야 한다. 즉, 전시는 회의 참석자들에게 특별히 관심이 있는 제품과 장비를 실질적으로 보여주는 형식에 가깝다.

따라서 전시회의 근본목적을 달성하려면 철저한 시장조사에 의한 자사의 제품경쟁력 및 수요자 소비성향 분석, 그리고 경쟁업체의 동향과 이벤트 · 광고 · 프로모션 등을 분석 이해하고, 자사의 전시회 참가에 따른 콘셉트를 분명히 해야 할 필요가 있다.

이러한 가운데 유념해야 할 것은 정부 또는 공공기관 주도형 전시회는 정책적 성격이 매우 강하기 때문에 전시회 참가업체의 본래 취지가 잘 반영되지 못하고, 단순한 홍보 또는 형식적 행사 참가에 그칠 우려가 있다.

이와 같이 컨벤션산업의 고유한 의미로서의 전시 컨벤션은 여러 가지 복합적 의미로서 사회·기업·개인에 이르기까지 다양한 커뮤니케이션을 전달하고 있다. 따라서 일상적으로 우리는 전시 컨벤션과 관련하여 박람회·전시회·견본시 등의 용어가 매우 혼동되거나 유사하게 사용되지만, 이는 행사규모와 성격, 행사목적의 근본취지, 행사개최의 사회적 상호작용 등에 따라 미세하게 구분할 수 있을 것이다. 이에 전시회는 마케팅의 효과, 광고 및 홍보전략의 효과, 산업 전반에 걸친 상승의 효과가 동반되어야 한다.

그러므로 전시회는 마케팅 활동 프로그램의 핵심요소로서 구매동기를 유발하여 판매자와 구매자를 연결시켜 줄 수 있는 촉매역할을 하고, 이것이 곧 거래로 이어질 수 있도록 비즈니스 성과를 지향하고자 일시적으로 마련된 시장으로서 궁극적으로 전시회에서는 대량구매 상담, 신제품·신기술 동향 파악, 기업홍보 등을 동시에 진행시키는 데 의의가 있다.

표 9-3 | 전시회 운영단계

구분	단계	실행시기	주요 업무	운영업무
1	기본 (계획) 단계	2년 전~ 1년 5개월 이전	1. 기본계획	1. 전시회 명칭 선정 2. 전시회 일정 확정 3. 전시장 선정 4. 협조기관 단체 선정 5. 고유 로고 및 심벌 제작
			2. 시장조사 및 분석	1. 국내 시장조사 2. 해외 시장조사
			3. 부대행사 개최계획	1. 학술행사 2. 각종 회의 3. 이벤트 등
2	준비 단계	1년 5개월 전 ~ 1년 전	1. 출품료 결정	1. 출품료 결정 방법 원가계산 2. 출품료 결정
			2. 인쇄물 제작	1. 주 인쇄물 2. 보조 인쇄물 3. 판촉 인쇄물
			3. 홍보물 제작	1. 주 홍보물 2. 보조 홍보물
			4. 업체 리스트 작성	1. 국내업체 리스트 작성 2. 해외업체 리스트 작성 3. 매스컴, 언론 등
			5. 제2차 홍보계획 (참가업체 홍보)	1. 매스컴 홍보 2. 인쇄물 홍보 3. 해외 홍보 4. 사전 설명회(업체유치) 5. 홍보물 홍보
			6. 운영위원회 구성	1. 구성 목적 2. 구성 내용
3	유치 단계	1년 전~ 5개월 전	1. 간접유치	1. 인쇄물 발송 2. 홍보물 · 매스컴 활용
			2. 직접유치	1. 방문유치 2. 전화유치
			3. 제2차 홍보계획 (참가신청 홍보)	1. 공문발송 2. 마감확정 3. 인쇄물 · 사인물 · 현판물 · 아치물 활용
			4. 출품사 접수마감	1. 공문발송 2. 마감 확정 3. 부스 배정 4. 부스 배정 시 고려사항 5. 잔금납부 및 부대시설 사용신청 마감
4	전시회 개최 단계	3개월 전~ 철거완료	1. 개최 전 준비사항	1. 준비물 발주 2. 준비물 3. 사전 설명회(전시회 개최를 위한)
			2. 제3차 홍보계획 (관람객 유치홍보)	1. 관람객 유치홍보 2. 전시회 개최홍보
			3. 전시회 개최	1. 설치공사 2. 개최준비 3. 전시회 개최
			4. 철거	1. 철거준비 설명회 2. 철거순서 확정 3. 하자 점검 4. 종료
5	종료 단계	철거 후~ 철거 2개월 후	1. 정산	1. 수지정산 2. 전시장 정산 3. 업체정산
			2. 평가 및 결과보고	1. 결과보고 2. 관리고객 인사
			3. 차기 안내	1. 여론조사 2. 홍보

| 학습문제 |

1. 컨벤션 마케팅의 의미를 해석하시오.

2. 마케팅의 전략수립 단계를 설명하시오.

3. 고객만족도 조사(GSS)를 실시하는 목적은 무엇인가?

4. 전시 컨벤션의 의미는 무엇인가?

5. 박람회 · 견본시 · 전시회의 차이점은 무엇인가?

6. 전시회가 갖는 특성에는 어떠한 것이 있는가?

PART 10

컨벤션산업의 미래

제 1 절 컨벤션산업의 발전요인

컨벤션산업은 고부가가치형, 무공해산업으로 인정받고 있어 선진국은 물론, 개도국에서도 적극 육성하고 있다. 1980년대 초반 국제경제의 침체기에 예상하지 못했던 고용구조의 붕괴와 산업조직의 재편성과정을 겪은 북미지역과 유럽의 전통적인 제조업 중심의 도시에서는 1980년대 말의 회복기를 거치면서 획기적인 고용창출을 위한 경제정책의 일환으로 서비스산업을 육성하기 시작하였다.

이러한 전략의 일환으로 새로운 도시관광(Urban tourism)산업을 육성하기 위하여 박물관, 여행상품, 유적 그리고 통역서비스 및 지역의 산업기념관 등을 개발하였고, 아울러 레저활동을 유발할 수 있는 레저시설 및 고급 쇼핑시설 등 다양한 관광자원을 개발하며 많은 관광객과 대중매체의 주의를 끌 수 있는 대형행사(mega-event) 개최를 계획하게 되었다.

이후 세계 각국은 컨벤션센터를 경쟁적으로 확충해 나가고 있으며, 세계경제의 불황 및 테러 등 돌발적인 변수에도 불구하고 전시를 포함한 컨벤션산업은 꾸준한 성장세를 보이고 있다.

컨벤션산업이 발전하게 된 요인은 국제화, 개방화, 정보화의 가속화로 정보의 역동적 흐름을 가능하게 하는 컨벤션에 대한 국제적 수요의 증가에서 찾을 수 있다. 또한 교통산업의 비약적인 발전은 컨벤션 참가기회를 확대하게 되었고, 관광과 호텔산업의 발전은 컨벤션산업의 기반 제공과 활성화에 결정적인 역할을 하였다. 그리고 멀티미디어시스템, 전시 및 쇼연출 등과 관련된 과학기술의 발달은 컨벤션 진행과 관련하여 획기적인 발전에 기여하였다. 이러한 추세에 발맞춰 최첨단 과학기술을 적용한 국제적인 규모의 컨벤션 전용시설의 건립이 본격화되고 있다.

1. 컨벤션 수요의 증가

컨벤션에 대한 수요가 증가하게 된 원인은 국제화·개방화, 정보와 지식에 대한 수요 증가, 평생교육 수요 증가, 기업수요의 증가, 협회·학회의 수요 증가 등을 들 수 있다.

컨벤션을 통한 인적·물적 교류 및 국제 상호 간의 이해증진 효과와 아울러 경제적 효과의 중요성을 인식하게 된 대부분의 선진국은 컨벤션 유치를 통한 관광객 유치계획을 수립하고, 각종의 컨벤션 관련시설 건립을 위한 구체적인 관광개발정책을 수립하고 있다.

무엇보다 컨벤션은 외래 관광객의 유입에 따른 지역경제의 활성화를 도모할 수 있기 때문에 지역정책론자들의 관심을 유발시켰다. 따라서 컨벤션은 정치와 경제는 물론 문화와 교통의 중심지로서의 특징을 지닌 대도시의 새로운 관광산업으로 등장하고 있다.

2. 문화의 산업화에 따른 발전

컨벤션은 문화의 공간적 이동현상이라 할 수 있다. 국제적인 문화교류는 컨벤션을 촉진시키고, 컨벤션 자체가 문화교류의 현상으로 국가 간 문화교류를 촉진한다. 사회·문화적 교류와 문화의 개방화는 컨벤션 및 컨벤션산업을 확대·발전시키는 계기가 되었다.

세계 각국은 문화의 산업적 가치를 인식하게 되어 자국의 문화산업을 육성시키기 위하여 노력하고 있는데, 문화가 산업적 요소를 갖게 된 배경은 문화적 동질성과 이질성에 있다. 문화적 동질성은 동일문화권에 있는 국가 간에는 쉽게 문화적으로 융합할 수 있기 때문에 문화 공유의 가능성이 높아지고, 문화적 이질성은 상호 간에 호기심을 유발시키기 때문이다. 즉 문화적 공유욕구와 호기심이 문화산업 발전의 원동력이 되는 것이다. 최근 문화재관련 전시회, 교류전, 영상관련 전시회 등이 급격이 증가하는 것이 그 예라 할 수 있다.

3. 컨벤션 관련 과학기술의 발전

과학기술의 발달은 컨벤션 개최와 관련된 물리적 제약인 교통수단과 회의진행과 관련된 기술적 문제점을 상당부분 극복할 수 있게 함으로써 컨벤션산업의 발달에 기여하고 있다. 예를 들면, 교통수단의 발달은 공간적 범위를 확대시키기 때문에 다양한 지역의 참가자가 회의에 참석할 수 있게 한다. 또한 정보통신의 발달은 컨벤션 주최기구와 개최하는 국가 간의 원활한 정보교환 및 개최국가에 대한 상세한 정보를 공유할 수 있게 하며, 동시통역기기와 화상회의기술의 발달은 컨벤션 진행과 의사결정을 신속하고 효율적으로 내릴 수 있도록 한다.

4. 관광산업발전에 따른 발전

컨벤션 참가자들은 단지 회의참가만을 목적으로 회의에 참석하는 것이 아니며, 회의참가와 더불어 부가적 목적인 관광이나 쇼핑 등을 겸하는 관광객이다. 따라서 컨벤션 참가자들이 컨벤션 개최지에서의 관광과 위락 등에 대한 다양한 욕구를 충족시킬 수 있도록 컨벤션 개최지의 관광매력성을 향상시켜야 한다. 컨벤션 개최지의 훌륭한 관광여건은 도시관광(Urban tourism)에 있어서 매력적인 관광자원의 역할을 수행할 뿐 아니라, 도시 내의 여가공간에 대한 수요충족 기능도 가능하다. 따라서 주요 컨벤션 유치경쟁국들은 각종 문화 이벤트 및 축제를 개발하여 관광객을 유치하고 자국의 이미지를 향상시키기 위한 노력을 기울이고 있다.

제2절 컨벤션산업의 변화추세

컨벤션산업은 IT산업 및 세계경제 변화추세에 맞춰 급격히 변화하고 있다. 글로벌화, 네트워킹, 정보화, 경제성 추구라는 큰 흐름하에서 컨벤션산업도 변화의 물결에 휩싸여 있는 것이다. 이런 면에서 컨벤션산업의 최근 변화추세를 보면 다음과 같다.

1. 컨벤션관련 산업의 경쟁 격화

세계적으로 국제회의 개최 횟수는 매년 큰 변화가 없지만, 컨벤션센터 시설은 지속적으로 확대되고 있어, 각 주체 간의 컨벤션 유치와 홍보경쟁이 치열하다. 각 국별로 국가적 차원에서 지원책을 마련하고, CVB운영 등 민관 협력의 컨벤션산업 증진 노력이 강화되고 있다. 또한 회의 주최자나 참가자의 욕구도 다양해지고 있어 이를 충족시키기 위한 경쟁도 과열되고 있다. 특히 아시아권에서는 중국의 성장으로 인해 각국별 입지변화가 예상되고 있다.

2. 회의 속성 면에서 기업회의(Corporate Meeting) 확대

장기적인 경기부진의 여파로 국제회의나 전시회 참가에 대한 신중론이 대두되고, 참가성과 측면에서 효율을 따지는 경향이 많아지고 있다. 또, 회의 참가업체는 자신에게 필요한 내용이나 중요 인사 등을 중심으로 집중적인 접촉을 원함으로써 회의, 전시회의 실속을 추구하는 경향이 많아지고 있다. 따라서 기업 스스로의 목적에 필요한 회의뿐만 아니라 특정 고객이나 필요한 소비자를 초빙하는 기업만의 특별행사가 확대되는 등 기업회의가 확대되는 추세에 있다.

3. 전시회, 이벤트 등과의 복합화 확산

참가자 유지촉진과 만족을 제고시키기 위하여 국제회의 개최 시에 이벤트, 전시 등 다양한 행사를 개최하고 있다. 따라서 전시주최자나 회의기획가는 이들 분야를 포괄할 수 있는 종합기획가로서의 역할이 강조되고 있다.

4. 지역 활성화와 연계 추진

컨벤션센터 건립은 지역경제의 활성화 및 관광산업 육성차원에서 연계하여 추진되는 경향이 많다. 특히 컨벤션 참가자의 지위나 해당 업계에서의 영향력이 높은 점을 감안할 때, 재방문이나 구전효과 등을 통하여 관광산업의 육성을 비롯한 지역경제 활성화와 연계될 수 있는 것이다.

5. IT산업발전에 부응

IT분야의 활용도가 커짐에 따라 컨벤션의 비용, 시간상의 제약을 뛰어넘고, 여러 가지 마케팅 홍보상의 효과를 기대하고 있다. 특히 비행기 테러가 급증하면서 미국 등 선진국의 비행기 탑승 기피현상의 여파로 회의에 직접 참가하기보다는 화상회의 등을 통한 국제회의 참석이 뚜렷이 증가하고 있다. 그리고 지금까지 발전에 제약요인으로 작용해 왔던 컴퓨터 기술상의 문제가 상당부분 해소되면서 앞으로 국제회의의 IT부분에 급속한 발전이 예상되며 그 여파는 더욱 커질 것이다.

6. 국가적 차원의 지원확대

고부가가치 산업인 컨벤션의 중요성이 커짐에 따라 세계 각국에서는 컨벤션시장을 선점하기 위해 세금혜택, 투자 등 물질적, 제도적 지원을 아끼지 않고 있다.

싱가포르 정부는 컨벤션산업의 육성책으로 관광유관시설의 건립 시 세금감면 혜택과 함께 해외 컨벤션 참가자와 참가업체에게 재화 용역세를 감면해 주고 정부의 관광국에서는 해외무역 전시회 참가나 디자인메이커 초청사업을 벌일 정도로 열성적인 지원을 하고 있으며, 미국에서는 주단위로 호텔세를 징수하는 등 정부나 지자체 차원에서 다양한 금융, 세제 지원책이 마련되어 운용되고 있다. 일본 또한 국제 컨벤션센터의 모든 지방세를 면제해 주고 있으며 지방자치단체별로 70개의 컨벤션 사무실을 설치해 컨벤션센터를 지원하고 있다. 또 각 CVB는 행사 후원업체 선정 및 지원, 관광시설 요금 할인티켓 제공, 컨벤션 개최를 위한 단기 운영자금 대출업무까지 맡고 있다.

| 학습문제 |

1. 컨벤션산업의 발전요인은 무엇인가?

2. IT산업의 발전이 컨벤션산업에 어떠한 영향을 미칠 것인가?

PART 11

메타버스와 MICE산업

제1절 메타버스의 개념과 종류

1. 개념

초월을 의미하는 '메타'와 세계를 의미하는 '유니버스'의 합성어로 메타버스를 가상세계, 거울세계, 증강현실, 라이프로깅의 4가지 요소로 구분하며 기술발달과 새로운 서비스의 출현, 시대적 환경 변화에 따라 계속 진화하며 광범위한 의미로 이용한다. 오늘날 메타버스는 현실과 가상의 경계가 허물어지며 현실세계와 가상세계의 경제, 사회, 문화 활동이 상호 연결되는 개념으로 이해한다. 가상과 현실이 융합되어 그 경계가 사라진 공간이며, 세계관을 공유하는 다양한 주제 간에 소통하며 상호작용을 한다. 또한, 경제·사회·문화적 활동을 통해 새로운 가치의 생산과 소비로 가치창출을 할 수 있다.

2. 메타버스의 종류

- 증강현실 세계(AR): 디바이스를 사용해 가상의 정보를 실존하는 형상에 입히는 것
- 라이프로깅: 취미, 건강 등 개인 생활 전반을 기록하는 것(인스타그램, 카카오톡 등) 대부분 공식적인 사회적 자아로 활동
- 거울세계: 현실세계를 복사해서 만들어낸 세계, 이에 효율성과 확장성을 더해 정보를 간편하게 처리하는 세계, 증강현실과는 다르게 가상의 정보보다 현실세계의 정보를 전달하는 데 중점을 둠(배달앱, 호텔앱, 우버)
- 가상세계: 가상 사이버 공간, 크게 게임형태와 커뮤니케이션이 강한 비게임형태로 나뉨

그림 11-1 | 메타버스 세계

3. 메타버스의 유형

각각의 메타버스 유형은 초기에는 독립적으로 발전하다가 여러 유형이 상호 융합하며 기능이 통합된 형태로 발전할 것으로 전망한다.

표 11-1 | 메타버스의 주요 유형

유형	주요 기능	사례
사회관계 형성	SNS 게임에 집단놀이, 문화활동 등 접목	로블록스, 제페토
디지털 자산 거래	가상 부동산이나 가상상품 등을 직거래	디센트럴랜드, 어스2
원격협업 지원	원격 의사소통 및 다중협업 지원	MS 메시, 옴니버스

4. 메타버스를 구현하는 주요 기반기술

- XR, AI, 데이터, 네트워크, 클라우드, 디지털 트윈, 블록체인 등 다양한 ICT기술의 유기적 연동을 통해 구현
- 현실과 가상세계 간 경계가 허물어지며 일상생활과 경제활동 공간이 확장되고, 새로운 경제·사회·문화적 가치 창출을 촉진

265

표 11-2 | 메타버스의 주요 기반기술

구분	주요역할
XR (확장현실)	현실과 가상(디지털)세계를 연결하는 인터페이스로, 현실과 가상세계의 공존을 촉진하고 몰입감 높은 가상융합 공간과 디지털 휴먼 등 구현
디지털 트윈	가상세계에 현실세계를 3D로 복제하고 동기화한 뒤 시뮬레이션, 가상훈련 등을 통해 지식의 확장과 효과적 의사결정 지원
블록체인	메타버스 창작물에 대한 저작권 관리, 사용자 신원 확인 및 데이터 프라이버시 보호, 콘텐츠 이용내역 모니터링 및 저작권료 정산 등 지원
인공지능	메타버스 내 데이터 및 사용자 경험 학습, 실시간 통번역 사용자 감성 인지 및 표현 등을 통해 현실가상세계 간 상호작용 촉진
데이터	실세계 데이터 취득 및 유효성 검증, 데이터 저장 처리관리 등 수행
네트워크	초고속, 초저지연 5G/6G 네트워크, 지능형 분산 컴퓨팅 등을 통해 대규모 이용자 동시 참여, 실시간 3D대용량 콘텐츠 서비스 제공
클라우드	이용자 요구나 수요 변화에 따라 컴퓨팅 자원을 유연하게 배분

5. 메타버스의 전망요인

1) 기술 발전

메타버스의 발전은 크게 기술 발전에 의해 좌우된다. 메타버스는 가상현실(VR), 증강현실(AR), 인공지능(AI) 등 첨단기술이 발전함에 따라 그 가능성이 확장된다.

2) 기업 간 경쟁

메타버스의 발전은 거대 기술기업 간의 경쟁에도 크게 의존한다. 이러한 경쟁은 메타버스 기술의 혁신과 발전을 촉진시킨다.

3) 시장 인식

각 시장조사업체와 기업들의 메타버스에 대한 인식도 중요한 요인이다. 이들의 견해는 메타버스의 가능성과 활용범위를 결정하는 데 큰 역할을 한다.

4) 법제도

메타버스 환경에서 발생할 수 있는 다양한 문제에 대한 법제도의 정비는 메타버스의 건강한 성장을 위해 필수적이다. 이에는 콘텐츠의 소유권 문제, 불법행위, 아바타에 대한 인격권 부여 등이 포함된다.

이러한 요인들이 메타버스의 전망에 큰 영향을 미치며, 이를 통해 메타버스의 발전 가능성을 예측할 수 있다.

제2절 블록체인의 개념과 특징

1. 개념

블록에 데이터를 담아 체인형태로 연결, 수많은 컴퓨터에 동시에 이를 복제해서 저장하는 분산형 데이터 저장기술이다. 공공거래장부라고도 부른다.

중앙집중형 서버에 거래기록을 보관하지 않고 거래에 참여하는 모든 사용자에게 거래내역을 보내주며, 거래 때마다 모든 거래 참여자들이 정보를 공유하고 이를 대조해 데이터 위조나 변조를 할 수 없도록 되어 있다.

그림 11-2 | 블록체인

블록체인에 저장하는 정보는 다양하기 때문에 블록체인을 활용할 수 있는 분야도 매우 광범위하다. 대표적으로 가상통화에 사용되며 이 밖에도 전자결제나 디지털 인증뿐만 아니라 화물 추적 시스템, P2P 대출, 원산지부터 유통까지 전 과정을 추적하거나 예술품의 진품 감정, 위조화폐 방지, 전자투표, 전자시민권 발급, 차량 공유, 부동산 등기부, 병원 간 공유되는 의료기록 관리 등 신뢰성이 요구되는 다양한 분야에 활용할 수 있다.

2. 특징

1) 탈중앙화

중앙집중식 엔터티(개인, 조직 또는 그룹)에서 분산 네트워크로 제어 및 의사결정을 이전하는 것을 뜻한다. 분산형 블록체인 네트워크는 투명성을 사용하여 참여자 간의 신뢰에 대한 필요성을 줄이고 해당 네트워크는 참여자가 네트워크의 기능을 저하시키는 방식으로 서로에 대한 권한이나 통제의 행사를 막는다.

2) 불변성

불변성은 무언가를 변경하거나 수정할 수 없다는 뜻이다. 누군가가 공유 원장에 거래를 기록하면 참여자는 거래를 조작할 수 없다. 거래 레코드에 오류가 포함된 경우, 실수를 되돌리기 위해 새 거래를 추가해야 하며 두 거래 모두 네트워크에 표시된다.

3) 합의

블록체인 시스템은 거래 기록을 위한 참여자 동의에 관한 규칙을 설정한다. 네트워크 참여자의 과반수가 동의한 경우에만 새로운 거래를 기록할 수 있다.

3. 종류

1) 퍼블릭 블록체인 네트워크

퍼블릭 블록체인은 권한이 없으며 모든 사람이 블록체인에 참여할 수 있다. 블록체인의 모든 구성원은 블록체인을 읽고, 편집하고, 검증할 동등한 권리를 갖는다. 사람들은 주로 퍼블릭 블록체인을 사용하여 Bitcoin, Ethereum 및 Litecoin과 같은 암호화폐를 교환하고 채굴한다.

2) 프라이빗 블록체인 네트워크

단일조직이 관리형 블록체인이라고도 하는 프라이빗 블록체인을 제어하며 해당 조직에서 누가 구성원이 될 수 있고 네트워크에서 어떤 권한을 가질 수 있는지 결정한다. 접근 제한이 있기 때문에 부분적으로만 분산되어 있다.

3) 하이브리드 블록체인 네트워크

하이브리드 블록체인은 프라이빗 시스템을 기반으로 퍼블릭 네트워크의 요소를 결합한다. 이러한 방식으로 블록체인에 저장된 특정 데이터에 대한 액세스를 제어하면서 나머지 데이터는 공개적으로 유지한다.

4) 컨소시엄 블록체인 네트워크

많은 조직이 공통의 목표를 갖고 공동 책임의 혜택을 받는 산업은 종종 컨소시엄 블록체인 네트워크를 선호한다. 예를 들어, 글로벌 해운 비즈니스 네트워크 컨소시엄은 해운산업을 디지털화하고 해양산업 운영자 간 협업의 증대를 목표로 한다.

4. 장점

1) 고급 보안

블록체인 시스템은 현대 디지털 거래에 필요한 높은 수준의 보안과 신뢰를 제공한다. 누군가가 가짜 돈을 생성하기 위해 기본 소프트웨어를 조작할 것이라는 두려움은 언제나 존재하지만, 블록체인은 암호화, 탈중앙화 및 합의의 세 가지 원칙을 사용하여 변조가 거의 불가능하며 고도로 안전한 기본 소프트웨어 시스템을 생성한다.

2) 효율성 향상

블록체인의 투명성과 스마트 계약은 이러한 비즈니스 거래의 효율성을 향상시킨다.

3) 빠른 감사

블록체인 기록의 시간 순서는 변경이 불가능하므로 모든 기록은 항상 시간순으로 정렬되기 때문에 데이터 투명성으로 인해 감사 처리가 훨씬 빨라진다.

제3절 암호화폐의 개념과 종류

1. 개념

암호화폐는 분산 환경에서 통화 단위를 생성하고 유지하며 안전한 거래를 위해 암호화 기술을 사용하여 분산 장부에 거래 정보를 기록하는 일종의 디지털 자산이다. 전자화폐의 하나로 보기도 하지만 전자금융거래법에 정의된 전자화폐의 특성인 현금 교환성이 보장되지 않으며, 정부가 가치나 지급을 보장하지 않는다는 점에서 전자화폐와는 구별된다.

그림 11-3 | 암호화폐

272

2. 특징

법정화폐는 화폐로 작동하기 위해 모종의 중앙 화폐 시스템을 갖춘 합리적인 경제체제가 필요하고, 중앙에서 화폐에 대한 모든 권리를 제어한다. 다시 말해 중앙에서 비합리적으로 운영하거나 가치를 조작하거나 하면 자신의 재산이 물거품이 되는 광경을 지켜봐야만 한다. 하지만 암호화폐는 블록체인 기술 덕분에 후술할 단점에도 불구하고 발행 주체에 의한 가치 조작 문제에서 비교적 자유롭다.

3. 종류

표 11-3 | 암호화폐의 종류

암호화폐명	암호화폐의 특징
지불형 코인	실생활에서 화폐처럼 지불수단으로 사용하기 위해 개발된 것
플랫폼 코인	비트코인을 뒤쫓고 있는 암호화폐 시가총액 2위는 이더리움이다. 이더리움은 대표적인 '플랫폼 코인'이다. 플랫폼 코인이란 다양한 서비스를 제공하고 또 이 서비스들을 사용하기 위한 목적으로 고안된 암호화폐를 말한다.
스테이블 코인	테더는 일정량 달러화를 담보로 발행한 화폐 즉 다른 암호화폐와는 달리 가치가 일정하게 유지되는 '스테이블 코인'이다. 암호화폐는 가격 변동성이 크고 안정적이지 않기 때문에 일상적으로 사용하기에 부적절한데 이 문제를 해결하기 위해 개발된 것이 스테이블 코인이다.
유틸리티 토큰	바이낸스 코인이 해당되며 홍콩의 암호화폐 거래소인 바이낸스에서 자체 통화로 사용하기 위해 만든 토큰이다.
증권형 토큰	전통시장의 주식, 채권, 부동산, 미술품 등 다양한 자산의 가치를 토큰과 연계한 암호화폐다.
프라이버시코인	'익명성'이 핵심이 되는 암호화폐를 일컫는다. 범죄 등에 이용될 여지가 크다는 점 때문에 '다크 코인'이라 불리기도 한다.
NFT	'대체 불가능한 토큰'이라는 의미로, 위·변조가 어려운 블록체인 기술의 특성을 활용해 그림이나 영상, 게임, 음악, 예술 등 다양한 디지털 파일과 자산에 '꼬리표'를 붙이는 데 사용되는 암호화폐이다.
중앙은행 디지털화폐(CBDC)	중앙은행이 발행하는 법정 디지털 화폐다. 화폐 경제의 변화에 대응하기 위해 주요국들이 연구에 나서고 있다. 현재 논의 수준은 중국이 가장 앞선 것으로 알려져 있지만 아직 본격 도입한 국가는 없다.

NFT의 개념과 종류

1. 개념

대체 불가능 토큰(Non-fungible token, NFT)이란 블록체인 기술을 이용해서 디지털 자산의 소유주를 증명하는 가상의 토큰(token)이다. 그림·영상 등의 디지털 파일을 가리키는 주소를 토큰 안에 담음으로써 그 고유한 원본성 및 소유권을 나타내는 용도로 사용된다. 즉, 일종의 가상 진품 증명서이다. NFT는 거래내역을 블록체인에 영구적으로 남김으로써 그 고유성을 보장받는다.

그림 11-4 | NFT

2. 종류

1) 형태에 따른 종류

(1) 아트 NFT

그림이나 사진, 음악, 동영상 등을 NFT화한 것을 의미한다. 2D, 3D 등 다양한 형태로 출시되며 업비트 NFT 마켓에 보면 흔히 볼 수 있다. NFT의 원초적인 형태이다.

(2) 프로필 사진 NFT

PFP(Profile Picture) NFT라고도 한다. 트위터 등 SNS에서 프로필 사진으로 활용할 수 있는 NFT이다. 여러 패턴을 조합하여 하나의 사진을 제작하는 방식이다. 상술한 크립토펑크가 이 사례다.

(3) 캐릭터 NFT

메타버스나 P2E와 밀접하게 관련된 개념인데, 게임 캐릭터나 아이템을 NFT화한 것이다. NFT는 코인과 NFT의 시세를 동시에 고려해야 하는 이중 매수의 성격을 가지고 있다.

2) 혜택에 따른 종류

(1) 혜택이 없는 NFT

예술작품들을 토큰 안에 담아서 가치를 부여했지만 보유자가 직접적인 혜택을 얻지는 않는 유형이다. 흔히 NFT 거래에 대해서 단순히 '그림을 사고 파는 행위'라고만 알고 있는 사람들이 떠올리는 유형이다.

(2) 혜택이 있는 NFT

보유자들에게 다양한 혜택을 주는 것이 특징이다. 겉으로는 위의 유형과 마찬가지로 그림 거래와 비슷하지만 실질적인 상품은 그림이 아니라, 블록체인으로 고유성을 입증할 수 있는 토큰으로 누릴 수 있는 혜택이다.

3. 특징

NFT는 암호화폐로 거래하므로 암호화폐 가격의 영향을 받는다. 이 때문에 자산으로서 장점과 단점을 동시에 가지는데, 가령 암호화폐와 NFT의 가격이 동시에 오른다면 복리에 가까운 이득을 얻게 되지만 반대로 암호화폐와 NFT의 가격이 동시에 떨어지게 된다면, 일반적인 코인 거래보다 큰 손해를 보게 된다. 둘 중 하나만 오르고, 하나가 떨어진다면 등락폭에 따라 이득 및 손실을 계산해야 한다. 그러므로 NFT에 투자할 때는 NFT 플랫폼에서 활용되는 암호화폐와 NFT의 등락 전망을 동시에 고려해야 한다.

4. 장점

1) 자산 생산 및 권리 증명의 용이성

매우 간단한 컴퓨터 작업만으로도 확고한 진품 증명 토큰을 생산할 수 있다. 게임과 같은 공유 플랫폼 내에서 누구나 비슷한 디지털 자산을 생산할 수 있는 경우에도 복사, 변조, 확률과 통계 조작 등의 우려를 효과적으로 해결할 수 있다.

2) 거래의 자유로움

식별 및 구별 방법이 너무 명확하기 때문에 부담이 거의 없는 수준이다. 개인 간에도 인터넷 전송을 통해 거리와 시간의 제약을 받지 않기 때문에 더욱 거래하기가 쉽다. 또한 NFT를 이용하면 지식재산권의 소유 증명도 매우 간단하기 때문에 권리침해에 대한 법적 대응 역시 매우 용이해진다.

3) 희소성

디지털 파일임에도 불구하고 희소성이 생긴다는 것이 가장 큰 장점이다. 사진의 경우 인터넷에 한번이라도 올리면 다른 사람들이 구글이나 페이스북을 통해 무단으로 도용할 수 있지만 NFT를 사용하면 '제작 당시의 최초로서 단 하나의 정품 인식코드'라는 분명한 희소성이 생기기 때문에 무단 복제물에 비해 가치를 인정받을 수 있다. NFT 역시 디지털이기 때문에 원본 파일에 내장시키기 쉽다는 장점도 있다.

5. 단점

1) 유명무실한 증명서

NFT는 판매자가 보증하는 원본증명일 뿐, 해당 콘텐츠가 담고 있는 가치에 대한 원본인지 보증할 수 없다는 문제가 있다.

2) 대중 이해도와 진입장벽

NFT는 결국 유명한 사람들이 제작 및 배포한 작품들을 거액에 구입하는 명품에 가까워서, 일반인이나 무명 작가들이 사용했다간 초기 투자 단계에서 손해를 보기 쉽다.

3) 정립되지 않은 체계와 NFT의 난립

NFT는 기술만 있다면 누구나 만들어낼 수 있기 때문에 돈이 된다 싶으면 NFT가 쏟아져 나올 것이고 바로 위의 '높은 진입장벽'과 엮여서 개인이 만들기보단 업체가 제공하는 서비스가 될 가능성이 높다.

4) 도용 NFT 생성문제

과도한 NFT 붐으로 인해 남의 창작물을 무단으로 도용해서 NFT로 등록, 판매하는 행위가 늘어나고 있다. 특허와 다르게 대중들이 자세히 모르는 분야이기 때문에 이해하고 검증하는 데 많은 시간이 소모되며, 정보의 격차가 발생한다.

5) 저작권 독점이 아닌 소유권 취득이라는 한계

NFT로 만든 원본 증명서는 말 그대로 '원본 증명'일 뿐 저작권과는 별개이다. 즉 NFT를 사서 원본을 소유했다고 증명할 수는 있어도, 그 원본을 독점적으로 복제할 권한은 없다.

6) 환경 파괴문제

현재 대부분의 NFT는 이더리움 기반으로 운영되는데, 이더리움 거래의 평균 전력 소모량이 48.14kWh라는 것을 생각하면 하루에도 수천 개씩 올라오는 NFT는 이른바 '탄소발자국'의 우려를 불러일으켜 꽤 심각한 상황이다.

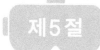 제5절 디파이(Defi) 금융의 개념, 쟁점, 전망

1. 개념

탈중앙화된 금융(Decentralized Finance)의 약자로, 관리자 없이 블록체인의 스마트 컨트랙트에서만 작동하는 금융 서비스를 말한다. 스마트 컨트랙트로 올라간 코드는 블록체인 자체를 해킹하지 않는 한 절대 수정할 수 없기에 처음에 코드를 작성하면 그 코드는 어떠한 해킹의 위협도 없이 안전하게 작동하게 된다.

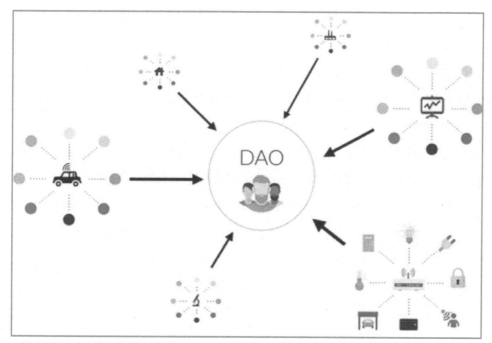

그림 11-5 | 디파이(Defi) 금융의 핵심 DAO

표 11-4 | 디파이(Defi) 금융의 주요 유형

구분	DeFi	전통적인 금융서비스
자금 사용에 대한 권한	개인	금융서비스 회사
자금 사용 내용에 대한 조회	개인이 직접 조회하고 관리	신뢰할 만한 금융회사에 의탁
자금 송금의 범위 및 시간	국내, 국외 제한 없이 빠르게 송금	• 국내의 경우 빠르게 송금 가능 • 해외의 경우 절차 복잡하고 느림
서비스 이용에 대한 자격	모든 사람들 (국가, 인종 등의 차별 없음)	국가마다 상이
투명성	• 모든 거래내역이 공개됨 • 서비스 코드, 오픈소스로 공개	사용자들에게만 공개, 서비스 회사 간 정보 공유
위험성	• 오픈소스 • 해킹의 위험이 존재함 • 초기시장의 리스크에 노출	• 국가에 따라 상이함 • 해당 금융서비스 회사에 따라 파산 시 일부 자금에 대해 국가가 보장

2. 쟁점

안전성이 화두다. 현재 블록체인은 기존 중앙화 모델보다 느리고 오류 위험성이 있다. 관리 주체가 없어 해킹이나 개인정보유출과 같은 사고가 발생해도 책임은 사용자가 진다.

높은 접근성과 편의성, 낮은 수수료 등의 이점 때문에 차세대 금융으로 주목받지만 디파이의 핵심은 금융에 개입하는 중앙기관의 역할을 블록체인이라는 기술로 대체하는 데 있다. 한마디로 자동화된 금융이다. 블록체인 기술을 바탕으로 스마트폰만 있으면 모든 거래는 당사자끼리 P2P로 직접 이뤄지기 때문에 과정이 간편하고 수수료가 저렴하다. 거래 내역 및 개인정보는 블록체인의 분산 보관 시스템의 보호를 받는다.

3. 전망

디파이는 운영하는 주체가 없어도 한 번 블록체인에 올린 코드는 절대 수정할 수 없기에 서비스를 운영하는 주체도 돈을 중간에 빼낼 방법이 없고 그렇기에 중간에 돈이 사라질 위험 없이 안전하게 이용할 수 있는 것이다.

그렇기에 디파이가 본격적으로 도입되면 현재의 비효율적인 금융시스템을 유지하는 데 필요한 신뢰성 비용을 크게 줄여서 보다 많은 수익을 고객에게 제공해 줄 수 있고, 규제만 확실히 정착된다면 경쟁에서 살아남기 위해 시중의 은행권들도 디파이 서비스를 적극적으로 도입할 것이라 전망한다.

제6절 메타버스와 MICE산업의 미래

1. 메타버스 확장을 통한 MICE 미래전략 방안

팬데믹 이후의 MICE산업은 안전기준이 강화되고 소규모 행사를 통한 참가자 네트워킹이 중요한 요소로 부각될 것이다. 이에 더해 IT기술의 활용범위와 활용이 증가하면서 맞춤형 개인화 마케팅이 중요해질 것이다. '개인화'란 고객 개개인의 소비 행태와 성향을 반영한 '맞춤형' 메시지를 전달함으로써 고객과 신뢰관계를 구축하는 데이터 기반(data-driven)의 마케팅 방법론이다. 따라서 기획자는 쌍방 연결을 통해 타인과 연결되고 공감과 몰입을 통해 소비 경험과 충성도가 높아진 참가자들의 행동을 분석하고 세분화해 효율을 극대화할 수 있어야 한다.

특히, 팬데믹 이후 글로벌 MICE산업에 활용되는 테크놀로지 시장 규모는 2배 이상 성장하고 있고 국내 역시 그 비중이 높아질 수밖에 없다. 일반 참가자 입장에서 보았을때 자신과 연관이 있거나 뭔가 재미있고 색다른 경험을 할 수 있는 요소가 없다면 더이상 매력을 느끼지 않게 될 것이다. 쇼핑을 필두로 해서 전 산업분야에서 개인화 마케팅이 떠오르는 이유다. 메타버스(Metaverse)는 VR·AR 등의 실감기술(XR: Extended Reality)을 매개로 가상세계와 현실세계가 연결되고 확장된 미래형 융합 공간이다. 연결성·편의성·실재성·기술성 요소를 바탕으로 하고 있어 현실을 반영하지만 가상에서 표현되기 때문에 물리적 제약이나 한계가 없다는 점에서 웹 환경 중심이던 기존의 가상세계와는 다르다. 한발 더 나아가 메타버스는 현실과 가상을 오가는 경제 시스템으로까지 진화하는 중이다.

메타버스 시대를 맞아 MICE산업의 새로운 전략은 무엇일까? 가장 먼저 공간의 확장과 융합이 필요하다. 가상공간과 현실공간이 연결되는 융합형 공간으로 전환되면서 온라인에서도 다양한 카메라 앵글 제공, VR 콘텐츠, 아바타 활용 등을 통한 생생한 현장감을 전달할 수 있어야 한다. 참가자와 쌍방향 커뮤니케이션을 활성화하고 재미 요소를 도입하면서 한국도 이제는 미국 CES나 스페인 모바일 월드 콩그레스와 같은 고유한 MICE 브랜드를 구축하여야 한다. 또한, 생생한 현장감과 연결성을 느낄 수 있는 다양한 기능의 가상회의 플랫폼과 솔루션을 적극적으로 활용하고, 글로벌 전시컨벤션을 유치하기 위해서 MICE업계에서도 이러한 시스템을 구축·운영할 수 있는 전문기술인력을 대대적으로 유치하기 위해 노력을 기울여야 한다.

2. 메타버스 공간에서의 전시컨벤션센터 구축

메타버스 전시 및 컨벤션 센터는 가상세계에서 열리는 전시 및 컨벤션 센터이다. 전통적인 전시 및 컨벤션 센터의 모든 기능을 갖추고 있지만 물리적 공간에 제한되지 않는다. 메타버스 전시 및 컨벤션 센터는 전시회, 컨퍼런스, 콘서트, 쇼 등 다양한 행사를 개최하는 데 사용할 수 있다. 또한 가상세계를 탐험하고 다른 사람들과 상호작용하는 장소로 사용할 수도 있다. 메타버스 전시장·회의실이 구현되면 국내외 전시·회의 주최자들은 실제 현장에 방문하지 않고도 행사를 구상할 수 있어 신속성과 편의성을 도모할 수 있다.

메타버스 전시장에서는 블록부스·조립부스 등 부스 타입을 선택하고 부스 및 광고시설물 등의 배치 시뮬레이션이 즉각적으로 가능하게 하여 실제 전시장을 그대로 옮겨놓은 듯한 현장감을 제공한다. 또한 메타버스 회의실에서는 회의 성격에 따라 필요 장비의 비치, 회의실의 분할 등 공간을 자유롭게 변경할 수 있도록 하여 소규모 회의부터 전시회와 연계된 대규모 회의까지 직접 구상할 수 있다. 메타버스 공간에서 전시·컨벤션을 실제로 개최할 수 있는 단계까지 발전되면 메타버스 플랫폼을 기반으로 전시컨벤션 이해관계자들에게 양질의 비즈니스와 효율적인 서비스를 제공할 수 있게 된다.

3. 메타버스에서의 전시컨벤션센터 구축과 NFT 활용방안

NFT(대체 불가능한 토큰)는 메타버스 전시 및 컨벤션 센터에서 광범위하게 활용될 수 있다. NFT는 전시, 컨퍼런스, 콘서트, 쇼에 대한 티켓으로 사용할 수 있다. 또한 가상세계의 부동산, 디지털 상품 및 서비스에 대한 소유권 증명으로 사용할 수도 있다.

예를 들어, 메타버스 전시 및 컨벤션 센터에서 개최되는 컨퍼런스에 참석하려면 컨퍼런스에 대한 NFT 티켓을 구매해야 한다. NFT를 소유하면 컨퍼런스에 참석하고 해당 컨퍼런스에서 제공되는 모든 디지털 상품과 서비스를 사용할 수 있다.

메타버스 전시 및 컨벤션 센터는 전통적인 전시 및 컨벤션 센터의 한계를 뛰어넘는 새로운 방식으로 사람들을 연결하는 데 사용할 수 있는 강력한 도구이다. 또한 NFT를 사용하여 가상세계에서 소유권과 수익 창출의 새로운 모델을 만드는 데 사용할 수 있다.

그림 11-6 | 메타버스에서의 NFT 활용

메타버스에서의 전시 및 컨벤션 센터 설립과 NFT 활용계획은 다음과 같이 이루어질 수 있다. 첫째, 메타버스 공간에서 전시 및 컨벤션 센터를 구축한다. 이 과정은 기존의 실제 세계에서의 전시 및 컨벤션 센터 구축방식과 비슷하게 이루어질 수 있지만, 가상의 환경이므로 실제와 다른 점을 고려해야 한다. 둘째, 메타버스 전시 및 NFT는 메이커 교육에 긍정적인 영향을 미친다. 이를 바탕으로 전시 또는 컨벤션에서 NFT를 활용하여 참여자들의 창의성, 학습 동기, 지식 구축, 성취감 및 소유권 인식을 증진시키는 프로그램을 기획할 수 있다. 또한, NFT를 활용한 전시 작품이나 부스를 설치할 수 있다. 이를 통해 참가자들이 작품이나 제품을 구매하고 소유할 수 있는 기회를 제공할 수 있다. 셋째, NFT 전시작품은 Decentraland와 같은 탈중앙화 앱에서도 보여질 수 있다. 또한, NFT를 활용하여 참가자들이 전시 및 컨벤션에서의 경험을 기록하고 공유할 수 있는 기회를 제공할 수 있다. 이는 참가자들의 참여 동기를 높이고, 이벤트의 영향력을 늘릴 수 있다. 이러한 방식으로 메타버스 공간에서 전시 및 컨벤션 센터를 성공적으로 설립하고, NFT를 효과적으로 활용할 수 있는 계획을 세울 수 있다.

| 학습문제 |

1. 메타버스와 컨벤션산업의 발전요인은 무엇인가?

2. 메타버스는 컨벤션산업에 어떠한 영향을 미칠 것인가?

PART 12

메타버스기반
항공실무 시나리오

제1절 공항서비스

1. 공항카운터 탑승수속(체크인)

(장면 설명) 승객이 공항에 도착하여 탑승수속(체크인)을 하기 위해 항공사 카운터로 간다. 체크인 카운터는 공항에 도착한 승객이 가장 먼저 항공사 직원과 대면하는 곳이므로 깨끗하게 잘 정돈되어 있다. 체크인 카운터 앞에는 '위탁 수하물 또는 휴대 수하물로 금지된 위험물품', '항공편 지연 및 취소 시 승객의 권리 안내' 등의 안내자료가 붙어 있다. 체크인은 해당 항공편에 탑승할 승객과 수하물을 확인하여 운송 승인을 진행하는 과정으로 이를 통해 탑승권을 발급받게 된다. 승객이 카운터 가까이로 다가오자 공항서비스직원이 반가운 얼굴로 승객을 바라보며 밝은 목소리로 인사를 건넨다.

[직원] "손님, 안녕하십니까. 제가 탑승 수속을 도와드리겠습니다. 손님 본인의 여권과 전자항공권, 그리고 준비하신 기타 여행서류를 주시면 확인해 드리겠습니다." (승객이 여권과 준비 서류 일체를 건네주면 우선 전자항공권을 판독하여 예약상태를 확인한다.)

[승객] (예약번호를 확인한 후 여권과 비자를 검토하는 공항서비스직원에게 승객이 질문을 던진다.) "예약번호가 확인되었는데 굳이 여권과 비자를 확인하는 이유가 있나요?"

[직원] (직원은 밝은 미소로 친절하게 응대한다.)
"네, 손님. 모든 국제선 승객은 유효한 여권 또는 권한 있는 공공기관에서

발행한 기타 공식 신분증이 필요합니다. 그것을 통해 승객의 신원과 국적을 확인하고, 해외여행을 승인하기 때문이지요. 또한, 비자는 승객이 해당 국가에 입국하거나 재입국할 수 있는 권한을 부여받았음을 나타내기 위해 정부의 영사관 직원이 작성한 여행문서라는 점에서 반드시 확인이 필요합니다."

[승객] (밝은 미소를 보이며) "그렇군요. 친절하게 설명해 주셔서 감사합니다. 그런데 저는 이때까지 비자 없이 여권만 가지고 여행한 적이 많아서, 비자라는 것이 생소하게 느껴지긴 해요. 해외에 나갈 때 비자는 한 종류로 정해져 있나요?"

[직원] "손님 말씀처럼 무비자로 입국할 수 있는 국가도 많습니다. 그리고 목적지 국가에 따라서 사전에 비자 발급이 필요한 경우가 있고, 혹은 경유 비자 (Transit Visa), 도착 비자(Arrival Visa), 또는 비자 면제(Visa Exemption) 등의 조건이 적용되기도 합니다. 비자는 방문 목적에 따라 비즈니스 비자, 방문 비자, 관광 비자, 이민 비자 및 특수 목적 비자 등으로 다양하게 발급됩니다. 하지만 비자를 받았다고 해당 국가에 대한 입국이 반드시 보장되는 것이 아니라 최종 결정은 입국 시 해당 국가의 입국 심사대에 있습니다."

직원은 절차대로 꼼꼼하게 여권과 비자를 확인한다. 우선, 승객의 여권 이름과 예약 정보의 이름, 항공권의 이름이 모두 일치하는지 확인한다. 그리고 여권의 사진이 본인이 맞는지 확인한다. 사진을 확인할 때는 생년월일에 맞는 나이가 승객의 외모와 일치하는지 확인한다. 또한, 이름의 글자 정렬 순서가 불일치하거나 얼룩 등 변조의 징후가 있는지 확인하고, 경우에 따라 개조의 가능성을 의심해 볼 수도 있다. 뿐만 아니라 목적지 도착일 기준으로 여권 잔여 유효기간이 6개월 이상 남아 있는지 여권 만료일(유효기간)을 확인한다. 그리고 여권 내에 본인 서명이 되어 있는지 확인한다.

여권 확인 후, 목적지 국가의 출입국 규정에 따라 여행 목적 및 기간에 맞는 비자를 취득했는지 여부를 확인한다(비자의 필요 여부, 유효성 여부). 그 외에도 출입국 금지 대상 승객 목록을 확인하여 문제가 없는지 검토한다. 여권 및 비자 확인이 끝나면 항공권에 표기된 여정, 항공 편명, 출발 날짜, 운항 항공사, 좌석의 확약, 탑승 클래스 및 제한 규정 등에 대한 유효성을 확인하고, 승객의 여정과 항공권이 일치하는지 최종 확인한다. (좌석 요청 및 특별 서비스 요청 사항, 승객의 요구와 예약의 일치 여부, 프리미엄 클래스 탑승 승객, 도움이 필요한 승객(장애인) 및 어린이 동반 승객의 탑승 우선 서비스 확인)

[직원] "손님, 기내 좌석은 좌측, 우측, 가운데 열 중 선택 가능하고, 창가 좌석 또는 통로측 좌석 배정이 가능합니다. 어느 좌석으로 배정해 드릴까요?" (공항서비스직원은 시스템을 통해 비상구, 갤리, 화장실, 좌석 배열 및 기내 구조를 한눈에 확인하여 승객이 선호하는 좌석을 안내하고 지정한다. 한번 지정된 좌석은 색상이 변경되고 선택 목록에서 삭제되어 중복 지정되지 않도록 설정된다.)

*좌석 배정 기준: 만 2세 이상의 모든 승객은 좌석을 점유해야 하며, 승객이 예약한 서비스 클래스에 따라 객실 구역별 좌석을 지정한다.

[승객] "해외 여행을 갈 때는 항상 여권과 비자만 확인하고 준비하면 되나요?"

[직원] "여권과 비자 외에도 건강증명서를 필요로 하는 국가도 있습니다. 주로 열대 지역의 일부 국가에서 건강증명서(Health Documentation) 또는 특정 예방 접종 증명서를 요구하는 경우가 많습니다. 일반적으로 세계보건기구(WHO)에서 지정한 형식의 예방 접종 확인서가 인정되며, 예방 접종마다 유효기간이 다르게 적용될 수 있습니다. 해당 국가로 여행 시 필요한 예방 접종 또는 건강증명서를 준비해야 하는지 미리 확인하고 서류를 준비해 오셔야 합니다. 예방 접종 증명서는 질병관리청 사이트에서 발급 가능하며, 영문으로 발급해야 한다는 점을 꼭 기억하세요."

[직원] "손님, 휴대 수하물로 기내에 탑승하실 때 가지고 가실 가방의 개수와 지금 위탁 수하물로 부칠 가방의 개수를 말씀해 주세요."

[승객] "먼저 휴대 수하물과 위탁 수하물은 어떻게 구분되는지 자세히 안내해 주실 수 있나요?"

[직원] "네, 자세히 설명해 드리겠습니다. 수하물은 크게 휴대 수하물(Unchecked Baggage)과 위탁 수하물(Checked Baggage)로 구분됩니다. 먼저, 휴대 수하물은 승객의 통제하에 객실 내에 휴대하거나 보관된 수하물로 각 항공사는 허용 무게, 크기 및 개수에 대한 자사 기준을 설정합니다. 휴대 수하물은 최대 길이 55cm, 너비 40cm, 두께 20cm 및 이 세 가지의 합이 115cm(45인치)를 초과하지 않아야 합니다(손잡이, 측면 주머니, 바퀴 등 포함)."

[승객] "기내에 반입할 수 있는 휴대 수하물에도 제한이 있나요?"

[직원] "네, 그렇습니다. 각 항공사는 IATA(국제항공운송협회)가 정해 놓은 규정에 의해 자체적으로 기내 수하물의 크기와 무게를 제한하며, 아래와 같은 기내 수하물의 반입을 제한합니다. 첫째, 크기, 무게 및 수하물의 특성상 항공 운송에 부적합한 경우 둘째, 머리 위 선반 혹은 좌석 아래에 보관하기에 적합하지 않거나 포장이 부실한 경우 셋째, 허용되지 않는 액체류 등을 반입하는 경우 넷째, 보안 검색 시 반입 제한 품목이 포함된 경우가 해당됩니다. 그래서 저희 공항서비스 직원은 위험 물품을 숙지하고, 승객이 이러한 물품을 휴대할 가능성이 있을 경우 반드시 확인합니다. 휴대 수하물이 무료 허용 크기 및 무게를 초과하는 경우 기내 반입이 불가하며, 위탁 수하물로 수속해야 할 경우 추가 수수료가 적용되는 점도 안내해 드리고 있습니다."

[승객] "앞으로 기내 휴대 수하물 규정을 잘 지킬 수 있도록 참고하겠습니다. 위탁 수하물에 대해서도 설명해 주시겠어요?"

[직원] "위탁 수하물(Checked Baggage)은 승객이 탑승하는 여객기의 화물칸으로 운반되는 수하물로 각 항공사의 규정에 따라 무료 허용량이 결정됩니다. 항공사는 수하물의 크기, 무게, 특성으로 인해 운송에 적합하지 않거나 부적절하게 포장된 경우 운송을 거부할 수 있습니다. 그리고 모든 수하물에는 승객의 이름이 부착되어야 합니다. 항공사는 수하물 운반 시 발생되는 문제에 대해 제한적으로 책임을 지거나 책임 배제가 되므로 귀중품, 여권 또는 신분증, 비즈니스 문서, 컴퓨터, 깨지기 쉬운 물품 등은 반드시 기내 수하물로 보관해야 합니다."

[승객] "기내 수하물로 허용되는 품목인지 아닌지 확실하지 않은 것은 어떻게 하는 것이 좋을까요?"

[직원] "그런 경우에는 위탁 수하물로 보내는 것이 좋습니다. 특히, 액체류는 반입 규정을 준수하는 것이 중요한데, 최대 용량이 1리터인 투명한 밀봉 가능한 비닐백에 넣어야 하며, 각 용품이 100ml 용기 또는 이에 상응하는 것이어야 한다고 규정되어 있습니다."

[승객] "기내에는 작은 가방 하나만 가지고 탑승하고, 위탁 수하물로 큰 가방 하나를 부치고 싶어요. 혹시 비용을 따로 내야 하나요?"

[직원] "휴대 수하물과 위탁 수하물의 크기와 무게가 항공사의 규정을 충족하는지 확인하고, 무료 수하물 기준을 초과할 경우 추가 비용을 징수할 수 있습니다. 항공사에서는 탑승 클래스에 따라 무료 수하물 허용량 및 추가 비용을 정해두고 있습니다." (수하물의 개수, 크기 및 무게를 확인하여 항공사의 무료 수하물 허용 기준에 충족하는지 확인한 결과 무료 수하물 규정을 초과하지 않아서 추가 비용은 징수하지 않고 다음 절차를 진행한다.)

[직원] (간단한 보안 질문을 통해 위험물을 반입하는지 확인한다. 수하물을 위탁 처리하기 전에 확인할 사항은 다음과 같으며, 보안 질문 중 하나라도 '아니

오'라고 답한 경우 가방 검색을 위해 보안팀의 협조를 받을 수 있다.)

"본인 소유의 가방이며 직접 가방을 포장하였습니까?(승객: 네)"

"본인이 포장하지 않은 품목이 가방 내에 없습니까?(승객: 네)"

"다른 사람으로부터 휴대하도록 요청받은 물건이 없습니까?(승객: 네)"

"가방을 포장할 때부터 지금까지 모두 본인이 확인하였습니까?(승객: 네)"

FSC(Full Service Carrier/대한항공, 아시아나항공 등)의 경우 일반적으로 항공권 운임에 수하물의 운반 비용이 포함된다. 지불한 항공권 운임, 탑승 좌석과 제공받는 서비스의 종류에 따라 무료 수하물 허용량이 적용되며, 항공권 내에 '무료 수하물 허용 한도'가 표기된다.

(수속 진행이 완료되면 승객의 이름과 좌석번호가 기입된 탑승권(Boarding Pass)과 수하물 태그가 발행된다. 탑승권을 배부할 때는 승객의 주의를 끌기 위해 이름을 호명하며 전달한다.)

[직원] "○○○(승객이름)님, 여기 탑승권이 있습니다. 탑승권에 수하물 태그를 붙였습니다." (위탁 수하물의 상태를 확인하고 태그를 부착하여 이동시킨다.)

[승객] "네, 감사합니다. 그런데 방금 출력된 수하물 태그는 어떤 역할을 하나요?"

[직원] "수하물 식별 태그라고도 하는 수하물 태그는 체크인한 승객의 수하물을 최종 목적지까지 운송하기 위해 사용됩니다. 접착용지에 인쇄되는 수하물 태그를 위탁 수하물에 붙이기 전에 가방이 손상되지 않았는지 육안으로 검사하며, 이전 여행에서 사용한 오래된 라벨은 새로운 라벨을 부착하기 전에 반드시 제거하셔야 합니다. 이를 통해 경로가 잘못 지정되거나 지연되는 수하물의 수를 줄일 수 있습니다."

[승객] "수하물 태그의 바코드는 무엇을 의미하나요?"

[직원] "수하물 태그의 숫자 코드는 도착 공항명, 도착 공항의 IATA 공항 코드, 출발 시각, 항공사 코드 및 항공 편명, 승객 이름 등 다양한 정보를 포함하고 있습니다. 그렇기 때문에 공항의 자동 수하물 처리 시스템이 수하물 태그의 바코드를 스캔하면 자동으로 가방을 분류할 수 있습니다."

[승객] "유모차와 어린이 카시트는 따로 요금을 지불해야 하나요?"

[직원] "유모차와 어린이 카시트는 무료 수하물 개수에 포함되지 않으며, 승객의 편의를 위해 수속 데스크 또는 탑승 게이트 앞에서 위탁할 수 있습니다."

◆ 돌발상황 대처 시나리오

또 다른 승객이 부피가 큰 수하물을 가지고 카운터로 걸어왔다. 직원이 수하물이 무엇인지 물어보니 부피가 큰 악기에 속하는 첼로라고 한다.

[승객] "연주회가 있어서 해외로 나가게 되었는데, 혹시 첼로는 어떻게 가지고 갈수 있을까요? 함께 연주회에 참석하는 일행들의 악기도 여러 가지가 있는데, 운반 시 특별한 규정이 있나요?"

[직원] "일반 수하물에 비해 다루기 어렵거나 운반 시 주의가 필요한 경우 특수 수하물로 분류합니다. (이러한 상황에서 공항서비스직원은 전문적인 업무 지식을 바탕으로 절차에 따라 서비스를 진행해야 한다.) 부피가 큰 악기(콘트라베이스, 첼로 등)는 기내에 반입하며, 악기로 인한 추가 좌석은 승객의 항공권과 동일한 금액으로 구매가 가능합니다. 악기에는 승객에게 적용되는 각종 부가세와 공항세는 적용되지 않습니다. 기내에 악기와 같이 부피가 큰 물품의 좌석을 예약하기 위해서는 다음 기준을 충족해야 합니다. 첫째, 무게가 45kg을 초과하지 않아야 합니다. 둘째, 비행 중 이동을 방지하기 위해 안전벨트로 고정할 수 있어야 합니다. 셋째, 수하물은 승객에게 발생할 수 있는 부상 가능성을 사전에 방지하기 위해 안전하게 포장되어 있어야 합니다."

[승객] "그럼 큰 악기의 경우 비상구 근처에 좌석을 배정해 줄 수 있나요?"

[직원] "비상시 안전한 탈출을 위해 기내 비상구 근처에는 좌석을 지정할 수 없습니다."

[승객] "제가 비즈니스 클래스에 탑승하는데, 악기는 이코노미 클래스에 좌석을 배정할 수 있나요?"

[직원] "손님, 그렇게 하실 수 없습니다. 악기를 소유한 승객과 같은 클래스의 좌석에, 그리고 가능한 승객의 옆좌석에 고정해야 합니다."

2. 수속 마감(Close-Out)

　카운터 마감 전 탑승대기승객(Stand-by Passenger)을 입력하고, 승객 탑승을 최종 마감한다(탑승대기승객: 항공기 좌석이 만석일 경우 공항에서 대기하다가 예약 부도 승객이 발생할 시 항공기에 탑승할 수 있는 승객). 즉, 모든 예약 승객 및 탑승대기승객의 탑승 승인을 완료하고, 탑승대기승객이 허용되지 않는 상황에서는 승객 명단에서 삭제(Offload)한다. 공항서비스직원은 DCS 체크인 화면에서 예상 출발 시간(ETD: Estimated Departure), 탑승 게이트 및 기내식 등을 확인할 수 있고, 수속 마감 시 승객 명단을 포함한 수속 정보를 인쇄할 수 있다. 또, 특정 승객에 대한 추가 정보를 탑승 게이트로 전송한다.

*셀프 체크인: 셀프 체크인은 공항에서 키오스크를 사용하여 승객이 직접 탑승 수속을 진행하거나 휴대전화 또는 컴퓨터로 온라인 체크인을 할 수 있도록 한 것이다. 온라인 체크인을 하는 경우 탑승권이 이메일로 전송된다. 승객이 원하는 서비스를 직접 선택할 수 있고, 대기시간이 절약되는 장점이 있다. 공항 지상 근무자는 셀프 체크인에 익숙하지 않거나 불편을 겪는 승객을 돕는다.

[승객] "키오스크를 이용해서 탑승 수속을 하는데, 처음이라 익숙하지가 않네요. 도와주실 수 있나요?"

[직원] "물론입니다. 화면에 안내되는 내용의 세부사항을 확인하고 해당 버튼을 누르시면 됩니다. 먼저, 안내에 따라 본인의 여권을 스캔합니다. 예약번호 및 여정이 확인되면 좌석을 선택하실 수 있습니다. 그리고 위험물 소지 여부 등 보안사항을 확인하면 탑승권이 출력됩니다."

셀프 백드랍(자동 수하물 위탁기기)을 이용할 경우에는 탑승객이 탑승권의 바코드와 여권의 사진면을 스캔하여 본인의 정보(성명, 항공편, 목적지 등)를 확인 후 위탁할 수하물을 벨트 위에 올려놓는다. 기기에서 수하물 태그가 출력되면 수하물에 바코드가 잘 보이도록 부착한다. 이때 발급된 확인증은 도착지에서 수하물을 찾을 때까지 잘 보관한다.

3. 탑승구 앞

탑승 수속을 완료한 승객이 탑승구(Gate) 앞에 도착하면 공항서비스직원은 승객의 탑승권 바코드를 스캔하여 탑승 정보와 수속 정보가 일치하는지 확인한다(날짜 및 탑승 가능 여부 확인).

[직원] "손님, 탑승권을 보여주시겠습니까?"

탑승권 확인이 끝나면, 시스템을 통해 수속 기록과 탑승 인원이 일치하는지 확인한다.

◆ 돌발상황 대처 시나리오

승객이 다른 항공편의 탑승권을 제시하며 탑승을 시도하자 탑승 카드 리더기에서 짧은 알람이 울리며 오류를 알리는 경고가 화면에 표시된다.

[직원] "손님, 탑승권을 확인해 드리겠습니다. (확인 후) 현재 손님께서 탑승해야
하는 항공기의 탑승구는 이곳이 아니라 다른 곳으로 확인됩니다. 제가 해당
탑승구로 가는 길을 안내해 드리겠습니다."

[승객] "네, 제가 탑승구를 잘못 봤네요. 안내해 주셔서 감사합니다."

공항 지상 근무자는 해당 승객이 소지한 탑승권의 항공편을 식별하여 안내한다.
탑승권이 손상되어 카드 리더기로 식별할 수 없는 경우에는 수동으로 승객 탑승을
진행할 수 있다.

*셀프 탑승 시스템(Quick Boarding): 탑승 게이트 리더기와 바코드 스캔으로 수동
방식을 대체한 것으로, 승객이 탑승권의 바코드를 스캔하면 자동문이 열려서 항
공기에 진입할 수 있게 된다. 탑승 데이터는 승객 탑승 완료 후 수속 시스템에
자동으로 전송된다.

 **이륙 전 준비 및 승객 탑승**

1. 객실브리핑(Cabin Briefing) : 항공기 출발 2시간 10분 전

SHOW-UP을 완료한 승무원은 지정된 장소에서 객실사무장이 주관하는 객실브리핑에 참석한다. 항공기 출발시각(ETD) 기준으로 2시간 10분 전에 본사 내 브리핑실에서 진행되며, 캐빈브리핑 시간은 Show-up 시각과 동일하다. 객실브리핑은 근무일의 첫 출발편에서 실시한다(등장인물: 객실사무장 1명, 객실승무원 12명).

[객실사무장] "오늘 비행의 객실브리핑을 시작하겠습니다. 먼저, 승무원 명단을 확인하겠습니다(한 명씩 호명하여 확인한다). 다음으로 Duty assign을 실시하겠습니다. ○○○씨 FS, ○○○씨 FG, ○○○씨 FJ, ○○○씨 BS, ○○○씨 BG, ○○○씨 BJ, ○○○씨 CL, ○○○씨 CR, ○○○씨 DL1, ○○○씨 DR1, ○○○씨 DL2, ○○○씨 DR2 duty 담당하시면 됩니다. 각 담당 Door를 확인하세요."

[객실승무원 전원] "네, 확인하였습니다."

[객실사무장] "비상탈출 및 비상처리 절차를 확인하시고, 비상구열 담당 승무원은 비상구열 좌석 착석 승객의 적정성을 확인하고 주의사항 안내에 각별히 신경써 주시기 바랍니다."

[객실승무원 전원] "네, 알겠습니다."

[객실사무장] "다음으로 오늘 항공기 기종과 등록번호를 확인하고, 업무교범에서 비상장비, 보안장비의 위치를 파악하시기 바랍니다. 항공기 탑승 후 기내 안전시설물 점검과 점검 후 상태를 보고하시기 바랍니다."

[객실승무원 전원] "비상장비, 보안장비 위치를 확인하였습니다."

[객실사무장] "오늘 항공기의 비상구 위치, Slide Mode 변경 방법을 확인하겠습니다. 특히, 본인 Jumpseat 근처 비상구 위치를 잘 파악하고, Door 담당 승무원은 Slide Mode 변경방법을 한 번 더 확인하시고 실수하지 않도록 유의하시기 바랍니다."

[객실승무원 전원] "비상구 위치, Slide Mode 변경방법을 확인했습니다."

[객실사무장] "Turbulence 발생 시 승무원의 대처방법을 단계별로 숙지하시기 바랍니다. 난기류 발생으로 위험한 상황에서는 무리하게 기내서비스를 진행하지 않도록 유의하시기 바랍니다."

[객실승무원 전원] "네, 알겠습니다. Turbulence 단계별로 유의사항을 숙지하여 안전하게 기내서비스를 진행할 수 있도록 하겠습니다."

[객실사무장] "다음으로 비행 절차와 기내 장비 및 시스템에 관한 최신 안전업무공지를 함께 확인하겠습니다. 승객 및 승무원의 안전 및 보안에 영향을 줄 수 있는 사항을 잘 숙지하도록 하세요."

[객실승무원 전원] "네, 최신 업무공지를 한 번 더 확인하였습니다."

[객실사무장] "비상 시 각 개인별 행동절차에 대해 Self-review하시고, 오늘 담당 부서에서 제공받은 특별한 주의가 요구되는 승객 정보를 확인하시기 바랍니다."

[객실승무원 전원] "네, 개인별 행동절차 및 승객 정보를 확인하였습니다."

[객실사무장] "오늘의 비행정보를 확인하겠습니다. (HL NO, ETD, ETA, GATE, 탑승객 수, Station information 확인, 해당 편명의 서류 확인, 예약상 특이 손님 확인-SPML, VIP, 안전 업무 및 SVC 공지 확인)"

[객실승무원 전원] "네, 오늘 비행의 HL NO는 HL7775이며, ETD는 ○시 ○분, ETA는 ○시 ○분, 탑승구(GATE) 번호는 ○○번, 탑승객 수는 ○○○명입니다."

[객실사무장] "여권 및 ID Card 소지 여부를 확인하고, 오늘 비행에 필요한 서류를 작성하겠습니다." (여권 및 ID Card 확인 후 세관신고서 등 입국 시 필요한 서류를 작성한다.)

2. 운항브리핑(Joint Briefing) : 항공기 출발 1시간 전

해당 항공편의 기장이 주관하여 지정된 장소(주로 항공기 기내)에서 실시한다. 기장 1명과 부기장 1명이 항공기 비즈니스 클래스 앞쪽에 서 있고, 객실사무장을 비롯한 객실승무원 13명은 기장을 바라보고 서 있다.

[기장] "객실승무원 여러분, 안녕하십니까? 오늘 함께 비행하게 된 OOO기장입니다. 지금부터 운항브리핑을 시작하겠습니다. (비행 중 기상상황에 따른 안전사항 및 서비스 시점, 출도착 공항의 보안등급 및 유의사항, 비상상황 발생 시 행동 지침 등 공유) 비상상황 대비 절차를 준수하시고, 비행 중 객실승무원과 운항승무원의 협조가 필요한 사항은 인터폰을 통해 연락주시기 바랍니다. 이 항공기에 탑승하신 전 승무원은 보안요원입니다. 운항 전, 후의 철저한 기내 보안 점검에 협조해 주시기 바랍니다. 또한, 기내 보안장비는 철저히 관리해 주시고, 승객 동향 감시 및 조종실 출입 통제에 각별히 유의하시기 바랍니다. 비행 중 비상/긴급 사태 발생 시 비상연락을 통해 대응대책을 수립할 수 있도록 협조해 주시기 바랍니다. 오늘 비행에는 특별한 귀중품 및 위험품 탑재 정보는 따로 없습니다. 기타 필요한 정보 교환 및

대책 협의가 필요한 부분은 객실사무장님을 통해 의견을 전달해 주시기 바랍니다. 감사합니다."

[객실승무원 전원] "네, 기장님. 알겠습니다."

3. 비행 전 점검 : 승객 탑승 전

항공기 탑승 후 전 승무원은 각자 가방 및 개인 소지품을 정리하고, 굽이 낮은 기내화로 갈아신는다. 그 후 각자 담당 Door를 비롯한 자신의 담당 구역별로 구비되어 있는 비상장비, 보안장비 및 객실 내 안전/보안점검을 실시한 후, 점검 결과를 Senior(선배 승무원)에게 보고한다.

[객실승무원] "선배님, 객실 내 비상/보안장비 점검 결과 이상 없습니다. LAV 내 화재진압장비, Flushing, Cabin Light, PSU, Screen 상태도 이상 없습니다. 객실 청결상태 및 정리정돈 상태도 확인하였습니다."

[Senior 승무원] "네, 수고했어요. 이제 신문세팅 및 기내서비스 준비를 하시면 됩니다."

[객실승무원] "네, 알겠습니다."

[Senior 승무원] [기내 벽면의 Water Gauge, Waste Gauge 확인, Meal CHK(Tray(Cart), Entree(Oven, Chiller), Bread(if applicable)), Serving Item, Serving Tool CHK(각종 Cart, Container 탑재 및 이상유무 확인), In-Flight Sales Cart CHK, Entertainment System, Screen 상태 점검, Dress Cabin(Aisle, GLY, Cabin cleaning CHK), P.A.(기내방송 system) TEST, 각종 Service Item 준비를 완료한다.]

"사무장님, 객실 내 비상/보안장비, GLY 내 각종 장비 이상 없습니다. Meal 개수는 총 271개이고 추가 Order 사항은 없습니다."

객실 내 시설물, 장비에 이상이 있는 경우 객실사무장은 종합통제팀을 통해 조치를 요구한다.(정비하는 장면)

[객실승무원] "선배님, 기내에 탑재된 생수, Towel 등 Bulk Item은 Chiller와 빈 Container에 넣어 정리하였고, 신문, 잡지 Setting하였습니다. 그리고 Beverage Cart 내 음료는 드라이아이스로 시원하게 Chilling하였습니다(드라이아이스를 음료 사이사이에 붓는 장면). 그리고 Lavatory Setting하였습니다(LAV Container에서 로션과 스킨을 꺼내서 세팅). 각종 서비스 아이템은 사용하기 편한 위치에 모두 정리하였고, 설탕과 크림도 세팅하였습니다(Tray 위에 Tea 서비스 준비)." 또는 간단하게 "선배님, 신문세팅, 기내 아이템 정리, 음료 칠링, Lavatory 세팅을 완료하였습니다."라고 보고한다.

[Senior 승무원] "사무장님, 기내 아이템 정리 및 서비스 준비 완료되었습니다."(각 Class의 Senior는 점검사항을 객실사무장에게 보고한다.)

[객실사무장] (기장에게 인터폰으로 연락) "기장님, 객실 준비 및 승객 탑승 준비 완료되었습니다." (객실사무장은 승객 탑승 전 객실 내 상황을 기장에게 보고한 후 승객 탑승을 시작한다.)

4. 승객 탑승

Boarding Duty를 맡은 승무원은 승객의 탑승권을 확인하고, L side와 R side를 신속하게 안내한다.

[객실승무원](탑승 인사담당)] "손님, 안녕하십니까? 탑승권 확인해 드리겠습니다. (손님의 좌석번호 확인 후) 왼쪽(또는 오른쪽) 통로로 들어가시면 됩니다."

그때 기내 수하물 반입 규정에 어긋나는 규격 초과(또는 과다한) 수하물을 들고 탑승을 시도하시는 손님이 들어온다.

[객실승무원] "손님, 기내 반입 규정에 맞지 않는 수하물은 위탁 수하물로 보내드리겠습니다."(즉시 공항서비스직원에게 연락하여 하기 조치한다.)

[객실승무원](기내 좌석 근처에서 안내담당)]

"손님, 반갑습니다. 기내 반입 수하물은 Overhead bin이나 좌석 밑에 보관하시면 됩니다."

[손님] "오늘 짐이 좀 많은데, 여기에 좀 보관해도 될까요?" (비상구 앞 넓은 공간에 짐을 내려놓으며 질문한다.)

[객실승무원] "손님, 죄송하지만 안전을 위해 비상구 앞과 기내 복도에는 짐을 보관할 수 없으니 양해 부탁드립니다. 제가 기내 선반 위에 짐 정리하는 것을 도와드리겠습니다."

짐을 넣으려고 기내 선반 안을 확인해 보니 먼저 탑승하신 손님이 넣어둔 짐이 보인다. 열려 있는 쇼핑백, 겹쳐진 채 큰 가방 위에 올려진 작은 짐들이 확인된다.

[객실승무원] "손님, 쇼핑백이 열려 있거나 가방이 겹쳐져 있으면 선반을 여실 때 아래로 떨어질 수 있으니 제가 다시 정리해서 넣어드리겠습니다." (정리 후 선반 덮개를 닫는다.)

그때 한 손님이 비상구열 좌석번호가 적힌 탑승권을 들고 들어와서 짐을 정리하고 좌석에 착석한다. 비상구 안내 Duty 승무원은 승객이 착석하는 즉시 비상구 안내를 실시한다.

[비상구 안내 Duty 승무원] "손님, 안녕하십니까? 이곳은 비상구열 좌석이므로 간단히 안내말씀 드리겠습니다. 비상시 외에는 비상구는 절대 열어서는 안 되며, 비상탈출 상황이 발생하면 승무원을 도와서 다른 승객들의 탈출을 도와주시는 데 동의하십니까?"

[승객] "네, 알겠습니다."

그때 비상구열이 아닌 다른 좌석에 앉은 청소년 승객(만 13세)이 승무원에게 질문한다.

[승객] "(승무원에게 질문) 비상구열 좌석이 넓고 편해 보이는데, 누구나 앉을 수 있는 건가요?"

[객실승무원] "비상구열 좌석은 다른 좌석과 달리 좌석 배정 제한 규정이 적용됩니다. 좌석 배정이 제한되는 경우는 다음과 같습니다. 한국어나 영어로 의사소통이 불가능한 경우, 양팔이나 두 손 및 양다리의 민첩성이 비상탈출에 필요한 동작을 수행하기에 충분치 않은 승객이 해당됩니다."

[승객] "저는 객실승무원이 장래희망이라서 궁금한 점이 많은데, 방금 말씀하신 내용에서 비상탈출에 관한 어떤 동작을 말하는 건지 궁금해요."

[객실승무원] "네, 장래희망이 객실승무원이라고 하시니 더 반갑습니다. 구체적으로 말씀드리면, 비상구나 탈출용 슬라이드 조작장치에 대한 접근, 탈출용 슬라이드 조작장치를 잡고 밀거나 당기고 돌리는 조작, 날개 위의 창문형 비상구를 들어 올리거나 분리된 부분을 옆자리로 옮기거나 다음 열로 옮기는 등의 동작을 의미합니다. 또, 날개 위의 창문형 비상구와 비슷한 크기와 무게의 장애물 제거, 신속한 비상구로의 접근, 장애물 제거 시 균형 유지, 신속한 탈출, 탈출용 슬라이드 전개 또는 팽창 후 안정유지가 어려운 경우도 해당됩니다. 그리고 탈출용 슬라이드로 탈출한 승객이 슬라이드로부터 벗어나도록 하는 동작이 불가능하거나 만 15세 미만 또는 동반자 도움 없이 방금 말씀드린 하나 이상의 역할을 수행하기에 불충분한 승객은 좌석 배정이 제한됩니다."

[승객] "만 15세 미만이면 저도 해당되네요. 아직 저는 비상구열에 앉을 수 없다는 것을 알게 되었어요. 혹시 그 외에도 제한하는 기준이 있나요?"

[객실승무원] "네, 승객 브리핑카드의 내용을 읽고 이해하지 못하거나 승무원의 구두지시를 이해하지 못하는 경우, 콘택트렌즈나 안경을 제외한 다른 시력보조장비 없이는 설명드린 기능을 하나 이상 수행할 수 없는 경우, 일반적인 보청기를 제외한 다른 청력 보조장비 없이는 승무원의 탈출지시를 듣고 이해할 수 없는 경우가 해당됩니다. 또, 다른 승객들에게 정보를 적절하게 전달할 수 있는 능력이 부족한 승객이나 비상시 승객을 도와 탈출할 의사가 없는 승객도 좌석 배정에 제한을 받습니다."

[승객] "와, 비상탈출 시 중요한 좌석인 만큼 적용되는 규정이 많다는 것을 알게 되었어요. 자세한 설명 감사합니다. 항공사에서 안전한 비행을 위해 작은 부분까지 확인하고 있다는 것을 알게 되니 안심이 되네요. 저도 만 15세가 넘으면 꼭 비상구열 좌석에 앉아보고 싶어요."

5. 항공기 지상이동(Taxing)

승객 탑승이 완료되고 항공기가 이륙을 위해 지상 이동을 시작하면 개인 모니터에 승객브리핑(Passenger briefing)이 상영된다. (시스템이 고장났을 경우 승무원이 직접 승객브리핑 시연)

[기내방송(Passenger Briefing 방송이 흘러나온다.)]

"손님 여러분, 비상용 장비와 비상구 이용방법에 대해 안내말씀 드리겠습니다. 비상 탈출 시, 사용 가능한 비상구는 앞에 2개, 중간에 4개, 뒤에 2개가 있습니다. 비상 탈출 시에는 복도와 선반 위의 비상등을 따라 탈출하시기 바랍니다. 비상시, 비상구 옆에 계신 손님은 승무원의 안내에 따라, 다른 손님들의 탈출을 도와주십시오. 좌석벨트는 양쪽 고리를 끼워 몸에 맞게 조이고, 풀 때는 뚜껑을 들어 당겨 주십시오. 기내에 산소 공급이 필요할 때는 선반 속에 있는 산소 마스크가 내려옵니다. 이때 마스크를 앞으로 잡아당겨 호흡을 몇 번 하고, 끈을 머리에 맞게 조여 주십시오. 바다에 내렸을 때 사용하는 구명복은 좌석 밑에 있습니다. 구명복은 머리 위에서부터 입고 끈을 허리에 감아, 앞에 있는 고리에 끼워 조여주시기 바랍니다. 앞에 있는 손잡이를 당기면 부풀어지며, 충분히 부풀지 않을 때는 고무관을 불어주십시오. 구명복은 탈출 직전 문앞에서 부풀려 주십시오. 자세한 내용은 좌석 앞 주머니 속의 안내서를 참고해 주시기 바랍니다. 감사합니다.(방송문의 안내에 따라 객실승무원이 승객브리핑 시연)"

6. 이륙 준비단계(Preparation for Take off)

'딩동' 하고 기내 Jumpseat 근처의 인터폰 벨이 울리면 각 Zone에 있는 객실승무원이 받는다.

[객실승무원] "네, 123기 ○○○입니다.(본인의 기수와 이름을 말함)"

[객실사무장] (객실승무원에게 인터폰으로 이륙 준비를 철저히 할 것을 지시한다.)
"안전한 이륙을 위해 객실 안전점검을 수행하시고, 비상탈출 대비 및 비행 중요단계 규정을 준수하시기 바랍니다."

[Senior 승무원] "○○○씨, 신입승무원이니 질문 하나 할게요. 방금 사무장님께서 말씀하신 비행중요단계에 대해서 구체적으로 설명할 수 있나요?"

[객실승무원] "네, 선배님. 훈련원에서 배운 내용을 잘 기억하고 있습니다. 항공기의 지상 이동 및 비행고도 10,000ft 이하에서 운항하는 시점을 '비행중요단계'로 규정합니다. '비행중요단계'에서는 운항승무원의 업무에 방해를 줄 수 있는 객실승무원의 어떠한 행위도 금지되어 있습니다."

306

[Senior 승무원] "원칙적으로는 금지되어 있지만, 객실승무원은 객실의 상황이 항공기의 안전운항에 지장을 줄 수 있는 경우가 발생했을 때는 '비행중요단계'에서도 기장에게 연락을 취할 수 있다는 것은 알고 있겠죠?"

[객실승무원] "네, 선배님. 잘 알고 있습니다."

[Senior 승무원] (담당 Class의 객실승무원에게 아래의 내용을 지시한다.) "안전한 이륙 준비를 위해 Lavatory 내부의 승객 유무를 확인하고, Overhead Bin의 닫힘상태도 철저히 확인하시기 바랍니다. 승객 Seat Back, Seat Table, Foot Rest, 개인용 Moniter, Handset이 원위치로 되어 있는지 확인하고, 객실 및 GLY 내 서비스 기물의 적절한 잠금상태 확인 및 착석한 Jumpseat 주변의 물품 고정상태를 확인하세요. 또한, 모든 승객이 좌석에 착석하여 좌석밸트를 착용하고 있는지 확인하고, 전 승무원은 안전에 관련된 직무를 수행하는 것을 제외하고는 Seat Belt와 Shoulder Harness를 착용하고 Jumpseat에 착석하세요."

[객실승무원] "네, 알겠습니다."

(확인 후) "안전한 이륙 준비가 완료되어 착석하였습니다."

객실사무장은 기내 안전상태를 점검한다. 이때 기장이 실시하는 이륙 전 Signal (Seat Belt Sign On 3회)이 울린다. "땡, 땡, 땡."

[객실사무장] (기장에게 Interphone 연락) "객실 이륙 준비 완료되었습니다."

◆ 돌발상황 대처 시나리오

항공기가 곧 이륙하려고 하는 시점, 승무원들도 모두 Jumpseat에 앉아 있는 상황에서 한 승객이 급하게 화장실에 가야겠다며 좌석에서 일어서는 상황

[승객] "(좌석에서 일어서며) 지금 좀 급해서 화장실에 잠시만 다녀올게요."

[객실승무원] "손님, 지금 곧 항공기가 이륙합니다. 빠른 속도로 이동 중이라 지금 일어서는 것은 상당히 위험합니다. 잠시만 참고 자리에 앉아 계시면 이륙 후 가능한 시점에 빨리 안내해 드리겠습니다."

제3절 이륙 후 기내서비스

이륙 후 기내서비스가 시작된다.(국제선 장거리 기준 적용)

[객실승무원] "손님, 기내 영상물 상영을 위해 Headphone을 준비해 드리겠습니다."
(창가 쪽 좌석에 앉으신 손님부터 드리고 복도 측 좌석의 손님께 드린다.)

[객실승무원] "손님, 간단한 세면도구와 귀마개, 안대, 그리고 기내에서 편하게 신을 수 있는 슬리퍼를 준비해 드리겠습니다."

[객실승무원] "손님, 오늘 첫 번째 기내식으로 저녁식사를 준비해 드리고, 착륙 3시간 전에 두 번째 식사인 아침식사가 서비스될 예정입니다. (메뉴 카드를 건네드리며) 메뉴 카드를 보시고, 식사 주문 시 원하는 메뉴를 말씀해 주십시오."

[객실승무원] "손님, 식사 전에 따뜻한 Towel을 준비해 드리겠습니다. 손을 닦으시고 테이블 위에 두시면 잠시 후 회수해 드리겠습니다." (타월 집게로 타월을 집어서 손님께 드린다.)

[객실승무원] "손님, 식전 음료를 준비해 드리겠습니다.(Aperitif by cart 서비스) 준비된 음료로는 주스류, 탄산음료, 맥주와 와인을 포함한 다양한 주류가 있습니다. 어느 것으로 드시겠습니까?"

[승객] "오렌지주스 주세요."

[객실승무원] "네, 오렌지주스 준비해 드리겠습니다. (오렌지주스를 투명한 플라스틱 컵에 부어서 냅킨과 함께 손님의 테이블 위에 놓는다.) 음료와 함께 드실 수 있도록 스낵도 준비해 드리겠습니다. (스낵을 냅킨 위에 놓는다.) 맛있게 드십시오."

[객실승무원] "손님, 식사 준비해 드리겠습니다(Meal with wine & Hot water cart top). 식사 서비스를 위해 테이블을 열어드려도 괜찮으시겠습니까? 오늘 저녁식사는 감자를 곁들인 쇠고기 안심스테이크와 한식 비빔밥이 준비되어 있습니다. 어느 것으로 드시겠습니까?"

[손님] "비빔밥 주세요."

[객실승무원] "네, 손님. 비빔밥 준비해 드리겠습니다. (Cart에서 tray를 꺼내서 손님의 테이블에 놓아드린다.) 비빔밥과 함께 드실 북엇국을 준비해 드리겠습니다. (Pot을 들고 국그릇에 뜨거운 물을 부어서 손님 Tray에 놓아드린다.) 북엇국입니다. 국이 뜨거우니 조심하십시오. 손님, 식사와 함께 와인 드시겠습니까? 레드 와인과 화이트 와인이 준비되어 있습니다. (와인을 드시는 경우 생수도 함께 드린다.) 식사와 함께 드실 수 있는 다양한 음료가 준비되어 있습니다. 준비된 음료는 주스, 탄산음료, 맥주, 생수가 있습니다. 어느 것으로 드시겠습니까?"

[승객] "콜라 주세요." (투명한 플라스틱 컵에 콜라를 따라서 드린다.)

[객실승무원] "손님, 커피와 홍차를 서비스하고 있습니다. 따뜻한 커피나 홍차 드시겠습니까?"

[승객] "커피 주세요."

[객실승무원] "네, 트레이 위에 커피잔을 놓아주시겠습니까? (손님이 잔을 놓으면 Pot을 기울여서 커피를 따른다.) 손님, 커피 드리겠습니다. 설탕이나 크림이

필요하시면 가지고 가시면 됩니다. (트레이를 내밀어서 손님이 잡기 편하게 배려한다.)"

[객실승무원] "손님, 식사는 맛있게 드셨습니까? 다 드셨으면 치워드리겠습니다." (손님 테이블 위의 식사 Tray를 회수하여 Cart에 넣는다.)

[객실승무원] "목적지 입국서류 및 세관서류를 준비해 드리겠습니다. (목적지 국가의 입국 기준에 맞게 서비스한다.) 볼펜이 필요하시면 말씀해 주십시오. 서류는 모두 영문 대문자로 작성하셔야 합니다."

(기내 면세품 판매 방송이 흘러나온다) 기내방송 : "손님 여러분, 즐겁고 편리한 쇼핑을 위해 다양한 면세품을 준비했습니다. 구입을 원하시면 주문서를 써주시고 예약주문하신 분은 승무원에게 말씀해 주시기 바랍니다." (기내방송 후 객실승무원이 첫 열부터 면세품 책자를 Showing하며 기내 면세품 주문을 받는다.)

[객실승무원] "기내 면세품을 판매하고 있습니다. 구입을 원하시는 분은 승무원에게 말씀해 주십시오."

* PAX rest & Movie snack : 8시간 이상의 장거리 비행부터 Crew Rest가 시작된다. 각 Zone별로 2교대가 되도록 하며, 전체적으로 Seniority 안배가 골고루 이루어지도록 배정한다(장소 : Crew rest bunk).

[객실승무원] "선배님, 피곤하실 텐데 Crew rest bunk에서 잘 쉬고 오세요."

[Senior 승무원] "두 번째 식사 서비스를 위해 서비스 아이템을 잘 정리해 두세요. 첫 번째 식사 때 사용했던 Cart와 새 Cart의 위치를 이동하여 정리하면 됩니다. Inbound 교대팀이 서비스하기 편하도록 가방 안에 Headphone을 미리 세팅해 두고, LAV Item도 채워두면 좋을 것 같네요. 첫 번째 rest가 끝나고 함께 Movie Snack을 서비스할 수 있도록 샌드위치와 음료를 미리 준비해 두시면 좋을 것 같아요."

[객실승무원] "네, 선배님. 자세히 알려주셔서 감사합니다."

1st rest 승무원과 2nd rest 승무원의 교대시간. Cart에 탑재된 샌드위치(또는 다양한 종류의 스낵)를 tray에 세팅하고, 음료는 투명한 플라스틱 컵에 미리 따라서 Movie Snack 서비스를 시작한다. 각각 하나의 tray를 객실로 들고 나가서 손님들께 서비스한다. (샌드위치는 냅킨과 함께 드리고, 음료는 손님이 직접 잡을 수 있도록 tray를 가까이 내민다.)

[Senior 승무원] "1st rest 시간 동안 객실 내 특별한 일이 있었나요? 특이사항이 없으면 이제 2nd rest를 시작하시면 됩니다. 그동안 저는 교대팀에 전달할 신송을 작성하고, 두 번째 식사 서비스를 준비하고 있을게요." (두 번째 식사 서비스 1시간 전에 Entree가 보관되어 있는 Chiller를 끄고, Entree를 비어 있는 Oven에 옮긴 후 서비스하기 30분 전 Heating을 시작한다. Entree가 데워지는 동안 Cart top과 Wake-up drink를 준비한다.)

2nd rest 승무원이 나오면, 객실에 Wake-up 방송을 실시하고 Wake-up drink를 들고 나가서 서비스한다. (미리 세팅된 토마토쥬스, 오렌지주스, 생수) 기내방송 : "손님 여러분, 편히 쉬셨습니까? 잠시 후 음료와 두 번째 식사를 준비해 드리겠습니다. 앞으로 약 2시간 30분 후 런던 히드로 국제공항에 도착하겠으며, 목적지 현재 시각은 오후 4시 30분입니다. 감사합니다." (Wake-up drink는 콜라 대신 토마토주스 세팅)

두 번째 식사는 첫 번째 식사와 동일하게 서비스가 진행되나, Cart top에 와인은 따로 세팅하지 않는다. (Meal with no wine cart top) 식사 서비스 직후 Coffe & Tea 서비스는 첫 번째 식사 서비스 후 Coffe & Tea 서비스와 동일하다.

다 드신 식사를 회수하는 시간(Collection with collection cart top)

312

[객실승무원] "손님, 식사는 맛있게 드셨습니까? 다 드셨으면 치워드리겠습니다." (손님 테이블 위의 식사 Tray를 회수하여 Cart에 넣는다.)

[객실승무원] (기내방송 : 손님 여러분, 착륙 준비를 위해 기내 영상물과 음악 프로그램을 중단하고 헤드폰을 회수하겠습니다. 협조해 주시기 바랍니다.) "손님, 사용하신 Headphone을 회수하겠습니다." (손님이 주시는 Headphone을 받아서 회수 Bag에 차곡차곡 넣는다.)

Destination video 상영(기내 좌석 모니터에 도착지 안내 영상이 상영된다.)

◆ 돌발상황 대처 시나리오

객실승무원이 기내를 돌아본 후, 화장실 청결상태를 점검하기 위해 이코노미 클래스 뒤쪽 화장실 앞으로 갔는데 화장실 문틈으로 담배 냄새가 새어나온다. 노크를 하니 화장실 내에 연기가 자욱하고 승객은 고개를 숙이며 죄송하다고 하는 상황

[객실승무원] "손님, 기내에서는 금연입니다. 운항 중인 항공기 내에서 흡연 시 1천만 원 이하의 벌금에 처하도록 하고 있습니다. 모든 승객의 안전을 위해 금연해 주시기 바랍니다."

[승객] "네, 정말 죄송합니다."

[Senior 승무원] "화장실 천장의 Smoke Detector(연기감지기)는 연기 감지 시 고음의 경고음을 내고 Smoke Detector 내 Alarm Indicator Light(RED)가 점등되는데, 오늘은 연기가 났는데도 반응이 없었으니 문제가 있는지 확인해야 합니다. 간혹 흡연자가 연기 감지를 피하기 위해 종이컵 등으로 Smoke Detector를 막아두는 경우가 있기 때문에 혹시 다음에도 이런 일이 있으면 꼭 확인하도록 하세요."

[객실승무원] "네, 알겠습니다." (Smoke Detector에 이물질이 끼어 있는지 확인한다.)

이후 재발 방지를 위해 전 승무원이 관련 내용을 공유하고, 화장실을 자주 점검한다. 또한, 흡연했던 승객을 예의 주시하며 금연을 돕기 위해 간식이나 음료를 제공한다. 담배 냄새가 나면 승객들이 불안감을 느낄 수 있으므로 화장실 근처 승객들을 안심시키고, 흡연 제지 방송을 실시하여 경각심을 높인다.

기내방송 : "안내말씀 드리겠습니다. 안전한 항공여행을 위해 화장실을 포함한 기내에서는 금연하여 주시기 바랍니다. 감사합니다."

착륙 전 안전점검 및 착륙 후 승객 하기

1. 착륙 준비단계(Preparation for Landing)

[객실사무장] "착륙 준비를 위해 객실 안전점검을 수행하시고, 비행중요단계 규정을 준수하시기 바랍니다."

[객실승무원] "네, 알겠습니다."

[Senior 승무원] "Overhead Bin의 닫힘상태를 확인하고, Lavatory를 사용하고 계신 승객이 있는지 반드시 확인하시기 바랍니다. 또한, 승객 Seat Back, Seat Table, Foot Rest가 원위치로 되어 있는지 확인하고, 개인용 Moniter, Handset의 원위치 상태도 확인하세요. 착륙 준비를 위해 In-Flight Entertainment system은 이제 종료하겠습니다."

[객실승무원] "네, 선배님. GLY의 안전상태 확인 및 서비스 기물의 잠금상태도 확인하겠습니다."

[객실사무장] "전 승무원은 Jumpseat에 착석하기 전 모든 승객이 좌석에 착석하여 좌석벨트를 착용하고 있는지 확인하시기 바랍니다. 본인이 착석하는 Jumpseat 주변의 물품 고정상태도 확인하세요. 승무원은 항공기와 승객의 안전에 관련된 직무를 수행하는 것을 제외하고는 Seat Belt와 Shoulder Harness를 매고 Jumpseat에 착석하며, 비상탈출에 대비하여 비상탈출 절차의 30 Seconds remind를 실시하도록 합니다."

[객실승무원] "네, 알겠습니다. 안전한 착륙 준비를 위해 최선을 다하겠습니다."

◆ 돌발상황 대처 시나리오

착륙 준비를 위해 기내를 돌아보는데 반려견 동반 승객이 케이지에서 반려견을 꺼내어 좌석에서 안고 있는 상황

[객실승무원] "손님, 반려동물은 안전운항을 위해 반드시 케이지 내에서 보관되어 야 하며, 꺼내는 행위는 엄격히 금지되어 있습니다."

[승객] "우리 강아지는 순해서 물지 않으니 착륙할 동안에만 잠시 안고 있을게요. 계속 케이지 안에 있으니까 많이 답답한가 봐요. 이제 곧 내리니까 괜찮지 않나요? 정 안 되면 케이지에 넣어서 제 무릎 위에 놓을게요."

[객실승무원] "케이지에 넣은 상태에서도 무릎 위나 좌석 위에 올려두어서는 안 되며 좌석 하단에 보관해야 합니다. 승객과 반려동물의 안전을 위한 규정이 니 협조 부탁드립니다."

[승객] "알겠습니다. 생각해 보니 착륙할 때 오히려 위험할 수 있을 것 같네요. 케이 지에 넣어서 좌석 아래에 놓을게요. 친절하게 안내해 주셔서 감사합니다."

2. 도착 후 승객 하기

착륙 직후 기내방송 : "손님 여러분, 런던 히드로 국제공항에 도착했습니다. 이곳 의 현재 시각은 ○월 ○일 ○요일 오후 ○시 ○분입니다. 비행기가 완전히 멈춘 후, 선반을 여실 때는 안에 있는 물건이 떨어지지 않게 주의해 주시기 바랍니다. 오늘 저희 ○○항공을 이용해 주신 손님 여러분께 진심으로 감사드리며, 앞으로도 밝은 미소로 귀하게 모시겠습니다. 안녕히 가십시오."

Seat Belt Sign Off 후 객실사무장은 Slide Mode 변경방송을 실시한다.

316

[객실사무장(기내방송)] "Cabin crew door side stand-by, please. Change slide mode to disarmed position." 객실승무원은 방송에 따라 Slide Mode 변경을 실시한다.

[객실승무원] "Number 2 Clear.", "Number 3 Clear.", "Number 4 Clear."(Door Number 순서대로 Slide mode 변경완료 방송 실시)

객실승무원은 항공기 Door Open 전 다음 사항을 확인하고, 객실사무장의 방송에 따라 Slide mode를 변경한다. Slide Mode의 Disarmed상태 확인, Seat Belt Sign Off 확인, Door의 구조 및 주변 이상유무 확인(이 장면은 객실승무원이 각 부분을 눈으로 확인하거나 손으로 포인팅하는 방식으로 표현)

객실사무장은 Slide mode 변경완료 확인 후 외부 지상직원과 수신호를 교환하여 Open 가능한 상황인지 확인(외부 지상직원이 엄지손가락을 세워 보이면, 객실사무장도 똑같이 수신호를 보이고, 외부 지상직원이 항공기 밖에서 Door를 Open한다.)

(승객 하기) 기내방송 : "손님 여러분, 기내에 두고 내리는 물건이 없는지 다시 한번 확인해 주시고, 지금부터 앞문으로 내려주시기 바랍니다. 짐을 찾으실 때는 다른 짐과 바뀌지 않게 수하물표를 확인해 주십시오. 안녕히 가십시오."

[객실승무원] "손님, 안녕히 가십시오. 또 뵙겠습니다."

[손님] "수고하셨어요. 덕분에 편하게 잘 왔습니다."

객실사무장은 승객 하기 완료 후 객실 상태를 Interphone 또는 PA로 기장에게 보고한다.

[객실사무장] "기장님, 승객 하기 완료하였습니다. 특이사항 없습니다."
[기장] "승무원 여러분, 수고 많으셨습니다."
[전 승무원] "기장님, 수고하셨습니다."

APPENDIX
부록

 관광기본법

법률 제2877호　신규제정 1975.12.31.
법률 제6129호　일부개정 2000. 1.12.
법률 제8741호　일부개정 2007.12.21.
법률 제17703호　일부개정 2020.12.22.

제1조(목적) 이 법은 관광진흥의 방향과 시책에 관한 사항을 규정함으로써 국제친선을 증진하고 국민경제와 국민복지를 향상시키며 건전한 국민관광의 발전을 도모하는 것을 목적으로 한다.

[전문개정 2007.12.21.]

제2조(정부의 시책) 정부는 이 법의 목적을 달성하기 위하여 관광진흥에 관한 기본적이고 종합적인 시책을 강구하여야 한다.

[전문개정 2007.12.21.]

제3조(관광진흥계획의 수립) ① 정부는 관광진흥의 기반을 조성하고 관광산업의 경쟁력을 강화하기 위하여 관광진흥에 관한 기본계획(이하 "기본계획"이라 한다)을 5년마다 수립·시행하여야 한다.

② 기본계획에는 다음 각 호의 사항이 포함되어야 한다. 〈개정 2020.12.22.〉

1. 관광진흥을 위한 정책의 기본방향

2. 국내외 관광여건과 관광 동향에 관한 사항

3. 관광진흥을 위한 기반 조성에 관한 사항

4. 관광진흥을 위한 관광사업의 부문별 정책에 관한 사항

5. 관광진흥을 위한 재원 확보 및 배분에 관한 사항

6. 관광진흥을 위한 제도 개선에 관한 사항

7. 관광진흥과 관련된 중앙행정기관의 역할 분담에 관한 사항

8. 관광시설의 감염병 등에 대한 안전·위생·방역 관리에 관한 사항

9. 그 밖에 관광진흥을 위하여 필요한 사항

③ 기본계획은 제16조제1항에 따른 국가관광전략회의의 심의를 거쳐 확정한다.

④ 정부는 기본계획에 따라 매년 시행계획을 수립·시행하고 그 추진실적을 평가하여 기본계획에 반영하여야 한다.

[전문개정 2017.11.28.]

제4조(연차보고) 정부는 매년 관광진흥에 관한 시책과 동향에 대한 보고서를 정기국회가 시작하기 전까지 국회에 제출하여야 한다.

[전문개정 2007.12.21.]

제5조(법제상의 조치) 국가는 제2조에 따른 시책을 실시하기 위하여 법제상·재정상의 조치와 그 밖에 필요한 행정상의 조치를 강구하여야 한다.

[전문개정 2007.12.21.]

제6조(지방자치단체의 협조) 지방자치단체는 관광에 관한 국가시책에 필요한 시책을 강구하여야 한다.

[전문개정 2007.12.21.]

제7조(외국 관광객의 유치) 정부는 외국 관광객의 유치를 촉진하기 위하여 해외 홍보를 강화하고 출입국 절차를 개선하며 그 밖에 필요한 시책을 강구하여야 한다.

[전문개정 2007.12.21.]

제8조(관광 여건의 조성) 정부는 관광 여건 조성을 위하여 관광객이 이용할 숙박·교통·휴식시설 등의 개선 및 확충, 휴일·휴가에 대한 제도 개선 등에 필요한 시책을 마련하여야 한다. 〈개정 2018.12.24.〉

[전문개정 2007.12.21.]

[제목개정 2018.12.24.]

제9조(관광자원의 보호 등) 정부는 관광자원을 보호하고 개발하는 데에 필요한 시책을 강구하여야 한다.

[전문개정 2007.12.21.]

제10조(관광사업의 지도·육성) 정부는 관광사업을 육성하기 위하여 관광사업을 지도·감독하고 그 밖에 필요한 시책을 강구하여야 한다.

[전문개정 2007.12.21.]

제11조(관광 종사자의 자질 향상) 정부는 관광에 종사하는 자의 자질을 향상시키기 위하여 교육훈련과 그 밖에 필요한 시책을 강구하여야 한다.

[전문개정 2007.12.21.]

제12조(관광지의 지정 및 개발) 정부는 관광에 적합한 지역을 관광지로 지정하여 필요한 개발을 하여야 한다.

[전문개정 2007.12.21.]

제13조(국민관광의 발전) 정부는 관광에 대한 국민의 이해를 촉구하여 건전한 국민관광을 발전시키는 데에 필요한 시책을 강구하여야 한다.

[전문개정 2007.12.21.]

제14조(관광진흥개발기금) 정부는 관광진흥을 위하여 관광진흥개발기금을 설치하여야 한다.

[전문개정 2007.12.21.]

제15조 삭제 〈2000.1.12.〉

제16조(국가관광전략회의) ① 관광진흥의 방향 및 주요 시책에 대한 수립·조정, 관광진흥계획의 수립 등에 관한 사항을 심의·조정하기 위하여 국무총리 소속으로 국가관광전략회의를 둔다.

② 국가관광전략회의의 구성 및 운영 등에 필요한 사항은 대통령령으로 정한다.

[본조신설 2017.11.28.]

 **국제회의산업 육성에 관한 법률**
(약칭: 국제회의산업법)

법률 제5210호　신규제정 1996.12.30.
법률 제6442호　일부개정 2001. 3.28.
법률 제6893호(소방기본법)
　　　　　　　일부개정 2003. 5.29.
법률 제6961호　일부개정 2003. 8. 6.
법률 제7459호(수질환경보전법)
　　　　　　　일부개정 2005. 3.31.
법률 제9770호　타법개정 2009. 6. 9.
법률 제11037호　타법개정 2011. 8. 4.
법률 제13247호　일부개정 2015. 3.27.
법률 제14427호　일부개정 2016.12.20.
법률 제14532호　타법개정 2017. 1.17.
법률 제19411호　타법개정 2023. 5.16.

제1조(목적) 이 법은 국제회의의 유치를 촉진하고 그 원활한 개최를 지원하여 국제회의산업을 육성·진흥함으로써 관광산업의 발전과 국민경제의 향상 등에 이바지함을 목적으로 한다.

[전문개정 2007.12.21.]

제2조(정의) 이 법에서 사용하는 용어의 뜻은 다음과 같다. 〈개정 2015.3.27., 2022.9.27.〉

1. "국제회의"란 상당수의 외국인이 참가하는 회의(세미나·토론회·전시회·기업회의 등을 포함한다)로서 대통령령으로 정하는 종류와 규모에 해당하는 것을 말한다.

2. "국제회의산업"이란 국제회의의 유치와 개최에 필요한 국제회의시설, 서비스 등과 관련된 산업을 말한다.

3. "국제회의시설"이란 국제회의의 개최에 필요한 회의시설, 전시시설 및 이와 관련된 지원시설·부대시설 등으로서 대통령령으로 정하는 종류와 규모에 해당

하는 것을 말한다.

4. "국제회의도시"란 국제회의산업의 육성·진흥을 위하여 제14조에 따라 지정된 특별시·광역시 또는 시를 말한다.

5. "국제회의 전담조직"이란 국제회의산업의 진흥을 위하여 각종 사업을 수행하는 조직을 말한다.

6. "국제회의산업 육성기반"이란 국제회의시설, 국제회의 전문인력, 전자국제회의 체제, 국제회의 정보 등 국제회의의 유치·개최를 지원하고 촉진하는 시설, 인력, 체제, 정보 등을 말한다.

7. "국제회의복합지구"란 국제회의시설 및 국제회의집적시설이 집적되어 있는 지역으로서 제15조의2에 따라 지정된 지역을 말한다.

8. "국제회의집적시설"이란 국제회의복합지구 안에서 국제회의시설의 집적화 및 운영 활성화에 기여하는 숙박시설, 판매시설, 공연장 등 대통령령으로 정하는 종류와 규모에 해당하는 시설로서 제15조의3에 따라 지정된 시설을 말한다.
[전문개정 2007.12.21.]

제3조(국가의 책무) ① 국가는 국제회의산업의 육성·진흥을 위하여 필요한 계획의 수립 등 행정상·재정상의 지원조치를 강구하여야 한다.

② 제1항에 따른 지원조치에는 국제회의 참가자가 이용할 숙박시설, 교통시설 및 관광 편의시설 등의 설치·확충 또는 개선을 위하여 필요한 사항이 포함되어야 한다.
[전문개정 2007.12.21.]

제4조 삭제 〈2009.3.18.〉

제5조(국제회의 전담조직의 지정 및 설치) ① 문화체육관광부장관은 국제회의산업의 육성을 위하여 필요하면 국제회의 전담조직(이하 "전담조직"이라 한다)을 지정할 수 있다. 〈개정 2008.2.29.〉

② 국제회의시설을 보유·관할하는 지방자치단체의 장은 국제회의 관련 업무를 효율적으로 추진하기 위하여 필요하다고 인정하면 전담조직을 설치·운영할 수 있으며, 그에 필요한 비용의 전부 또는 일부를 지원할 수 있다. 〈개정 2016.12.20.〉

③ 전담조직의 지정·설치 및 운영 등에 필요한 사항은 대통령령으로 정한다.

[전문개정 2007.12.21.]

제6조(국제회의산업육성기본계획의 수립 등) ① 문화체육관광부장관은 국제회의산업의 육성·진흥을 위하여 다음 각 호의 사항이 포함되는 국제회의산업육성기본계획(이하 "기본계획"이라 한다)을 5년마다 수립·시행하여야 한다.

〈개정 2008.2.29., 2017.11.28., 2020.12.22., 2022.9.27.〉

1. 국제회의의 유치와 촉진에 관한 사항

2. 국제회의의 원활한 개최에 관한 사항

3. 국제회의에 필요한 인력의 양성에 관한 사항

4. 국제회의시설의 설치와 확충에 관한 사항

5. 국제회의시설의 감염병 등에 대한 안전·위생·방역 관리에 관한 사항

6. 국제회의산업 진흥을 위한 제도 및 법령 개선에 관한 사항

7. 그 밖에 국제회의산업의 육성·진흥에 관한 중요 사항

② 문화체육관광부장관은 기본계획에 따라 연도별 국제회의산업육성시행계획(이하 "시행계획"이라 한다)을 수립·시행하여야 한다. 〈신설 2017.11.28.〉

③ 문화체육관광부장관은 기본계획 및 시행계획의 효율적인 달성을 위하여 관계 중앙행정기관의 장, 지방자치단체의 장 및 국제회의산업 육성과 관련된 기관의 장에게 필요한 자료 또는 정보의 제공, 의견의 제출 등을 요청할 수 있다. 이 경우 요청을 받은 자는 정당한 사유가 없으면 이에 따라야 한다. 〈개정 2017.11.28.〉

④ 문화체육관광부장관은 기본계획의 추진실적을 평가하고, 그 결과를 기본계획의 수립에 반영하여야 한다. 〈신설 2017.11.28.〉

⑤ 기본계획·시행계획의 수립 및 추진실적 평가의 방법·내용 등에 필요한 사항은 대통령령으로 정한다. 〈개정 2017.11.28.〉

[전문개정 2007.12.21.]

제7조(국제회의 유치·개최 지원) ① 문화체육관광부장관은 국제회의의 유치를 촉진하고 그 원활한 개최를 위하여 필요하다고 인정하면 국제회의를 유치하거나 개최하는 자에게 지원을 할 수 있다. 〈개정 2008.2.29.〉

② 제1항에 따른 지원을 받으려는 자는 문화체육관광부령으로 정하는 바에 따라 문화체육관광부장관에게 그 지원을 신청하여야 한다. 〈개정 2008.2.29.〉

[전문개정 2007.12.21.]

제8조(국제회의산업 육성기반의 조성) ① 문화체육관광부장관은 국제회의산업 육성기반을 조성하기 위하여 관계 중앙행정기관의 장과 협의하여 다음 각 호의 사업을 추진하여야 한다. 〈개정 2008.2.29., 2022.9.27.〉

1. 국제회의시설의 건립

2. 국제회의 전문인력의 양성

3. 국제회의산업 육성기반의 조성을 위한 국제협력

4. 인터넷 등 정보통신망을 통하여 수행하는 전자국제회의 기반의 구축

5. 국제회의산업에 관한 정보와 통계의 수집·분석 및 유통

6. 국제회의 기업 육성 및 서비스 연구개발

7. 그 밖에 국제회의산업 육성기반의 조성을 위하여 필요하다고 인정되는 사업으로서 대통령령으로 정하는 사업

② 문화체육관광부장관은 다음 각 호의 기관·법인 또는 단체(이하 "사업시행기관"이라 한다) 등으로 하여금 국제회의산업 육성기반의 조성을 위한 사업을 실시하게 할 수 있다. 〈개정 2008.2.29.〉

1. 제5조제1항 및 제2항에 따라 지정·설치된 전담조직

2. 제14조제1항에 따라 지정된 국제회의도시

3. 「한국관광공사법」에 따라 설립된 한국관광공사

4. 「고등교육법」에 따른 대학·산업대학 및 전문대학

5. 그 밖에 대통령령으로 정하는 법인·단체

[전문개정 2007.12.21.]

제9조(국제회의시설의 건립 및 운영 촉진 등) 문화체육관광부장관은 국제회의시설의 건립 및 운영 촉진 등을 위하여 사업시행기관이 추진하는 다음 각 호의 사업을 지원할 수 있다. 〈개정 2008.2.29.〉

1. 국제회의시설의 건립

2. 국제회의시설의 운영

3. 그 밖에 국제회의시설의 건립 및 운영 촉진을 위하여 필요하다고 인정하는 사업으로서 문화체육관광부령으로 정하는 사업

[전문개정 2007.12.21.]

제10조(국제회의 전문인력의 교육·훈련 등) 문화체육관광부장관은 국제회의 전문인력의 양성 등을 위하여 사업시행기관이 추진하는 다음 각 호의 사업을 지원할 수 있다. 〈개정 2008.2.29.〉

1. 국제회의 전문인력의 교육·훈련

2. 국제회의 전문인력 교육과정의 개발·운영

3. 그 밖에 국제회의 전문인력의 교육·훈련과 관련하여 필요한 사업으로서 문화체육관광부령으로 정하는 사업

[전문개정 2007.12.21.]

제11조(국제협력의 촉진) 문화체육관광부장관은 국제회의산업 육성기반의 조성과 관련된 국제협력을 촉진하기 위하여 사업시행기관이 추진하는 다음 각 호의 사업을 지원할 수 있다. 〈개정 2008.2.29.〉

1. 국제회의 관련 국제협력을 위한 조사·연구

2. 국제회의 전문인력 및 정보의 국제 교류

3. 외국의 국제회의 관련 기관·단체의 국내 유치

4. 그 밖에 국제회의 육성기반의 조성에 관한 국제협력을 촉진하기 위하여 필요한 사업으로서 문화체육관광부령으로 정하는 사업

[전문개정 2007.12.21.]

제12조(전자국제회의 기반의 확충) ① 정부는 전자국제회의 기반을 확충하기 위하여 필요한 시책을 강구하여야 한다.

② 문화체육관광부장관은 전자국제회의 기반의 구축을 촉진하기 위하여 사업시행기관이 추진하는 다음 각 호의 사업을 지원할 수 있다. 〈개정 2008.2.29.〉

1. 인터넷 등 정보통신망을 통한 사이버 공간에서의 국제회의 개최

2. 전자국제회의 개최를 위한 관리체제의 개발 및 운영

3. 그 밖에 전자국제회의 기반의 구축을 위하여 필요하다고 인정하는 사업으로서 문화체육관광부령으로 정하는 사업

[전문개정 2007.12.21.]

제13조(국제회의 정보의 유통 촉진) ① 정부는 국제회의 정보의 원활한 공급·활용 및 유통을 촉진하기 위하여 필요한 시책을 강구하여야 한다.

② 문화체육관광부장관은 국제회의 정보의 공급·활용 및 유통을 촉진하기 위하여 사업시행기관이 추진하는 다음 각 호의 사업을 지원할 수 있다. 〈개정 2008.2.29.〉

1. 국제회의 정보 및 통계의 수집·분석

2. 국제회의 정보의 가공 및 유통

3. 국제회의 정보망의 구축 및 운영

4. 그 밖에 국제회의 정보의 유통 촉진을 위하여 필요한 사업으로 문화체육관광부령으로 정하는 사업

③ 문화체육관광부장관은 국제회의 정보의 공급·활용 및 유통을 촉진하기 위하여 필요하면 문화체육관광부령으로 정하는 바에 따라 관계 행정기관과 국제회의 관련 기관·단체 또는 기업에 대하여 국제회의 정보의 제출을 요청하거나 국제회의 정보를 제공할 수 있다. 〈개정 2008.2.29., 2022.9.27.〉

[전문개정 2007.12.21.]

제14조(국제회의도시의 지정 등) ① 문화체육관광부장관은 대통령령으로 정하는 국제회의도시 지정기준에 맞는 특별시·광역시 및 시를 국제회의도시로 지정할 수 있다. 〈개정 2008.2.29., 2009.3.18.〉

② 문화체육관광부장관은 국제회의도시를 지정하는 경우 지역 간의 균형적 발전을 고려하여야 한다. 〈개정 2008.2.29.〉

③ 문화체육관광부장관은 국제회의도시가 제1항에 따른 지정기준에 맞지 아니하게 된 경우에는 그 지정을 취소할 수 있다. 〈개정 2008.2.29., 2009.3.18.〉

④ 문화체육관광부장관은 제1항과 제3항에 따른 국제회의도시의 지정 또는 지정취소를 한 경우에는 그 내용을 고시하여야 한다. 〈개정 2008.2.29.〉

⑤ 제1항과 제3항에 따른 국제회의도시의 지정 및 지정취소 등에 필요한 사항은

대통령령으로 정한다.

[전문개정 2007.12.21.]

제15조(국제회의도시의 지원) 문화체육관광부장관은 제14조제1항에 따라 지정된 국제회의도시에 대하여는 다음 각 호의 사업에 우선 지원할 수 있다. 〈개정 2008.2.29.〉

1. 국제회의도시에서의 「관광진흥개발기금법」 제5조의 용도에 해당하는 사업

2. 제16조제2항 각 호의 어느 하나에 해당하는 사업

[전문개정 2007.12.21.]

제15조의2(국제회의복합지구의 지정 등) ① 특별시장·광역시장·특별자치시장·도지사·특별자치도지사(이하 "시·도지사"라 한다)는 국제회의산업의 진흥을 위하여 필요한 경우에는 관할구역의 일정 지역을 국제회의복합지구로 지정할 수 있다.

② 시·도지사는 국제회의복합지구를 지정할 때에는 국제회의복합지구 육성·진흥계획을 수립하여 문화체육관광부장관의 승인을 받아야 한다. 대통령령으로 정하는 중요한 사항을 변경할 때에도 또한 같다.

③ 시·도지사는 제2항에 따른 국제회의복합지구 육성·진흥계획을 시행하여야 한다.

④ 시·도지사는 사업의 지연, 관리 부실 등의 사유로 지정목적을 달성할 수 없는 경우 국제회의복합지구 지정을 해제할 수 있다. 이 경우 문화체육관광부장관의 승인을 받아야 한다.

⑤ 시·도지사는 제1항 및 제2항에 따라 국제회의복합지구를 지정하거나 지정을 변경한 경우 또는 제4항에 따라 지정을 해제한 경우 대통령령으로 정하는 바에 따라 그 내용을 공고하여야 한다.

⑥ 제1항에 따라 지정된 국제회의복합지구는 「관광진흥법」 제70조에 따른 관광특구로 본다.

⑦ 제2항에 따른 국제회의복합지구 육성·진흥계획의 수립·시행, 국제회의복합지구 지정의 요건 및 절차 등에 필요한 사항은 대통령령으로 정한다.

[본조신설 2015.3.27.]

제15조의3(국제회의집적시설의 지정 등) ① 문화체육관광부장관은 국제회의복합지구에서 국제회의시설의 집적화 및 운영 활성화를 위하여 필요한 경우 시·도지사와 협의를 거쳐 국제회의집적시설을 지정할 수 있다.

② 제1항에 따른 국제회의집적시설로 지정을 받으려는 자(지방자치단체를 포함한다)는 문화체육관광부장관에게 지정을 신청하여야 한다.

③ 문화체육관광부장관은 국제회의집적시설이 지정요건에 미달하는 때에는 대통령령으로 정하는 바에 따라 그 지정을 해제할 수 있다.

④ 그 밖에 국제회의집적시설의 지정요건 및 지정신청 등에 필요한 사항은 대통령령으로 정한다.

[본조신설 2015.3.27.]

제15조의4(부담금의 감면 등) ① 국가 및 지방자치단체는 국제회의복합지구 육성·진흥사업을 원활하게 시행하기 위하여 필요한 경우에는 국제회의복합지구의 국제회의시설 및 국제회의집적시설에 대하여 관련 법률에서 정하는 바에 따라 다음 각 호의 부담금을 감면할 수 있다.

1. 「개발이익 환수에 관한 법률」 제3조에 따른 개발부담금

2. 「산지관리법」 제19조에 따른 대체산림자원조성비

3. 「농지법」 제38조에 따른 농지보전부담금

4. 「초지법」 제23조에 따른 대체초지조성비

5. 「도시교통정비 촉진법」 제36조에 따른 교통유발부담금

② 지방자치단체의 장은 국제회의복합지구의 육성·진흥을 위하여 필요한 경우 국제회의복합지구를 「국토의 계획 및 이용에 관한 법률」 제51조에 따른 지구단위계획구역으로 지정하고 같은 법 제52조제3항에 따라 용적률을 완화하여 적용할 수 있다.

[본조신설 2015.3.27.]

제16조(재정 지원) ① 문화체육관광부장관은 이 법의 목적을 달성하기 위하여 「관광진흥개발기금법」 제2조제2항제3호에 따른 국외 여행자의 출국납부금 총액의

100분의 10에 해당하는 금액의 범위에서 국제회의산업의 육성재원을 지원할 수 있다. 〈개정 2008.2.29.〉

② 문화체육관광부장관은 제1항에 따른 금액의 범위에서 다음 각 호에 해당되는 사업에 필요한 비용의 전부 또는 일부를 지원할 수 있다. 〈개정 2008.2.29., 2015.3.27.〉

1. 제5조제1항 및 제2항에 따라 지정·설치된 전담조직의 운영

2. 제7조제1항에 따른 국제회의 유치 또는 그 개최자에 대한 지원

3. 제8조제2항제2호부터 제5호까지의 규정에 따른 사업시행기관에서 실시하는 국제회의산업 육성기반 조성사업

4. 제10조부터 제13조까지의 각 호에 해당하는 사업

4의2. 제15조의2에 따라 지정된 국제회의복합지구의 육성·진흥을 위한 사업

4의3. 제15조의3에 따라 지정된 국제회의집적시설에 대한 지원 사업

5. 그 밖에 국제회의산업의 육성을 위하여 필요한 사항으로서 대통령령으로 정하는 사업

③ 제2항에 따른 지원금의 교부에 필요한 사항은 대통령령으로 정한다.

④ 제2항에 따른 지원을 받으려는 자는 대통령령으로 정하는 바에 따라 문화체육관광부장관 또는 제18조에 따라 사업을 위탁받은 기관의 장에게 지원을 신청하여야 한다. 〈개정 2008.2.29.〉

[전문개정 2007.12.21.]

제17조(다른 법률에 따른 허가·인가 등의 의제) ① 국제회의시설의 설치자가 국제회의시설에 대하여 「건축법」 제11조에 따른 건축허가를 받으면 같은 법 제11조제5항 각 호의 사항 외에 특별자치도지사·시장·군수 또는 구청장(자치구의 구청장을 말한다. 이하 이 조에서 같다)이 다음 각 호의 허가·인가 등의 관계 행정기관의 장과 미리 협의한 사항에 대해서는 해당 허가·인가 등을 받거나 신고를 한 것으로 본다. 〈개정 2008.3.21., 2009.6.9., 2011.8.4., 2017.1.17., 2017.11.28., 2021.11.30., 2023.5.16.〉

1. 「하수도법」 제24조에 따른 시설이나 공작물 설치의 허가

2. 「수도법」 제52조에 따른 전용상수도 설치의 인가

3. 「소방시설 설치 및 관리에 관한 법률」 제6조제1항에 따른 건축허가의 동의

4. 「폐기물관리법」 제29조제2항에 따른 폐기물처리시설 설치의 승인 또는 신고

5. 「대기환경보전법」 제23조, 「물환경보전법」 제33조 및 「소음·진동관리법」 제8조에 따른 배출시설 설치의 허가 또는 신고

② 국제회의시설의 설치자가 국제회의시설에 대하여 「건축법」 제22조에 따른 사용승인을 받으면 같은 법 제22조제4항 각 호의 사항 외에 특별자치도지사·시장·군수 또는 구청장이 다음 각 호의 검사·신고 등의 관계 행정기관의 장과 미리 협의한 사항에 대해서는 해당 검사를 받거나 신고를 한 것으로 본다. 〈개정 2008.3.21., 2009.6.9., 2017.1.17., 2023.5.16.〉

1. 「수도법」 제53조에 따른 전용상수도의 준공검사

2. 「소방시설공사업법」 제14조제1항에 따른 소방시설의 완공검사

3. 「폐기물관리법」 제29조제4항에 따른 폐기물처리시설의 사용개시 신고

4. 「대기환경보전법」 제30조 및 「물환경보전법」 제37조에 따른 배출시설 등의 가동개시(稼動開始) 신고

③ 제1항과 제2항에 따른 협의를 요청받은 행정기관의 장은 그 요청을 받은 날부터 15일 이내에 의견을 제출하여야 한다. 〈개정 2023.5.16.〉

④ 제1항부터 제3항까지에서 규정한 사항 외에 허가·인가, 검사 및 신고 등 의제의 기준 및 효과 등에 관하여는 「행정기본법」 제24조부터 제26조까지를 따른다. 이 경우 같은 법 제24조제4항 전단 중 "20일"은 "15일"로 한다. 〈개정 2023.5.16.〉

[전문개정 2007.12.21.]

[제목개정 2023.5.16.]

제18조(권한의 위탁) ① 문화체육관광부장관은 제7조에 따른 국제회의 유치·개최의 지원에 관한 업무를 대통령령으로 정하는 바에 따라 법인이나 단체에 위탁할 수 있다. 〈개정 2008.2.29.〉

② 문화체육관광부장관은 제1항에 따른 위탁을 한 경우에는 해당 법인이나 단체에 예산의 범위에서 필요한 경비(經費)를 보조할 수 있다. 〈개정 2008.2.29.〉

[전문개정 2007.12.21.]

부칙 〈제19411호, 2023.5.16.〉
(행정법제 혁신을 위한 관광진흥개발기금법 등 6개 법률의 일부개정에 관한 법률)

제1조(시행일) 이 법은 공포한 날부터 시행한다.

제2조(이의신청에 관한 일반적 적용례) 이의신청에 관한 개정규정은 이 법 시행 이후 하는 처분부터 적용한다.

제3조 및 제4조 생략

제5조(「국제회의산업 육성에 관한 법률」의 개정에 관한 적용례) 다른 법률에 따른 허가·인가 등 의제를 위한 행정청 간 협의 간주에 관한 사항은 이 법 시행 이후 허가·인가 등 의제에 관한 협의를 요청하는 경우부터 적용한다.

제6조 및 제7조 생략

부록 3 국제회의산업 육성에 관한 법률 시행령

대통령령 제15337호 신규제정 1997. 4. 4.
대통령령 제18271호 전문개정 2004. 2. 7.
대통령령 제19513호 일부개정 2006. 6.12.
대통령령 제22675호 일부개정 2011. 2.25.
대통령령 제26540호 일부개정 2015. 9.22.
대통령령 제33127호 일부개정 2022.12.27.

제1조(목적) 이 영은 「국제회의산업 육성에 관한 법률」에서 위임된 사항과 그 시행에 필요한 사항을 규정함을 목적으로 한다.

[전문개정 2011.11.16.]

제2조(국제회의의 종류·규모) 「국제회의산업 육성에 관한 법률」(이하 "법"이라 한다) 제2조제1호에 따른 국제회의는 다음 각 호의 어느 하나에 해당하는 회의를 말한다. 〈개정 2020.11.10., 2022.12.27.〉

1. 국제기구, 기관 또는 법인·단체가 개최하는 회의로서 다음 각 목의 요건을 모두 갖춘 회의

   가. 해당 회의에 3개국 이상의 외국인이 참가할 것

   나. 회의 참가자가 100명 이상이고 그 중 외국인이 50명 이상일 것

   다. 2일 이상 진행되는 회의일 것

2. 삭제 〈2022.12.27.〉

3. 국제기구, 기관, 법인 또는 단체가 개최하는 회의로서 다음 각 목의 요건을 모두 갖춘 회의

   가. 「감염병의 예방 및 관리에 관한 법률」 제2조제2호에 따른 제1급감염병 확산으로 외국인이 회의장에 직접 참석하기 곤란한 회의로서 개최일이 문화체육관광부장관이 정하여 고시하는 기간 내일 것

　　나. 회의 참가자 수, 외국인 참가자 수 및 회의일수가 문화체육관광부장관이

　　　정하여 고시하는 기준에 해당할 것

[전문개정 2011.11.16.]

제3조(국제회의시설의 종류·규모) ① 법 제2조제3호에 따른 국제회의시설은 전문

회의시설·준회의시설·전시시설·지원시설 및 부대시설로 구분한다.

〈개정 2022.12.27.〉

② 전문회의시설은 다음 각 호의 요건을 모두 갖추어야 한다.

1. 2천명 이상의 인원을 수용할 수 있는 대회의실이 있을 것

2. 30명 이상의 인원을 수용할 수 있는 중·소회의실이 10실 이상 있을 것

3. 옥내와 옥외의 전시면적을 합쳐서 2천제곱미터 이상 확보하고 있을 것

③ 준회의시설은 국제회의 개최에 필요한 회의실로 활용할 수 있는 호텔연회장·

공연장·체육관 등의 시설로서 다음 각 호의 요건을 모두 갖추어야 한다.

1. 200명 이상의 인원을 수용할 수 있는 대회의실이 있을 것

2. 30명 이상의 인원을 수용할 수 있는 중·소회의실이 3실 이상 있을 것

④ 전시시설은 다음 각 호의 요건을 모두 갖추어야 한다.

1. 옥내와 옥외의 전시면적을 합쳐서 2천제곱미터 이상 확보하고 있을 것

2. 30명 이상의 인원을 수용할 수 있는 중·소회의실이 5실 이상 있을 것

⑤ 지원시설은 다음 각 호의 요건을 모두 갖추어야 한다. 〈신설 2022.12.27.〉

1. 다음 각 목에 따른 설비를 모두 갖출 것

　　가. 컴퓨터, 카메라 및 마이크 등 원격영상회의에 필요한 설비

　　나. 칸막이 또는 방음시설 등 이용자의 정보 노출방지에 필요한 설비

2. 제1호 각 목에 따른 설비의 설치 및 이용에 사용되는 면적을 합한 면적이 80제

　　곱미터 이상일 것

⑥ 부대시설은 국제회의 개최와 전시의 편의를 위하여 제2항 및 제4항의 시설에

부속된 숙박시설·주차시설·음식점시설·휴식시설·판매시설 등으로 한다.

〈개정 2022.12.27.〉

[전문개정 2011.11.16.]

제4조(국제회의집적시설의 종류와 규모) 법 제2조제8호에서 "숙박시설, 판매시설, 공연장 등 대통령령으로 정하는 종류와 규모에 해당하는 시설"이란 다음 각 호의 시설을 말한다. 〈개정 2022.8.2.〉

1. 「관광진흥법」 제3조제1항제2호에 따른 관광숙박업의 시설로서 100실(「관광진흥법」 제19조제1항에 따라 같은 법 시행령 제22조제2항의 4성급 또는 5성급으로 등급결정을 받은 호텔업의 경우에는 30실) 이상의 객실을 보유한 시설

2. 「유통산업발전법」 제2조제3호에 따른 대규모점포

3. 「공연법」에 따른 공연장으로서 300석 이상의 객석을 보유한 공연장

4. 그 밖에 국제회의산업의 진흥 및 발전을 위하여 국제회의집적시설로 지정될 필요가 있는 시설로서 문화체육관광부장관이 정하여 고시하는 시설

[본조신설 2015.9.22.]

제5조 삭제 〈2011.2.25.〉

제6조 삭제 〈2011.2.25.〉

제7조 삭제 〈2011.2.25.〉

제8조 삭제 〈2011.2.25.〉

제9조(국제회의 전담조직의 업무) 법 제5조제1항에 따른 국제회의 전담조직은 다음 각 호의 업무를 담당한다.

1. 국제회의의 유치 및 개최 지원

2. 국제회의산업의 국외 홍보

3. 국제회의 관련 정보의 수집 및 배포

4. 국제회의 전문인력의 교육 및 수급(需給)

5. 법 제5조제2항에 따라 지방자치단체의 장이 설치한 전담조직에 대한 지원 및 상호 협력

6. 그 밖에 국제회의산업의 육성과 관련된 업무

[전문개정 2011.11.16.]

제10조(국제회의 전담조직의 지정) 문화체육관광부장관은 법 제5조제1항에 따라 국제회의 전담조직을 지정할 때에는 제9조 각 호의 업무를 수행할 수 있는 전문

인력 및 조직 등을 적절하게 갖추었는지를 고려하여야 한다.

[전문개정 2011.11.16.]

제11조(국제회의산업육성기본계획의 수립 등) ① 문화체육관광부장관은 법 제6조에 따른 국제회의산업육성기본계획과 국제회의산업육성시행계획을 수립하거나 변경하는 경우에는 국제회의산업과 관련이 있는 기관 또는 단체 등의 의견을 들어야 한다.

② 문화체육관광부장관은 법 제6조제4항에 따라 국제회의산업육성기본계획의 추진실적을 평가하는 경우에는 연도별 국제회의산업육성시행계획의 추진실적을 종합하여 평가하여야 한다.

③ 문화체육관광부장관은 제2항에 따른 국제회의산업육성기본계획의 추진실적 평가에 필요한 조사·분석 등을 전문기관에 의뢰할 수 있다.

[전문개정 2018.5.28.]

제12조(국제회의산업 육성기반 조성사업 및 사업시행기관) ① 법 제8조제1항제7호에서 "대통령령으로 정하는 사업"이란 다음 각 호의 사업을 말한다. 〈개정 2022.12.27.〉

1. 법 제5조에 따른 국제회의 전담조직의 육성

2. 국제회의산업에 관한 국외 홍보사업

② 법 제8조제2항제5호에서 "대통령령으로 정하는 법인·단체"란 국제회의산업의 육성과 관련된 업무를 수행하는 법인·단체로서 문화체육관광부장관이 지정하는 법인·단체를 말한다.

[전문개정 2011.11.16.]

제13조(국제회의도시의 지정기준) 법 제14조제1항에 따른 국제회의도시의 지정기준은 다음 각 호와 같다.

1. 지정대상 도시에 국제회의시설이 있고, 해당 특별시·광역시 또는 시에서 이를 활용한 국제회의산업 육성에 관한 계획을 수립하고 있을 것

2. 지정대상 도시에 숙박시설·교통시설·교통안내체계 등 국제회의 참가자를 위한 편의시설이 갖추어져 있을 것

3. 지정대상 도시 또는 그 주변에 풍부한 관광자원이 있을 것

[전문개정 2011.11.16.]

제13조의2(국제회의복합지구의 지정 등) ① 법 제15조의2제1항에 따른 국제회의복합지구 지정요건은 다음 각 호와 같다. 〈개정 2022.8.2.〉

1. 국제회의복합지구 지정 대상 지역 내에 제3조제2항에 따른 전문회의시설이 있을 것

2. 국제회의복합지구 지정 대상 지역 내에서 개최된 회의에 참가한 외국인이 국제회의복합지구 지정일이 속한 연도의 전년도 기준 5천명 이상이거나 국제회의복합지구 지정일이 속한 연도의 직전 3년간 평균 5천명 이상일 것. 이 경우 「감염병의 예방 및 관리에 관한 법률」에 따른 감염병의 확산으로 「재난 및 안전관리 기본법」 제38조제2항에 따른 경계 이상의 위기경보가 발령된 기간에 개최된 회의에 참가한 외국인의 수는 회의에 참가한 외국인의 수에 문화체육관광부장관이 정하여 고시하는 가중치를 곱하여 계산할 수 있다.

3. 국제회의복합지구 지정 대상 지역에 제4조 각 호의 어느 하나에 해당하는 시설이 1개 이상 있을 것

4. 국제회의복합지구 지정 대상 지역이나 그 인근 지역에 교통시설·교통안내체계 등 편의시설이 갖추어져 있을 것

② 국제회의복합지구의 지정 면적은 400만 제곱미터 이내로 한다.

③ 특별시장·광역시장·특별자치시장·도지사·특별자치도지사(이하 "시·도지사"라 한다)는 국제회의복합지구의 지정을 변경하려는 경우에는 다음 각 호의 사항을 고려하여야 한다.

1. 국제회의복합지구의 운영 실태

2. 국제회의복합지구의 토지이용 현황

3. 국제회의복합지구의 시설 설치 현황

4. 국제회의복합지구 및 인근 지역의 개발계획 현황

④ 시·도지사는 법 제15조의2제4항에 따라 국제회의복합지구의 지정을 해제하려면 미리 해당 국제회의복합지구의 명칭, 위치, 지정 해제 예정일 등을 20일 이상 해당 지방자치단체의 인터넷 홈페이지에 공고하여야 한다.

⑤ 시·도지사는 국제회의복합지구를 지정하거나 지정을 변경한 경우 또는 지정을 해제한 경우에는 법 제15조의2제5항에 따라 다음 각 호의 사항을 관보,「신문 등의 진흥에 관한 법률」제2조제1호가목에 따른 일반일간신문 또는 해당 지방자치단체의 인터넷 홈페이지에 공고하고, 문화체육관광부장관에게 국제회의복합지구의 지정, 지정 변경 또는 지정 해제의 사실을 통보하여야 한다.

1. 국제회의복합지구의 명칭

2. 국제회의복합지구를 표시한 행정구역도와 지적도면

3. 국제회의복합지구 육성·진흥계획의 개요(지정의 경우만 해당한다)

4. 국제회의복합지구 지정 변경 내용의 개요(지정 변경의 경우만 해당한다)

5. 국제회의복합지구 지정 해제 내용의 개요(지정 해제의 경우만 해당한다)

[본조신설 2015.9.22.]

제13조의3(국제회의복합지구 육성·진흥계획의 수립 등) ① 법 제15조의2제2항 전단에 따른 국제회의복합지구 육성·진흥계획(이하 "국제회의복합지구 육성·진흥계획"이라 한다)에는 다음 각 호의 사항이 포함되어야 한다.

1. 국제회의복합지구의 명칭, 위치 및 면적

2. 국제회의복합지구의 지정 목적

3. 국제회의시설 설치 및 개선 계획

4. 국제회의집적시설의 조성 계획

5. 회의 참가자를 위한 편의시설의 설치·확충 계획

6. 해당 지역의 관광자원 조성·개발 계획

7. 국제회의복합지구 내 국제회의 유치·개최 계획

8. 관할 지역 내의 국제회의업 및 전시사업자 육성 계획

9. 그 밖에 국제회의복합지구의 육성과 진흥을 위하여 필요한 사항

② 법 제15조의2제2항 후단에서 "대통령령으로 정하는 중요한 사항"이란 국제회의복합지구의 위치, 면적 또는 지정 목적을 말한다.

③ 시·도지사는 수립된 국제회의복합지구 육성·진흥계획에 대하여 5년마다 그 타당성을 검토하고 국제회의복합지구 육성·진흥계획의 변경 등 필요한 조치를

하여야 한다.

[본조신설 2015.9.22.]

제13조의4(국제회의집적시설의 지정 등) ① 법 제15조의3제1항에 따른 국제회의집적시설의 지정요건은 다음 각 호와 같다.

1. 해당 시설(설치 예정인 시설을 포함한다. 이하 이 항에서 같다)이 국제회의복합지구 내에 있을 것

2. 해당 시설 내에 외국인 이용자를 위한 안내체계와 편의시설을 갖출 것

3. 해당 시설과 국제회의복합지구 내 전문회의시설 간의 업무제휴 협약이 체결되어 있을 것

② 국제회의집적시설의 지정을 받으려는 자는 법 제15조의3제2항에 따라 문화체육관광부령으로 정하는 지정신청서를 문화체육관광부장관에게 제출하여야 한다.

③ 국제회의집적시설 지정 신청 당시 설치가 완료되지 아니한 시설을 국제회의집적시설로 지정받은 자는 그 설치가 완료된 후 해당 시설이 제1항 각 호의 요건을 갖추었음을 증명할 수 있는 서류를 문화체육관광부장관에게 제출하여야 한다.

④ 문화체육관광부장관은 법 제15조의3제3항에 따라 국제회의집적시설의 지정을 해제하려면 미리 관할 시·도지사의 의견을 들어야 한다.

⑤ 문화체육관광부장관은 법 제15조의3제1항에 따라 국제회의집적시설을 지정하거나 같은 조 제3항에 따라 지정을 해제한 경우에는 관보, 「신문 등의 진흥에 관한 법률」 제2조제1호가목에 따른 일반일간신문 또는 문화체육관광부의 인터넷 홈페이지에 그 사실을 공고하여야 한다.

⑥ 제1항부터 제5항까지에서 규정한 사항 외에 설치 예정인 국제회의집적시설의 인정 범위 등 국제회의집적시설의 지정 및 해제에 필요한 사항은 문화체육관광부장관이 정하여 고시한다.

[본조신설 2015.9.22.]

제14조(재정 지원 등) 법 제16조제2항에 따른 지원금은 해당 사업의 추진 상황 등을 고려하여 나누어 지급한다. 다만, 사업의 규모·착수시기 등을 고려하여 필요하다고 인정할 때에는 한꺼번에 지급할 수 있다.

[전문개정 2011.11.16.]

제15조(지원금의 관리 및 회수) ① 법 제16조제2항에 따라 지원금을 받은 자는 그 지원금에 대하여 별도의 계정(計定)을 설치하여 관리해야 하고, 그 사용 실적을 사업이 끝난 후 1개월(제2조제3호에 따른 국제회의를 유치하거나 개최하여 지원금을 받은 경우에는 문화체육관광부장관이 정하여 고시하는 기한) 이내에 문화체육관광부장관에게 보고해야 한다. 〈개정 2020.11.10.〉

② 법 제16조제2항에 따라 지원금을 받은 자가 법 제16조제2항 각 호에 따른 용도 외에 지원금을 사용하였을 때에는 그 지원금을 회수할 수 있다.

[전문개정 2011.11.16.]

제16조(권한의 위탁) 문화체육관광부장관은 법 제18조제1항에 따라 법 제7조에 따른 국제회의 유치·개최의 지원에 관한 업무를 법 제5조제1항에 따른 국제회의 전담조직에 위탁한다.

[전문개정 2011.11.16.]

부칙 〈제33127호, 2022.12.27.〉

이 영은 2022년 12월 28일부터 시행한다.

 **국제회의산업 육성에 관한 법률 시행규칙**

문화체육부령　　　제37호　신규제정 1997. 5.12.
문화관광부령　　　제87호　전문개정 2004. 2.21.
문화체육관광부령 제1호　타법개정 2008. 3. 6.
문화체육관광부령 제93호　일부개정 2011.11.24.
문화체육관광부령 제173호 타법개정 2014. 6.19.
문화체육관광부령 제221호 일부개정 2015. 9.25.
문화체육관광부령 제409호 일부개정 2020.11.10.

제1조(목적) 이 규칙은 「국제회의산업 육성에 관한 법률」 및 같은 법 시행령에서 위임된 사항과 그 시행에 필요한 사항을 규정함을 목적으로 한다.

[전문개정 2011.11.24.]

제2조(국제회의 유치·개최 지원신청) 「국제회의산업 육성에 관한 법률」(이하 "법"이라 한다) 제7조제2항에 따라 국제회의 유치·개최에 관한 지원을 받으려는 자는 별지 제1호서식의 국제회의 지원신청서에 다음 각 호의 서류를 첨부하여 법 제5조제1항에 따른 국제회의 전담조직의 장에게 제출해야 한다. 〈개정 2020.11.10.〉

1. 국제회의 유치·개최 계획서(국제회의의 명칭, 목적, 기간, 장소, 참가자 수, 필요한 비용 등이 포함되어야 한다) 1부

2. 국제회의 유치·개최 실적에 관한 서류(국제회의를 유치·개최한 실적이 있는 경우만 해당한다) 1부

3. 지원을 받으려는 세부 내용을 적은 서류 1부

[전문개정 2011.11.24.]

제3조(지원 결과 보고) 법 제7조에 따라 지원을 받은 국제회의 유치·개최자는 해당 사업이 완료된 후 1개월(영 제2조제3호에 따른 국제회의를 유치하거나 개최하

여 지원금을 받은 경우에는 문화체육관광부장관이 정하여 고시하는 기한) 이내에 법 제5조제1항에 따른 국제회의 전담조직의 장에게 사업 결과 보고서를 제출해야 한다. 〈개정 2020.11.10.〉

[전문개정 2011.11.24.]

제4조(국제회의시설의 지원) 법 제9조제3호에서 "문화체육관광부령으로 정하는 사업"이란 국제회의시설의 국외 홍보활동을 말한다.

[전문개정 2011.11.24.]

제5조(전문인력의 교육·훈련) 법 제10조제3호에서 "문화체육관광부령으로 정하는 사업"이란 국제회의 전문인력 양성을 위한 인턴사원제도 등 현장실습의 기회를 제공하는 사업을 말한다.

[전문개정 2011.11.24.]

제6조(국제협력의 촉진) 법 제11조제4호에서 "문화체육관광부령으로 정하는 사업"이란 다음 각 호의 사업을 말한다.

1. 국제회의 관련 국제행사에의 참가
2. 외국의 국제회의 관련 기관·단체에의 인력 파견

[전문개정 2011.11.24.]

제7조(전자국제회의 기반 구축) 법 제12조제2항제3호에서 "문화체육관광부령으로 정하는 사업"이란 전자국제회의 개최를 위한 국내외 기관 간의 협력사업을 말한다.

[전문개정 2011.11.24.]

제8조(국제회의 정보의 유통 촉진) ① 법 제13조제2항제4호에서 "문화체육관광부령으로 정하는 사업"이란 국제회의 정보의 활용을 위한 자료의 발간 및 배포를 말한다.

② 문화체육관광부장관은 법 제13조제3항에 따라 국제회의 정보의 제출을 요청하거나, 국제회의 정보를 제공할 때에는 요청하려는 정보의 구체적인 내용 등을 적은 문서로 하여야 한다.

[전문개정 2011.11.24.]

제9조(국제회의도시의 지정신청) 법 제14조제1항에 따라 국제회의도시의 지정을

신청하려는 특별시장·광역시장 또는 시장은 다음 각 호의 내용을 적은 서류를 문화체육관광부장관에게 제출하여야 한다.

1. 국제회의시설의 보유 현황 및 이를 활용한 국제회의산업 육성에 관한 계획

2. 숙박시설·교통시설·교통안내체계 등 국제회의 참가자를 위한 편의시설의 현황 및 확충계획

3. 지정대상 도시 또는 그 주변의 관광자원의 현황 및 개발계획

4. 국제회의 유치·개최 실적 및 계획

[전문개정 2011.11.24.]

제9조의2(국제회의집적시설의 지정신청) 국제회의집적시설의 지정을 받으려는 자는 법 제15조의3제2항에 따라 별지 제2호서식의 지정신청서에 다음 각 호의 서류를 첨부하여 문화체육관광부장관에게 지정을 신청하여야 한다.

1. 지정 신청 당시 설치가 완료된 시설인 경우: 「국제회의산업 육성에 관한 법률 시행령」(이하 "영"이라 한다) 제4조 각 호의 어느 하나에 해당하는 시설에 해당하고 영 제13조의4제1항 각 호의 지정 요건을 갖추고 있음을 증명할 수 있는 서류

2. 지정 신청 당시 설치가 완료되지 아니한 시설의 경우: 설치가 완료되는 시점에는 영 제4조 각 호의 어느 하나에 해당하는 시설에 해당하고 영 제13조의4제1항 각 호의 요건을 충족할 수 있음을 확인할 수 있는 서류

[본조신설 2015.9.25.]

제10조(인가·허가 등의 의제를 위한 서류 제출) 법 제17조제3항에서 "문화체육관광부령으로 정하는 관계 서류"란 법 제17조제1항 및 제2항에 따라 의제(擬制)되는 허가·인가·검사 등에 필요한 서류를 말한다.

[전문개정 2011.11.24.]

부칙 〈제409호, 2020.11.10.〉

이 규칙은 공포한 날부터 시행한다.

 **부록 5** 컨벤션 관련 어휘 및 용어

A_

Absentee Voting 부재자 표결

Accommodation 숙박

Accompanying Person 동반자

Acting Chairman 의장서리

Ad-hoc Committee 임시(특별)위원회

Administrative Secretary 등록행정관

Admission Fee 입장비

Advance Registration 사전등록

Adviser 자문관

Advisory Committee 고문위원회

Affiliation 소속

Agenda 의안

Agent 대리인

All-space Hold 회의단체가 독점적으로 사용하는 호텔에서 개최되는 회합과 회의 공간

Amenity 호텔 등에서 고객에게 무료로 제공하는 서비스

Annual Convention 1년에 한 번씩 열리는 전체회의

Annual Report 연차 보고

Appended Documents 첨부서류

Application to Participate 참가신청

Approved Agenda 확정의제

Arbitration Committee 중재위원회

Assisting Custom Clearance Procedure 전시물 통관절차협조

Association 협회

Association Meeting 협의회의

Association Meeting Planner 내부 컨벤션기획가로서 여러 형태의 전문가단체에서 정식으로
   고용된 직원

Attached Schedule 첨부한 일정표

Attire Dress 복장

Award 상장

Award Ceremony 표창식

B _

Banquet 공식적이고 종종 선발된 사람들을 위한 경축적인 만찬

Basic Plan of Public Relations 홍보 기본계획 수립

Beverage 음료

Block Reservation 호텔의 객실, 항공기의 좌석 등을 예약하여 객실이나 좌석을 확보하는 것

Blockchain 무수히 많은 P2P 기반의 소규모 데이터가 사슬형태로 연결되어 형성된 블록이라는 분산
   데이터 저장 환경에 해당 데이터를 저장함으로써 임의로 수정이 불가능함과 동시에 누구나 변경된 결과
   를 확인할 수 있게 하는 기술

Board Director 이사

Board Meeting 임원회

Board Member 임원

Booth Assignment(allocation) 부스 배정

Breakfast Meeting 손님을 초청하여 아침식사를 겸한 모임

Budget Committee 예산위원회

Buffet Party 뷔페 파티

Bulletin Board 안내게시판

Buyer 교역 전에 참가하여 벤더와 전시물품을 구매 · 상담하는 사람

Buzz Group 소위원회

C_

Cafeteria Service 음식물이 진열되어 있는 식탁으로부터 고객이 요금을 지불하고 직접 고객식탁으로 음식을 가져다 먹는 형태이며, 전형적인 셀프서비스 형태

Cancellation Charge 해약요금

Cancellation Deadlines 취소마감일

Cancellation Program 취소방침

Certificate 증명서

Certificate of Attendance 참가증명서

Chairman of Host Committee 조직위원회 위원장

Chairman Pro Tempore 의장임시대행

Check-list 컨벤션 개최와 관련된 업무를 목록화한 표

Chief Delegate 수석대표

Chief of Delegation 단장

Chief Registration Secretary 수석등록관

CIQ(Customs, Immigration, Quarantine) 세관, 출입국관리, 검역

Citation 표창장

Closed Meeting 비공개회의

Closing Ceremony 폐회식

Co-chairman 공동위원장

Commission 특정문제의 연구를 위하여 본회의 참석자 중에서 지명된 사람들로 구성된 회의 또는 위원회의 같은 성격의 모임체로서 '위임'받은 사항의 전문적 검토를 전담하는 기구

Committee Chairperson 위원회위원장

Committee Meeting 위원회

Complimentary Room 무료객실

Concluding Session 종료회의

Concurrent Session 분과회의

Conference 컨퍼런스. 과학·기술·학문분야 등의 전문분야의 새로운 정보를 전달하고 습득하거나 특정문제를 연구하기 위한 회의

Conference Materials 회의자료

Conference Period 개최기간

Conference Program 국제회의 관련 프로그램

Conference Sites 회의개최장소

Conference Staff 회의장 운영요원

Confirmation 확인

Congress 회의

Consolidation Show 혼합형 전시회

Consultative Committee 자문위원회

Corporate External Meeting 기업외부회의. 기업의 임원, 직원 외의 주주, 소비자 등을 대상으로 개최하는 회의

Corporate Internal Meeting 기업내부회의. 주로 기업구성원들의 직무와 관련한 교육 · 훈련 · 연수를 목적으로 하는 회의와 기업 구성원들 간의 공동체의식을 강화시키기 위한 팀빌딩 이벤트와 정보전달이나 의사결정을 목적으로 하는 회의 등임

Corporate Meeting Planner 기업회의기획가

Council 집행기능을 어느 정도 갖는 행정기구적 성격을 갖는 기구

Cryptocurrency '암호화'라는 뜻을 가진 'crypto-'와 통화란 뜻을 가진 'currency'의 합성어로, 분산장부(Distributed Ledger)에서 공개키 암호화를 통해 안전하게 전송하고, 해시 함수를 이용해 쉽게 소유권을 증명해 낼 수 있는 가상자산, 디지털 자산이다. 객실의 Block 예약을 해제하는 날

Cut-off Date 호텔

D_

Daily Bulletin 회의 속보

Daily News/Daily Journal 당일행사

Deadline 마감

Dean of Consular Corps 외교영사단 대표

Dean of Diplomatic Corps of Host Country 주최국 외교사절 단장

Defi 탈중앙화된 금융이라는 뜻으로 관리자가 존재하지 않는 블록체인의 스마트 컨트랙트에서만 작동하는 금융 서비스

Departure Place 출발장소

Departure Time 출발시간

E_

F_

Farewell Address 고별사

Finance Committee 재무위원회

First Draft 초안

First Session 첫 번째 회의

Fixed Screen 벽과 천장에 고정하는 형태의 스크린

Floor Manager 회의장 관리인

Floor Microphone 회의실 바닥에 높이 조절이 가능한 긴 스탠드를 사용하여 고정하는 마이크

Formal Invitation 공식 초청

Formal Report 정식 보고서

Forum 발제된 특정주제에 대해 상반된 견해를 가진 동일분야의 전문가들로 구성하여 사회자의 주도하에
　진행하는 공개토론

Full Dress 정장예복

Function Room 회의장, 행사장

Fundraising 모금

G_

Gantt Model 업무별 진행순서와 상호연관성을 한눈에 파악할 수 있도록 작성된 시간기획표

Garden Affairs Committee 총무위원회

General Assembly 총회

General Consent 전원동의

General Information 종합안내

Giveaways 무료배포자료

Government Agency Meeting 정부주관회의

Group Booking 단체예약

Guarantee 보증금

Guest Speaker 초청연설자

H_

Half-day Sightseeing Program 회의 중 반일관광 프로그램

Handout Materials 배포자료

Hand-outs 배포용 자료, 공식 발표문

Head of Delegation 단장

Honorary Guests 귀빈

Honorary President 명예의장

Hospitality Committee 영접위원회

Hotel Reservation 호텔객실예약

I_

Identification Badge 회의장 · 전시장 출입카드

Important Notice 유의사항

Important Speech 즉석연설

Inaugural Address 개회사

Inaugural Session 개회식(inaugural ceremony or opening ceremony)

Incoming 1st Vice President 신임 제1부의장

Incoming Secretary 신임사무장

Independent Meeting Planner 독립 컨벤션기획가

Industry Show 산업전시회

Information desk 호텔 · 전시장 · 행사장의 로비에 설치된 안내 데스크

In-house Meeting Planner 내부 컨벤션기획가

Installation 부스설치

Interim Committee 임시위원회

Interpretation 통역

Interpreter 통역사

Invitation 초청

Item on the Agenda 의제조항

J_

Joint Meeting 합동회의

Joint Resolution 공동결의안

K_

Keynote Address 기조강연

Keynote Speech 주제발표

L_

Lavaliar Microphone 주로 옷깃에 부착하거나 목에 거는 형태인 무선 마이크

Layout 동선

Layout View 관람동선

Lectern 연설대

List of Delegates 참가자명부

List of Exhibitors 전시자 리스트

List of Participants 참가자명부

Listing of Exhibition Companies & Their Items 전시참가업체 파악 및 품목 확정

Local Committee 로컬위원회

Lounge Suit 양복, 평복

Luncheon Meeting 오찬회

M_

Mandatory Documents 필수조항

Meeting 모든 참가자가 단체의 활동에 관한 사항을 토론하기 위해서 화합의 구성원이 되는 형태의 회의

Meeting Planner 다양한 종류와 크기의 회의에 관한 세부사항을 전적으로 혹은 부분적으로 책임을 지는 조직 내의 체계

Metaverse 가상현실(Virtual Reality, VR), 증강현실(Augmented Reality, AR), 혹은 혼합현실(Mixed Reality, MR)과 같은 기술들을 이용하여 구축된 가상세계

Minimum Number of Participants 최소 참가인원

Minutes 의사록

Mixing Board 발표자에 따라 톤의 높낮이가 다르고, 성량 또한 다르기 때문에 마이크를 통해 들어오는 소스를 적절하게 조정하기 위한 장치

Moderator 의장

Moving Microphone 손으로 잡고 이동하면서 사용할 수 있는 마이크

Multilateral Agreement 다자협약

Multiple Slate 복수입후보

N_

Name Badge 명찰

Name Tag 회의장 테이블에 놓는 명패

National Dress 민속의상

New Business 신규심의사항

Newly Elected President 신임회장

NFT 대체 불가능 토큰이란 뜻으로, 블록체인 기술을 사용해 디지털 자산의 소유자임을 증명하는 가상의 토큰

Nomination Committee 공천위원회

Non-profit Meeting 비영리회의

Non-profit Organization 비영리조직

No-show 예약해 놓고 예약취소 또는 변경 등에 대한 사전연락 없이 나타나지 않는 고객

Notice 통지

O_

Objection to Consideration 심의반대

Observer 옵서버(투표권이 없고 회의에 참석하기만 하는 사람)

Office Central 참가자와 직원이 문제를 보고할 수 있거나 지원을 요청할 수 있는 전시조직이 설치하고 직원을 배치한 사무실

Official Airline 공식 항공사

Official Language 공용어

Official Schedule 공식일정표

Off-site Event 회의장 밖의 행사

On-site Registration 현장등록

Open Session 회의장 밖의 행사

Opening Address 개회사

Opening Ceremony 개회식

Opening Ceremony Hall 개회식장

Oral Text(Script) 원고(발표용)

Oral Vote 구두표결

Order of the Day 회의일정

Ordinary Session 정기회의

Organizing Committee 조직위원회

Outgoing Secretary 퇴임사무장

P_

Panel 청중이 모인 가운데 사회자의 주도하에 서로 다른 분야에서의 발표자 2~8명이 전문적 의견을 발표하는 공개토론회

Panel Presentation 토론 주제발표

Panelist 연사

Parallel Session 분과회의

Parent Organization 주체기관

Parliamentary Inquiry 회의법상의 질문

Parliamentary Procedure 회의법

Participant 참가자

Party for Fund Raising 모금파티

Party in the Garden 가든파티

Planning 기획

Planning Committee 컨벤션 프로그램개발, 예산안수립, 세부실행 계획수립, 운영, 관리 등의 업무를 맡는 위원회

Plenary Session 전체회의

Preparatory Session 준비회의

Pre/Post Conference Tour 사전/사후 컨퍼런스 투어

Pre-registration 컨벤션 개최 전에 참가등록을 하는 것

Pre-registration Form 등록신청서

Presiding Officers 의장단

Press Arrangements 언론이나 취재에 대한 준비와 배려

Press Release 보도자료

Press Representatives 언론사별 취재대표

Press Room 기자실

Professional Exposition 전문 박람회

Publicity Director 홍보담당

Q_

Qualification to Attend 참가자격

Question and Answer 질의응답

Questions from Audience 청중의 질문

Quorum Requirements 의사진행의 정족수

R_

Receiving Line 영접인사 도열순서

Reception 식음료가 제공되는 입식 사교행사

Receptionist 접수원

Regional Meeting 지역회의

Registration 등록

Registration & Information 등록 안내실

Registration Confirmation Sheet 등록확인증

Registration Desk 등록 데스크

Registration Exposition 등록박람회

Registration Number 등록번호

Registration of Speakers 강연사등록

Registration Secretary 등록담당

Regular Member 정회원

Resolution Committee 결의문 채택위원회

Response Address 답사

Right to Attend a Meeting 회의참가권리

Rising 기립

Rising Hands 거수

Rooms Booked 예약된 객실

Round Table Meeting 참석자들의 좌석배열상 상석의 위치를 어느 한 참석자에게 주기 어려운 경우
원형으로 갖는 형태의 회의

S_

Scientific Committee 학술위원회

Seat Card 좌석의 명찰, 좌석카드

Secretariate Staff 사무국 스태프

Secretary-general 사무총장, 총장

Seminar 교육 및 연구목적으로 개최되는 회의로 발표자와 참가자가 단일한 논제에 대해 발표하고 토론
하는 형태의 회의

Session 회의를 나누는 단위. 크게 참가자 전원을 대상으로 개최되는 전체회의와 소수의 회원이 참가하
게 되는 소집단회의가 있음

Show case 퍼포먼스(performance)가 수반되는 전시 부스

Simultaneous Interpretation 동시통역

Simultaneous Translation Apparatus 동시통역장치

Single-phase 단상

Speaker 연설자

Speaking Time Allocation 발표할당시간

Special block 예약된 객실 중 일반참가자들이 예약할 수 없도록 객실유형별로 소요객실 수만큼 별도로 지정하는 것

Special Group Rate 특별단체 할인요금

Special Session 임시회기

Spokesman 대변인

Standing Committee 상임위원회

Steering Committee 운영위원회

Stenographer 속기사

Study Meeting 특정문제해결을 위하여 연구 토론하는 회의

Subcommittee 분과위원회, 소위원회

Symbol 휘장

Symposium 발제된 주제 및 문제에 관하여 전문가들이 연구결과를 중심으로 다수의 청중 앞에서 벌이는 공개토론회

Syndicate Discussion 발표자와 참가자가 감정적 동질성을 갖는 것

T_

Table Microphone 테이블 마이크. 테이블에 짧은 스탠드로 고정된 마이크

Technical Committee 모금위원회

Temporary Meeting 임시회의

Tentative Schedule 임시일정표

The Floor 발언권

The Preparation of Papers 발표요령

Time Line 전반적인 프로그램 기획과정에서 영향을 줄 수 있는 내적, 외적 요소들을 고려하여 각각의 업무가 완료되어야 하는 시점을 나타내는 것

Toastmaster 사회자

Translator 번역사

Transportation Desk 교통수단에 대한 정보와 티켓 등을 제공하는 안내 데스크

Transportation Procedures 운송절차

Transportation Service 운송 서비스, 교통편 제공 서비스

Treaty 조약

U _

Unfinished Business 미완료 심의사항

Universal Exposition 인류의 노력에 의해 성취된 모든 성취상, 발전상, 미래상이 전시되며 일반적
주제를 가지는 박람회

Unofficial Social Function 비공식 행사

V _

Vender 전시판매자. 자사의 부스에서 자신들의 상품을 바이어들에게 선전, 광고하고, 거래를 위한 상담을
하는 사람

Venue 회의개최지를 말하며, 여흥(entertainment)용어로는 Ball, Ballroom, 강당과 같은 공연하는
장소를 말한다.

Verbatim Record 보고서 전문

Vice Chairperson 부의원장

Video Conference 화상회의

VIP Very Important Person의 약어

Visitor 참관자

Visitor Pass 방문객용 패스

Visual Aids 시청각기자재

Voice Vote 구두표결

Vote by Sitting and Standing 기립투표

Vote by 'Yes' and 'No' 찬반투표

Voting by Proxy 대리표결
Voting by Show of Hands 거수투표

W_

Welcome Dinner 환영만찬
Welcome Luncheon 환영오찬
Welcome Speech 환영사
Welcome/Opening 환영 리셉션
Wing 전시회 참관자가 부스 내에 진입해서 관람할 수 있도록 설정된 구역
Working Group 실무회의로서 위원회보다 작은 규모로 임명된 특정전문가 또는 실무진으로 구성된
    회의
Workshop 워크숍. 회원들에게 새로운 정보와 전문지식을 전달 또는 교육할 목적의 회의
Wrap-up 회의를 종료하는 것 또는 회의에 관한 최종보고서를 준비하는 것을 말함
Writing Materials 필기도구 용구

참고문헌

국내

1) 저서

고승익 외(2002). 『관광이벤트경영론』. 백산출판사.

김경혜 외(2022). 『DCS 공항수속서비스개론』. 한올출판사.

김기영 · 추상용(2002). 『연회기획관리실무론』. 현학사.

김성혁 외(1992). 『이벤트전시회』. AMI컨설팅그룹.

김성혁(2002). 『컨벤션산업론』. 백산출판사.

김성혁 · 오재경(2010). 『MICE산업론』. 백산출판사.

김한성 외(2022). 『항공사 여객운송 공항서비스 실무』. 한올출판사.

문상희 · 신재기(2003). 『컨벤션기획 운영실무』. 백산출판사.

박창수(2005). 『컨벤션산업론』. 대왕사.

송래헌 · 유종서(2011). 『컨벤션 경영과 기획』. 대왕사.

아시아나항공. 『객실승무원 안전업무교범』.

아시아나항공. 『캐빈신입 직무훈련교재』.

아시아나항공. 『Cabin Crew Service Manual』.

안경모 · 손정미(2002). 『스페셜 이벤트경영』. 백산출판사.

안경모 · 이광우(2001). 『국제회의 기획경영론』. 백산출판사.

유세목(2002). 『국제회의론』. 학현사.

윤원호(2019). 『공항운영과 항공보안』. 한올출판사.

이병선(2018). 『항공기 구조 및 비행안전』. 백산출판사.

이영희 · 이지민(2017). 『NCS기반 항공객실서비스실무』. 센게이지.

이유재(2010). 『서비스마케팅(제4판)』. 학현사.

이장춘 · 박창수(2001). 『국제회의론』. 대왕사.

조현호 · 주현식 · 서윤정 · 정준환(2006). 『컨벤션 기획론』. 대왕사.

최태광(1999). 『국제회의 경영론』. 기문사.

황용구(2003). 『우리나라 컨벤션산업의 현황 및 육성방안』. 한국관광공사.

황희곤·김성섭(2002). 『컨벤션 마케팅과 경영』. 백산출판사.

2) 논문

고재윤(2000). 「관광호텔 컨벤션 서비스 운영을 위한 표준모델 개발에 관한 연구」. 세종대학교 박사학위청구논문.

김경아(2011). 「컨벤션 개최지의 인터넷마케팅 비교분석에 관한 연구」. 영산대학교 석사학위청구논문.

김승녕(2010). 「컨벤션 참가자의 만족도와 개최지 인식에 관한 연구 - 서울 COEX, 경기 KINTEX, 인천 송도컨벤시아 참가자의 의식조사를 중심으로 -」. 고려대학교 석사학위청구논문.

김은희(2010). 「컨벤션산업의 마케팅전략에 관한 연구 - 부산지역을 중심으로 -」. 경기대학교 석사학위청구논문.

류평위(2010). 「컨벤션 개최지에 대한 만족도가 도시 이미지에 미치는 영향에 관한 연구 - 2009천안웰빙식품 엑스포 중심으로 -」. 서울벤처정보대학원대학교 박사학위청구논문.

박기남(2010). 「UML을 활용한 컨벤션 허브 네트워크시스템 구축의 핵심기능 분석 및 설계에 관한 연구」. 지식경영연구. 11(1): 51-64.

박자연(2011). 「지역산업연관표를 활용한 컨벤션산업의 경제효과 분석」. 세종대학교 박사학위청구논문.

배기향(2010). 「전시컨벤션산업이 브랜드자산에 미치는 영향에 대한 연구」. 부산대학교 석사학위청구논문.

신영선·최훈·문수지(2009). 「전시컨벤션 참가동기와 지역 연계관광상품 활성화방안 연구분석」. 관광연구저널. 23(1): 5-19.

양진연(2011). 「기업연상이 고객평가와 애호도에 미치는 영향 - 호텔컨벤션을 중심으로 -」. 대구대학교 박사학위청구논문.

유재용(2011). 「정부주도 국제 컨벤션행사 운영에 관한 사례분석 - G20 부산 재무장관·중앙은행총재 회의를 중심으로 -」. 한양대학교 석사학위청구논문.

윤세목 · 김귀자(2011). 「컨벤션 개최지 브랜드개성이 이미지 및 지역경쟁력 제고에 미치는 영향에 관한 연구」. 관광연구. 26(1): 245-265.

윤승현 · 고재윤(2008). 「한중일 주요 전시컨벤션센터의 포지셔닝 분석을 통한 경쟁력 제고방안 모색」. 호텔관광연구. 10(2): 200-219.

이상현(2011). 「컨벤션 참가자의 참가동기가 컨벤션 속성 및 참가자의 행동의도에 미치는 영향 - 대전컨벤션센터를 중심으로 -」. 배재대학교 석사학위청구논문.

이영수(2008). 「전시컨벤션산업의 현황 및 발전 방안에 관한 연구 - 대전컨벤션센터를 중심으로 -」. 목원대학교 석사학위청구논문.

이은성(2010). 「컨벤션센터 브랜드 이미지 형성 과정 - 근거이론을 중심으로 -」. 경희대학교 박사학위청구논문.

이은성(2011). 「기업회의와 협회회의 참가자의 컨벤션 연계 관광 인식에 관한 연구」. 호텔관광연구. 13(1): 152-166.

이인희(2007). 「전문 컨벤션센터의 마케팅전략 연구 - 서울지역 코엑스(COEX)를 중심으로 -」. 경희대학교 석사학위청구논문.

이주열(2010). 「전시컨벤션센터가 지역커뮤니티 형성에 미치는 영향 - 지역주민의 전시컨벤션센터에 대한 인식을 중심으로 -」. 경희대학교 석사학위청구논문.

전채구(2008). 「컨벤션 개최지역 및 개최호텔의 선택속성에 대한 중요도와 성취도 연구 - 컨벤션기획자를 대상으로 -」. 배재대학교 박사학위청구논문.

정기훈(2010). 「컨벤션 마케팅 효과측정에 관한 연구 - KNTO CVB를 중심으로 -」. 컨벤션연구. 10(2): 27-43.

정다은(2009). 「대구 컨벤션센터의 컨벤션 유치 마케팅 전략방안 : PID대구국제섬유박람회」. 계명대학교 석사학위청구논문.

정은경 · 김경님 · 박대한(2006). 「컨벤션기획사 제도 정착을 위한 연구」. 관광정보연구. 22: 109-129.

주지혜(2008). 「한국 전시컨벤션산업의 육성방안에 대한 인식도 분석」. 인하대학교 석사학위청구논문.

주현정(2008). 「컨벤션산업정책에 있어서 이해관계자의 정책참여에 관한 연구」. 한양대학교 석사학위청구논문.

최윤주(2010). 「컨벤션 개최지에 대한 자아일치성이 참가자 충성도 형성에 미치는 영향
　　　에 관한 연구 - 기능적일치성, 신뢰, 감정의 매개변수를 중심으로 -」. 부경대학교
　　　박사학위청구논문.

최정자(2010). 「컨벤션센터의 환경경영 영향요인과 성과인식에 관한 연구」. 관광연구.
　　　24(6): 415-435.

최정자 · 이선화(2009). 「지역성을 고려한 컨벤션센터 건립 전략에 관한 연구 : 경주의
　　　사례」. 컨벤션연구. 9(1): 125-149.

3) 간행물

국제협회연합(UIA)에 근거하여 한국관광공사 자료 재인용.

문화체육관광부(2023). 『2022 관광동향에 관한 연차보고서』.

한국관광공사(2021). 『2021 MICE 참가자조사』.

한국관광공사(2022). 『2021년 국제회의 개최실적 조사』.

한국관광공사(2022). 『2021년 MICE 산업통계 조사연구』.

한국관광공사(2022). 『2022 MICE 참가자조사』.

한국관광호텔업협회(2023). 주요관계법령.

한국관광호텔업협회(2023). 호텔정보.

인터불고호텔.

현대호텔.

The-K호텔

4) 웹사이트

과정평가형 자격 홈페이지(www.q-net.or.kr)

국가법령정보센터(www.law.go.kr)

국가직무능력표준(www.ncs.go.kr)

국토교통부(www.molit.go.kr)

농림축산검역본부(www.qia.go.kr)

대한항공(www.koreanair.com)

아시아나항공(www.flyasiana.com)

외교부(www.mofa.go.kr)

인천국제공항(www.airport.kr)

제주항공(www.jejuair.net)

티웨이항공(www.twayair.com)

한국공항공사(www.airport.co.kr)

한국관광공사(www.visitkorea.or.kr)

한국관광데이터랩(datalab.visitkorea.or.kr)

한국산업인력공단(www.q-net.or.kr)

항공정보포털시스템(www.airportal.go.kr)

IATA(www.iata.org)

K-MICE(k-mice.visitkorea.or.kr)

국외

Astroff, M. T., & Abbey, J. R.(2002). Convention Sales and Services. 6th ed. Las Vegas, NV : Waterbury Press.

Burnett, J. J.(1998). A Strategic Approach to Managing Crisis. Public Relations Review. 24: 475-488.

Clark, D., Price, C. H., & Murrmann, S. K.(1996). Buying centers : Who chooses convention sites? Cornell Hotel and Restaurant Administration Quarterly. August: 72-76.

Crouch, G. L., & Ritchie, J. R. B.(1998). Convention site selection research : A review, conceptual model, and propositional framework. Journal of Convention and Exhibition Management. 1(1): 49-69.

Dann, G. M. S.(1981). Tourist motivation : An appraisal. Annals of Tourism Research. 8(2): 187-219.

Gartrell, R. B.(1992). Convention and visitor bureaus : Current issues in management and marketing. Journal of Travel and Tourism Marketing. 1(2): 71-78.

Hoyle, L. H., Dorf, D. C., & Jones, T. J. A.(1989). Managing conventions and group business. The Educational Institute of the AH & MA.

Jago, L. K., & Deery, M.(2005). Relationship and Factors Influencing Convention Decision-Making. Journal of Convention & Event Tourism. 7(1): 23-41.

McCabe, V., Poole, B., Weeks, P., & Leiper, N.(2000). The business and management of conventions. John Wiley & Sons.

Montgomery, J. R., & Strick, K. S.(1995). Meeting, convention and exposition : An introduction to the industry. New York, NY : Van Nostrand Reinhold.

Oppermann, M.(1996). Convention destination images : Analysis of association meeting planners' perceptions. Tourism Management. 17(3): 175-182.

Oppermann, M., & Chon, K.(1996). Convention participation decision-making process. Annals of Tourism Research. 24(1): 178-191.

Rob, D., & Tony, R.(2006). Marketing Destinations and Venues for Conference, Conventions and Business Events. Burlongton : Elsevier.

Ruthford, D. G.(1990). Introduction to the convention, exposition and meetings industry. NY : Van Nostrand Reinhold.

Vosco, M.(1992). The convention and meeting planner's handbook. Washington, D. C.: Health and Company.

Weirich, M. L.(1992). Meetings and convention management. Delmar Publishs Inc.

저자약력

이호길(관광경영학박사)

e-mail: hglee@ikw.ac.kr

[주요 경력]
- 웨스틴조선호텔 근무
- POSCO 근무
- 한국관광공사 HTL 등급심사위원
- 국토교통부 4대강사업 자문위원
- The-K호텔 총괄팀장
- 대구시 관광정책자문위원
- 구미시 관광정책자문위원
- 구미코 MICE 얼라이언스 자문위원
- 사)대한관광경영학회 학술심포지엄위원장
- 사)한국호텔외식관광경영학회 부회장
- 경운대학교 관광학부 학부장
- 현) 경운대학교 항공관광서비스학과 학과장
  사)동북아관광학회 이사

[주요 저서/연구활동]
- MICE산업과 국제회의(백산출판사)
- 호텔사업프로젝트와 운영계획서(백산출판사)
- ICT융합호텔경영론(한올출판사)
- ICT융합식음료경영론(지식인)
- 수변공간개발에 대한 정부신뢰 및 주민반응과의 관계연구(한국연구재단 중견연구자지원사업)
- 베이비부머 세대의 여가활동이 우울증과 성공적 노화에 미치는 효과
- '홀로여행객'의 자기오락화와 여가몰입과의 관계연구
- 여가욕구에 대한 음양오행의 철학적 고찰
- 호텔여직원의 경력단절과 육아휴직과의 관계
- 육아휴직제도 인식과 회사 태도가 조직유효성에 미치는 영향
- 베이비부머 세대의 은퇴불안이 여가활동과 주관적 안녕감에 미치는 영향
- 정년퇴직자의 사회적 관계망과 성공적 노화와의 관계
- 여성의 사회적 활동이 자기효능감과 성공적 노화에 미치는 영향
- 항공사 e-Ticket service요인과 고객만족간의 관계

- 뷰티산업 상품선택이 뷰티관광 참여의도에 미치는 영향
- 베이비붐 세대의 사회적 지지, 여가활동, 심리적 안녕감과의 관계연구
- 홀로여행객 1코노미가 자기오락화 및 앰비슈머에 관한 연구
- 여가활동이 중년기 삶의 우울과 심리적 안녕감에 미치는 영향
- 관광전세버스 승무사원의 서비스품질과 제복착용이 전세버스 여행만족에 미치는 효과
- 베이비붐 세대 1코노미의 소신소비가 행동의도에 미치는 영향
- 도시민의 농촌관광 체험이 귀농귀촌 기대에 미치는 영향
- 의료서비스 품질이 의료고객 만족과 지속가능한 의료관광에 미치는 영향
- 사찰관광자원의 선택동기 및 이용실태 분석

곽우현(관광경영학박사)

[주요 경력]
- 아시아나항공 국제선 캐빈서비스팀 부사무장
- 아시아나항공 교육훈련원 교관
- 아시아나항공 신입승무원 담임교관
- 국제선 First Class Top Senior
- 아시아나항공 비행특화팀(Charming team)
- 아시아나항공 우수 승무원상 수상
- 아시아나항공 이미지메이킹 퀸(Image Making Queen)상 수상
- 현) 경운대학교 항공관광서비스학과 교수

[주요 저서/연구활동]
- 항공사 객실승무원의 사회적 유능성의 구성요인 연구
- 관광계열 대학생의 프로티언 경력태도가 진로탐색행동, 취업스트레스 및 진로선택몰입에 미치는 영향에 관한 연구
- The Components of Social Competence Reflecting the Occupational Characteristics of Flight Attendant
- 항공사 객실승무원의 사회적 유능성 측정을 위한 척도개발
- 관광계열 대학생의 프로티언 경력태도와 진로탐색행동 및 진로선택몰입의 관계에 관한 연구
- 사)대한관광경영학회 회원
- 사)한국항공객실안전협회 회원

저자와의
합의하에
인지첩부
생략

메타버스기반 MICE산업의 이해

2023년 12월 15일 초판 1쇄 인쇄
2023년 12월 20일 초판 1쇄 발행

지은이 이호길 · 곽우현
펴낸이 진욱상
펴낸곳 (주)백산출판사
교 정 성인숙
본문디자인 오행복
표지디자인 오정은

등 록 2017년 5월 29일 제406-2017-000058호
주 소 경기도 파주시 회동길 370(백산빌딩 3층)
전 화 02-914-1621(代)
팩 스 031-955-9911
이메일 edit@ibaeksan.kr
홈페이지 www.ibaeksan.kr

ISBN 979-11-6567-746-6 93320
값 25,000원